LECONTE DE LISLE

Poèmes antiques

Édition présentée,
établie et annotée
par Claudine Gothot-Mersch
Professeur aux Facultés universitaires
Saint-Louis de Bruxelles

nrf

GALLIMARD

PRÉFACE

Leconte de Lisle a trente-quatre ans lorsque paraissent en 1852 les Poëmes antiques. *C'est le premier livre qu'il publie, mais il a déjà un passé littéraire : plusieurs recueils projetés (et, pour certains, presque réalisés), et de nombreux poèmes, contes en prose et articles, parus notamment dans* La Variété, *une revue éphémère de tendance catholique, fondée par des étudiants et dont il fut le directeur, et dans deux publications fouriéristes,* La Démocratie pacifique *et* La Phalange. *Une légende* [1] *veut que le jeune écrivain ait jeté à la mer, lors de son second voyage de l'île Bourbon vers la France, donc en 1845, pratiquement tout ce qu'il avait écrit jusque-là, à l'exception du poème* Hypatie [2]. *Une autre histoire court sur les conditions dans lesquelles le recueil des* Poëmes antiques *fut accepté par l'éditeur Ducloux : ce serait en compensation de la perte d'un manuscrit que lui avait remis Leconte de Lisle, une traduction partielle de l'*Iliade.*

Les Poëmes antiques *de 1852 forment un recueil nettement plus mince que l'édition définitive : 48 pièces seulement (dont les 18* Études latines, *déjà groupées sous ce titre). La Grèce et Rome s'y taillent une place importante : 35 poèmes, dont 34 se suivent au début du*

---

1. Répandue par Jean Dornis (*Essai sur Leconte de Lisle*, Paris, Ollendorff, 1909, p. 87).
2. Voir cependant la notice d'*Hypatie*.

recueil. L'inspiration hindoue est présente dans Sourya *et* Bhagavat. *Cinq pièces imitent le poète écossais Burns. Cinq autres ne renvoient à aucun contexte précis, si ce n'est parfois, à travers une nature luxuriante, à l'île Bourbon.* Dies irae, *enfin, se présente déjà en conclusion du recueil. Dès 1852, le titre ne renvoie donc qu'à une partie du volume — les chansons écossaises apparaissant comme l'ensemble le moins à sa place dans la conception générale qu'expose la préface ; mais Burns, comme on l'a fait remarquer* [3]*, s'il n'est pas un poète antique, n'en a pas moins de profondes affinités avec Théocrite.*

Les onze textes que Leconte de Lisle a retenus parmi ceux qu'il avait publiés dans La Phalange *en 1846-1847 relèvent tous de la tradition gréco-latine, à l'exception de* La Fontaine aux lianes, *qui passera dans* les Poèmes barbares. *Parmi eux,* Niobé *et* Khiron, *deux des quatre pièces portant dans le recueil de 1852 le sous-titre de « poëme » (les deux autres sont* Hélène *et* Bhagavat) : *par opposition aux* poésies, *plus courtes, fixant un moment fugitif, moins nécessairement chargées de réflexion, volontiers lyriques, les* poëmes *sont narratifs, longuement développés, l'Histoire ou le mythe y jouent un rôle important, ils ont une portée philosophique et sont souvent allégoriques.*

Une deuxième constatation s'impose donc : dès le départ, les Poèmes antiques *présentent la diversité qui ne cessera de les caractériser. Les différents groupes thématiques ou formels se gonfleront (on passera de 2 à 7 poèmes hindous, la série des* Odes anacréontiques *et celle des* Médailles antiques *s'inscriront à côté des* Études latines), *aucun ne disparaîtra, aucun ne s'ajoutera. Si, tout de même : la comparaison avec les* Poèmes barbares *nous invite à accorder notre attention à l'intro-*

---

3. A. Lytton Sells, « *Kléarista,* idylle écossaise », *Revue de littérature comparée,* 1947, p. 39-53.

duction dans les Poëmes antiques, *en 1874, d'un poème animalier,* Fultus Hyacintho — *le seul du recueil*[4]. *La place de* Fultus Hyacintho *dans les* Poëmes antiques, *et non dans les* Poèmes barbares, *est évidemment déterminée par le fait que la pièce s'inspire de deux vers de Virgile.*

En 1852, Leconte de Lisle, presque inconnu, éprouve le besoin d'accompagner ses poèmes d'une préface. Il en sera de même pour son deuxième recueil, les Poëmes et Poésies *de 1855. Les volumes suivants paraîtront sans commentaire, si ce n'est, en 1861, sa traduction de* Théocrite *et des* Odes anacréontiques.*

À travers les préfaces des deux premiers recueils, il développe avec vigueur, sinon toujours de façon très suivie, des idées certainement sincères, mais tout aussi certainement destinées à créer un remous autour de son nom et de ses ouvrages, soit en suscitant l'adhésion, soit en choquant le lecteur. Il s'agit de se poser d'emblée en fondateur d'école[5]. *Opération réussie : la critique s'est intéressée au recueil ; à la première ligne de la préface de* Poëmes et Poésies, *Leconte de Lisle pourra proclamer fièrement que celle de* Poëmes antiques *lui a valu de « sévères admonestations ». Tâchons de dégager les lignes de force de ce manifeste.*

Avec une désinvolture qu'accentue le ton sérieux de son discours, le jeune auteur s'en prend d'abord à l'école littéraire qui domine encore l'époque : la poésie romantique[6] *(il rompt bien une lance aussi contre l'École du*

4. Et qui restera le seul. *Les Éléphants, Les Jungles, Les Hurleurs, Le Colibri,* qui figurent tous à l'origine — comme *Fultus Hyacintho* — dans *Poëmes et Poésies,* passeront dans les *Poèmes barbares.*
5. Comme le montre bien Rémy Ponton (« Programme esthétique et accumulation de capital symbolique. L'exemple du Parnasse », *Revue française de sociologie,* 1973, p. 206-209).
6. Voir l'étude de Sainte-Beuve : « De la poésie et des poètes en 1852 » ; Musset y est signalé comme « la grande imitation du moment ».

bon sens, mais c'est en passant). La poésie n'est plus inspirée, elle n'est plus capable d'enseigner, d'engendrer de grandes actions comme elle le faisait aux temps héroïques, ni même d'être la mémoire des hommes. Individualiste, le poète moderne étale sans pudeur ses émotions personnelles ; il ignore la vie réelle mais aussi le monde des idées ; il refuse tout travail assidu ; il est imbu de lui-même ; il se mêle trop à l'action politique et la mêle à ses vers. Aussi s'est-il coupé de ceux qui devraient l'écouter : il ne peut plus jouer son rôle de guide. Qu'il se retire dans une méditation solitaire. Qu'il reprenne à la base la réflexion sur les principes et sur les formes.

À la base, c'est-à-dire aux Anciens. Pour Leconte de Lisle, la poésie doit exprimer, dans des formes adéquates, le « fonds commun à l'homme et au poëte », la « somme de vérités morales et d'idées dont nul ne peut s'abstraire ». Or seuls Homère et les tragiques grecs, auxquels notre écrivain associe les auteurs des grandes épopées hindoues (liées aux épopées homériques par des « traditions communes »), ont su le faire. Avec Euripide, la décadence commence déjà. Les plus grands génies modernes, Dante, Shakespeare, Goethe, n'ont aucun réussi à créer des figures idéales, des types représentatifs (ce qui est pour Leconte de Lisle le propre de la poésie : dans son discours de réception à l'Académie française, il explique que les romans de Hugo sont aussi des poèmes, notamment parce qu'ils privilégient « la création des types plutôt que l'analyse des caractères individuels »). Il faut donc retrouver le sens épique. Mais à l'époque moderne, l'épopée — le genre le plus élevé, celui qui est capable non seulement de conserver la mémoire des hauts faits mais aussi d'engendrer des actions grandes et nobles — se voit privée de son sujet (le « choc héroïque des nationalités oppressives et opprimées ») par l'affaiblissement des différences raciales et culturelles ; il faut alors puiser dans le réservoir antique en attendant un possible réveil des nationalismes, qui ferait le bonheur des poètes sinon des peuples [7]. *Le retour aux formes de la poésie ancienne (les* Poëmes antiques *sont présentés dans la préface comme des études) est donc vu comme un moyen de retrouver l'esprit du monde antique, la peinture de celui-ci étant l'objet principal des préoccupations du poète.*

Pour cette remontée vers les sources, la préface des Poëmes antiques *propose de s'aider du modèle et des acquis de la science. Comme nous l'avons rappelé dans notre introduction aux* Poèmes barbares, *le XIXe siècle voit en effet se développer la recherche scientifique dans les domaines qui touchent aux origines. L'évolutionnisme, le transformisme entreprennent d'expliquer la formation des espèces; l'archéologie fonde l'étude scientifique des sociétés anciennes; la philologie s'intéressera d'abord à la question de l'origine des langues et à leur évolution; l'étude des religions anciennes se fait méthodique.*

Dans l'esprit de Leconte de Lisle, le rapport de la poésie à la science est double. D'une part, l'art travaille en parallèle avec la science, *en s'intéressant, lui aussi, aux origines, en retournant vers les littératures anciennes, en se livrant à une investigation systématique sur les formes primitives de la poésie, puis sur le monde où elle est née et qu'elle exprime.*

Et ce programme, le poète le remplira avec l'aide de la science, *qui va « lui rappeler le sens de ses traditions oubliées ». La science historique lui permettra de replacer la poésie ancienne dans une perspective correcte, d'éviter les contresens, de retrouver l'esprit de l'Antiquité*

---

7. On notera ici l'idée d'un âge d'or révolu et d'une décadence de l'Antiquité à nos jours ; mythe qu'accompagne, c'est assez traditionnel, celui d'un possible retour des jours heureux. Également le côté assez utopique de la réflexion de Leconte de Lisle sur le pouvoir de la poésie...

*et de la mythologie antique en même temps que les
formes de l'art grec. Mais on peut penser*[8] *que Leconte
de Lisle songe aussi aux sciences de la nature. Le poète
en effet, lorsqu'il pense à l'effort moderne de « reconsti-
tution des époques passées et des formes multiples
qu'elles ont réalisées », évoque l'apport de la géologie et
de l'ethnographie; on sait aussi qu'il s'intéressait aux
travaux de Laplace. Il semble donc bien que si, entendu
au sens étroit, le but est de ressusciter dans un esprit
scientifique les traditions littéraires, à un niveau plus
général, il s'agit de traiter son sujet selon les connais-
sances fournies par les sciences, qu'il soit question de
peindre un phénomène physique, un animal, la nature
humaine ou une organisation sociale.*

*Il faut insister sur le fait qu'une poésie scientifique,
pour Leconte de Lisle, ce n'est donc pas une poésie qui
chante le progrès : la préface des* Poëmes et Poésies *dira
explicitement que l'auteur n'a aucune estime pour les
poèmes consacrés aux conquêtes industrielles (pierre
dans le jardin de Maxime Du Camp, l'auteur des* Chants
modernes ; *la préface de ce recueil, elle-même très
polémique, venait de connaître une pré-publication dans
la* Revue de Paris *le 1ᵉʳ février 1855). La raison de ce
refus n'est pas, notons-le, d'ordre esthétique : c'est que
Leconte de Lisle « hait son temps ».*

*Il hait son temps, mais il est de son temps ; pas
seulement par l'exigence scientifique ; par ce retour même
à la poésie antique, qu'il justifie à l'aide de considérations
sur le déclin moderne mais qui est un fait littéraire de
l'époque. Assez important pour avoir abouti à la création
d'un genre nouveau — dont on ne trouve pas le véritable
répondant chez les Grecs ou les Romains —, l' « idylle*

---

8. Voir E. Pich dans Leconte de Lisle, *Articles - Préfaces - Discours*,
p. 319, n. 32.

général

antique[9] ». *Vers 1850, ce genre est régulièrement prati-
qué, entre autres, par les collaborateurs de* L'Artiste[10].
*Le goût de l'antique est si général que les mêmes sujets se
retrouvent sous des plumes différentes :* Le Vase *de
Leconte de Lisle, publié en 1855, est l'adaptation d'une
idylle de Théocrite déjà mise en vers français par Paul
Deltuf, et publiée dans ses* Idylles antiques *de 1851
(comparer à* Poëmes antiques, *1852) ; Leconte de Lisle
et Lacaussade s'attaquent tous deux à la traduction des
odes anacréontiques. Leconte de Lisle participe donc à
un mouvement assez général quand il consacre une large
part de son premier recueil à des poèmes « grecs ». Grecs
plutôt que latins, quoique la rudesse et l'austérité latines
s'accordent mieux à son génie personnel, comme le fait
remarquer René Pichon*[11]. *Mais pour lui, on s'en
souvient, la décadence commence immédiatement après
Sophocle ; et puis, suggère Pichon, la mythologie grec-
que est plus séduisante que la mythologie romaine. Il ne
faut pas oublier en effet que le poète, à côté de la pièce
bucolique inspirée d'Anacréon ou de Théocrite*[12],
*conçoit aussi des textes plus ambitieux, des évocations
mythologiques documentées, et surtout de longues narra-
tions épiques qui se réclament d'Homère.*

À l'origine du renouveau de l'hellénisme au XIXe *siècle
s'inscrit la poésie d'André Chénier, fréquemment évo-
quée à propos des* Poèmes antiques. *Si les rapproche-
ments de poème à poème sont rarement convaincants, les*

---

9. Jean Ducros, *Le Retour de la poésie française à l'Antiquité grecque au
milieu du* XIXe *siècle. Leconte de Lisle et les* Poèmes antiques, p. 85.
10. Comme le rappelle E. Pich (*Leconte de Lisle et sa création poétique*,
p. 58). Voir ses renseignements sur ce point dans la notice des *Éolides*.
11. « L'Antiquité romaine et la poésie française à l'époque parnas-
sienne », *Revue des Deux Mondes*, 1er septembre 1911, p. 140-145.
12. R. Pichon observe avec finesse que, dans les *Études latines* même,
Leconte de Lisle se contente « de retraduire Anacréon à travers Horace ».

*principes littéraires et les procédés de Chénier [13] nous
paraissent souvent appliqués par Leconte de Lisle ; non,
bien sûr, le fameux*

Sur des pensers nouveaux faisons des vers antiques

*auquel s'oppose radicalement chez lui l'idée qu'il s'agit
de se transporter dans l'Antiquité, de se modeler une âme
antique. Mais éviter les figures pour laisser la place au
sublime (tout en utilisant le mot noble et la périphrase),
faire violence à la langue, tenir le réel à distance par
l'intervention du mythologique, prendre soin de ne pas
copier directement le poème antique, de lui emprunter
soit la forme, soit le sujet... c'est souvent ainsi que
travaille Leconte de Lisle, même s'il n'énonce pas la
théorie de cette pratique. Reste que la poésie de Chénier
annonce ses pièces lyriques plus que ses « poëmes [14] ».
Comme l'a dit joliment Édouard Schuré, « André Ché-
nier [...] nous avait bien rendu la grâce ionienne et son
enjouement, mais la majesté dorienne lui fut étrangère.
Ce fut elle que Leconte de Lisle sut retrouver [15] ».
N'oublions pas toutefois que Chénier avait aussi conçu le
projet d'un vaste poème — Hermès — qui aurait raconté,
dans l'esprit de l'Encyclopédie semble-t-il, l'histoire du
monde depuis la formation de la matière jusqu'à l'avène-
ment de la paix universelle.*

    *Vigny figure également parmi les prédécesseurs nota-
bles de Leconte de Lisle. Dans la courte préface des*

13. Bien résumés par J.-P. de Beaumarchais dans le *Dictionnaire des
littératures de langue française,* Paris, Bordas, t. I, 1984.

14. Et même avec un peu trop de suavité sans doute au goût de notre
auteur : dans son article sur Vigny (1864), Leconte de Lisle oppose à la
tendresse et à la mélancolie de celui-ci, « qui atteint presque Chénier », la
rudesse, la passion, la vigueur, la vérité de Théocrite (*Articles - Préfaces -
Discours,* p. 181).

15. « Leconte de Lisle, l'Homme, le Poète, le Penseur », *La Revue,* 1er
mai 1910, p. 37.

Vigny

Poëmes antiques et modernes de 1837 (remarquer le titre), il proclame que le mérite de ces « compositions », « c'est d'avoir devancé en France toutes celles de ce genre, dans lesquelles une pensée philosophique est mise en scène sous une forme Épique ou Dramatique ». Certes, Leconte de Lisle expliquera que Vigny, pas plus que Hugo, n'a pu « se pénétrer à son gré des sentiments et des passions propres aux époques et aux races dispa- rues » : la pensée philosophique que l'on trouve dans ses poèmes est une pensée moderne, celle de Vigny lui- même ; or le dessein poursuivi dans les Poèmes antiques *est au contraire, on vient de le rappeler, de retrouver l'esprit de l'Antiquité. Mais la transmission d'un message philosophique sous une forme épique ou dramatique est bien ce qui définit au mieux la plupart des « poëmes ».*

    Dans le tableau du monde antique dressé par Leconte de Lisle, nous frappe d'abord l'importance des manifes- tations de la pensée religieuse et, conjointement, celle de la nature (du paysage). La religion est, pour Leconte de Lisle comme pour Edgar Quinet, le fondement de l'unité nationale et de la société tout entière : « Autour du fétiche s'est assemblée la tribu ; un dieu national a enfanté la nation ; l'unité religieuse a fondé l'unité politique et de l'idée de Dieu est sortie la société toute vivante. » D'où l'importance de l'étude des religions pour la connaissance des races et des groupes humains : « Ne croyez pas connaître un peuple si vous n'êtes remonté jusqu'à ses dieux [16]. »

    D'autre part, avec toute son époque, avec Quinet, avec Taine, avec Renan (« Le désert est monothéiste » : on connaît la formule, justement célèbre, qui figure dans

---

16. E. Quinet, *Le Génie des religions*, cité par E. Pich, *Leconte de Lisle et sa création littéraire*, p. 44, et par E. Estève, *Le Parnasse*, Paris, CDU [1927], p. 101.

religion

*l'*Histoire des langues sémitiques*), l'auteur des* Poèmes
antiques *professe que la pensée doit s'étudier dans son
cadre naturel, que la religion est l'expression des rapports
entre l'homme et la nature. La mise en œuvre la plus
frappante que Leconte de Lisle nous ait donnée de cette
théorie est certainement le* « poëme » Bhagavat, *conçu,
nous dit la préface, comme une synthèse de la pensée
philosophique et religieuse de l'Inde* « au sein de la
nature excessive et mystérieuse » *où cette pensée s'est
épanouie* [17]. *Mais les pièces grecques abondent également
en sources, eaux ruisselantes, bosquets ombreux... Une
nature assez différente, on l'a souvent noté, des paysages
réels de la Grèce, et plus proche sans doute de ceux de
l'île Bourbon : le plaisir de l'évocation d'une nature
luxuriante, un sentiment vécu de la beauté du monde se
conjuguent manifestement chez le poète avec les motifs
d'ordre intellectuel* [18].

17. Peut-être Leconte de Lisle a-t-il été guidé également, dans la
conception de *Bhagavat,* par une phrase de l'introduction d'Eugène Burnouf
à sa traduction du *Bhagavata-Purana,* dont s'inspire le poème : voir la notice
de *Bhagavat.*

18. Notons toutefois avec A. Embiricos (*Interprétation de Leconte de
Lisle,* Paris, La Pensée universelle, 1979, p. 126) que Leconte de Lisle est ici
dans la tradition des peintres italiens à partir du XVIIᵉ siècle, de Poussin
(aussi évoqué par Sainte-Beuve à propos de *Midi*) et de sa descendance. La
même remarque peut être faite sur les paysages de Chénier — ce qui
constitue, notons-le, un autre point de rencontre entre les deux poètes.
Dans la préface des *Poëmes antiques,* Leconte de Lisle sauve de la
condamnation générale de la poésie de son époque « quelques hommes d'un
talent réel qui, dans un sentiment très large de la nature, ont su revêtir leur
pensée de formes sérieuses et justement estimées ». Pich commente cette
phrase en avançant les noms de Laprade (qui avait lui-même étudié *Le
Sentiment de la nature dans la poésie d'Homère*) et de Lacaussade (dont un
recueil s'intitule *Poèmes et paysages*). Sainte-Beuve associe Lacaussade et
Leconte de Lisle pour leur conception de la nature, Leconte de Lisle et
Laprade pour l'importance chez eux de la Grèce et le caractère philosophi-
que de leur poésie (« De la poésie et des poètes en 1852 »). Sur les rapports
de Leconte de Lisle avec Lacaussade, voir la notice de *Midi.*

Les Poèmes barbares *seront riches en pièces qui évoquent la naissance du monde selon diverses traditions religieuses, ou qui retracent les épisodes sanglants ayant marqué l'établissement et le règne du christianisme ; car le poète, d'abord catholique, est vite devenu violemment antichrétien. Les* Poëmes antiques *de 1852, s'ils ne comprennent pas encore le grand dialogue d'*Hypatie et Cyrille, s'ouvrent — c'est significatif — sur cette* Hypatie, *seule rescapée, paraît-il, des œuvres de jeunesse, où l'auteur, prenant le parti de la vierge païenne, lance l'apostrophe qui fit scandale :*

Le vil Galiléen t'a frappée et maudite [19].

Le christianisme est ici blâmé pour son impérialisme (comme il le sera dans les Poèmes barbares*) : il entend régner seul et veut donc la mort des autres religions, alors que Leconte de Lisle professe, avec Quinet, avec Ménard, que toute religion est vraie dans son cadre et à son moment, et mérite le respect parce qu'elle exprime, on vient de le voir, l'essence d'une société. S'ajoute à cela l'idée de la supériorité morale du polythéisme, clairement exprimée par Louis Ménard : le polythéisme est par essence démocratique, tandis que le monothéisme tend au despotisme [20].*
Si Leconte de Lisle n'a pas abordé la question religieuse dans la préface de son premier recueil, il le fait dans celle de Poëmes et Poésies, *en une prudente prétérition il est vrai : « Ce n'est pas que je veuille insister ici sur la valeur morale du Polythéisme dans l'ordre social et religieux. » Certes la conviction démocratique est réelle chez lui, et survit à sa rupture avec le fourié-*

---

19. Tout le monde a interprété la périphrase comme désignant le Christ. Voir cependant la notice du poème.
20. Voir *De la morale avant les philosophes* et *Du polythéisme hellénique.*

risme[21] *; le souci moral est présent dans toute son œuvre,
particulièrement dans sa veine épique. Mais quand il lie
explicitement à la disparition du polythéisme celle de
« tout ce qui constitue l'art, la morale et la science », qui
ne comprend que c'est d'abord l'artiste qui est séduit
(comme l'est aussi le Flaubert de* Salammbô *et de* La
Tentation de saint Antoine*) par la bigarrure des reli-
gions polythéistes, par ces divinités si variées, d'un aspect
si riche en détails pittoresques, si mêlées à des légendes
merveilleuses qui parlent à l'imagination ? Ce sont bien,
comme l'a vu Baudelaire[22], « les différentes formes dont
l'homme a, suivant les âges et les climats, revêtu la beauté
et la vérité[23] » qui retiennent l'attention du poète. La
supériorité morale du polythéisme paraît secondaire,
dans le choix de la période antique, par rapport à des
motifs d'ordre esthétique.*

   *Les sélections que Leconte de Lisle opère parmi les
types d'interprétation de la mythologie que proposaient
les savants de l'époque sont sans doute également influen-
cées par sa qualité d'artiste. Il penche d'abord, au temps*

21. Les poèmes parus dans *La Phalange* ont souvent une coloration
fouriériste, que Leconte de Lisle atténuera pour le recueil : voir par
exemple le titre *Églogue harmonienne* qui deviendra *Chant alterné,* la
modification de *La Robe du Centaure* (voir toutefois la discussion de ce
point dans la notice du poème), ou les passages supprimés de *Niobé.* Dès
1847, comme en témoigne une lettre à Charles Bénézit, publiée par E. Pich
(*Leconte de Lisle et sa création poétique,* p. 48), Leconte de Lisle a
découvert dans les manuscrits posthumes de Fourier « une si complète
ignorance de ce qui fait la vie morale de l'humanité, et une telle ineptie
touchant les principes fondamentaux de l'art » qu'il a rompu avec le
mouvement.

22. Dans l'anthologie des *Poètes français* publiée par Eugène Crépet en
1862 (voir notre édition des *Poèmes barbares,* Paris, NRF, *Poésie*/Galli-
mard, 1985, p. 308).

23. Voir aussi L. Ménard se demandant si l'effort de remplacer la religion
par la philosophie, pour une pensée plus rigoureuse, plus scientifique, est un
effort rentable : est-ce que « les idées gagnent en précision autant qu'elles
perdent en beauté poétique » ? (*De la morale avant les philosophes,* Paris,
Didot, 1860, p. 7-8).

de La Phalange, *pour un symbolisme à la Creuzer*[24], *et interprète les mythes dans une optique fouriériste : Niobé devient la « mère Humanité », la représentante de l'humanité victime de l'oppression*[25]. *Mais la symbolique de Creuzer est syncrétiste, ce qui entraîne une certaine confusion des divinités, vite présentées comme similaires*[26], *et, au-delà, des diverses théogonies*[27] *: les mythes grecs, par exemple, sont considérés comme une simple réinterprétation des mythes égyptiens et orientaux ; Horus et « Iacchus-Iésus » sont « les modes divers d'une même idée », etc. Si le mysticisme de Louis Ménard se trouvait bien de ces conceptions, un autre membre du petit cercle d'écrivains que fréquentait Leconte de Lisle, Thalès Bernard, récusait les « hypothèses nuageuses » de Creuzer au profit de la netteté avec laquelle Jacobi, dont il avait traduit le* Dictionnaire mythologique, *rendait aux dieux grecs « leur forme véritable ». Jacobi dénonçait notamment la confusion des dieux grecs et latins ; Edgard Pich fait remarquer que dans les poèmes grecs de* La Phalange, *Leconte de Lisle emploie souvent les noms latins : Cérès, Saturne, Mercure... Rendu conscient de ces dissonances par sa fréquentation de Thalès Bernard, il les fera disparaître progressivement, et son ami le louera d'avoir fait sienne la précision de Jacobi*[28]. *On voit ici, nous semble-t-il,*

24. Pierre Albouy, *Mythes et mythologies dans la littérature française*, Paris, Armand Colin, coll. U, 1969, p. 96.

25. Alison Fairlie (*Leconte de Lisle's poems on the barbarian races*, Cambridge, Cambridge University Press, 1947, p. 389) fait remarquer que le remaniement du poème n'y changera pas grand-chose : il restera largement symbolique.

26. Comme E. Pich le rappelle judicieusement (*Leconte de Lisle et sa création poétique*, p. 43-45).

27. Théogonie : « Tout système religieux imaginé dans le paganisme » (Dictionnaire de Bescherelle). C'est le mot employé régulièrement par Leconte de Lisle.

28. C'est sur bien d'autres points encore que l'on peut rapprocher les idées de Leconte de Lisle et celles de Th. Bernard. Celui-ci publie en 1853

*qu'entre deux façons de concevoir les théogonies
anciennes l'artiste choisit celle qui convient le mieux à son
tempérament épris de netteté, aimant le détail vigoureux,
la fresque bien dessinée (Nerval, rêveur, mystique, sera
au contraire un adepte du syncrétisme de Creuzer).*

*C'est en artiste aussi que Leconte de Lisle se laisse
séduire par la théorie de Max Müller, qui, rejetant tout
symbolisme précis, affirme que les mythes ne sont la
plupart du temps que la représentation de phénomènes
naturels, et particulièrement de phénomènes solaires. Il
est vrai qu'une œuvre comme le* Ramayana, *par exemple,
semble donner à cette théorie un fondement sérieux. Mais
on voit bien quel intérêt présentait pour le poète cette
possibilité de peindre tout ensemble les dieux et la nature,
Héraklès et la course du soleil* [29]. *De ce point de vue, on
pourrait se demander, lorsque Leconte de Lisle place
finalement* Sûryâ *en tête des* Poëmes antiques, *si ce geste
ne doit pas être interprété par référence aux théories de*

---

des *Études sur les variations du polythéisme grec,* et l'on a pu dire que la
préface de cet ouvrage « constitue un véritable commentaire » de celle des
Poèmes antiques (E. Pich, dans Leconte de Lisle, *Articles - Préfaces -
Discours,* p. 107). Ainsi, Th. Bernard met l'accent sur l'intérêt que
manifeste son époque pour les questions d'origine, dans tous les domaines,
scientifiques et philosophiques. Mais la science ne peut expliquer les
origines, « le principe premier lui reste à jamais caché ». Aussi doit-elle être
considérée « non point pour sa valeur propre, mais pour les éléments
nouveaux qu'y puisent les idées religieuses », dont sont tributaires les
différentes formes d'expression artistique. La science nous permet d'éviter
les contresens auxquels mène, concernant la littérature ancienne, l'igno-
rance du contexte social, mythologique, etc. Th. Bernard dénonce avec
vigueur, comme Leconte de Lisle à la même époque, la confusion des dieux
grecs et latins. Il se sépare de Leconte de Lisle en ceci que ses sympathies
vont à la religion chrétienne, épurée, plutôt qu'au polythéisme qu'il
considère comme grossier. Les religions orientales, auxquelles il témoigne
beaucoup d'intérêt, lui paraissent précéder le christianisme sur certains points.

29. C'est vraisemblablement chez L. Ménard que Leconte de Lisle a
trouvé cette interprétation du mythe d'Héraklès : voir la notice de *Hèraklès
solaire.* Sur le mythe solaire chez Leconte de Lisle, voir Anny Detalle,
Mythes, merveilleux et légendes dans la poésie française de 1840 à 1860, Paris,
Klincksieck, 1976, p. 353-355.

*Müller : mettre à la première place un hymne au Soleil
peut se comprendre comme une façon d'indiquer d'entrée
de jeu l'importance de la mythologie*[30] *dans le recueil.*

*Parti d'une tendance au symbolisme, Leconte de Lisle
a donc évolué, dans sa présentation du polythéisme grec,
vers un certain positivisme, et surtout vers un souci de
précision historique. À l'époque des* Poëmes antiques,
*s'il faut en croire la préface, le poète ne retient par
exemple de la légende de Niobé que son aspect histori-
que, qu'il présente sous une forme épique : son poème,
dit-il, « symbolise une lutte fort ancienne entre les
traditions doriques et une théogonie venue de Phrygie ».
Ce n'est pas sans distorsion qu'il n'accorde dans cette
présentation de* Niobé *aucune place à l'héroïne*[31] *(dont
pourtant il aurait pu mettre en évidence la valeur
typique : voir ci-dessus). De même pour* Hélène *: il y a
quelque tricherie à évoquer la guerre de Troie à propos
de ce poème pour pouvoir le rapporter au genre épique.
Ici encore, on s'attendrait à ce que Leconte de Lisle mette
l'accent sur ce qui devrait faire à ses yeux le véritable
intérêt de sa tentative : qu'il soit allé vers le type en
prêtant à son personnage la psychologie de Phèdre. Sur
cette idée de mesurer la valeur d'un écrivain à sa
possibilité de créer des types, la pratique semble donc
avoir précédé, chez lui, la théorie ; celle-ci n'apparaît
qu'en 1855, sans annuler d'ailleurs pour autant l'idée de
la prééminence du genre épique.*

*Une autre intention a pu présider à la curieuse
présentation de* Niobé *et d'*Hélène *: en définissant dans*

---

30. Ou plutôt des mythologies considérées comme sœurs : l'entreprise de
Müller réintroduit, d'une autre façon, le syncrétisme, puisqu'elle donne le
même sens à tous les mythes. Ce qui nous paraît confirmer que Leconte de
Lisle réagit en artiste plus qu'en penseur soucieux de s'en tenir à une
certaine logique.

31. Voir F. Desonay, *Le Rêve hellénique chez les poètes parnassiens*,
Paris, Champion, 1928, p. 259.

sa préface les sujets des trois « poëmes » grecs (à ceux qui
précèdent il faut ajouter Khiron) comme le tableau de
« trois époques distinctes » de l'Antiquité, Leconte de
Lisle tend à donner l'impression d'une planification du
recueil, lequel couvrirait, historiquement, l'ensemble de
la période à laquelle renvoie son titre.

La présentation de Bhagavat comme offrant une
synthèse du vishnouisme et du bouddhisme et, dans la
préface des Poëmes et Poésies, la proclamation du lien
étroit entre l'épopée homérique et les épopées hindoues —
même si c'est un topos de l'époque[32] — témoignent
également du souci de marquer l'unité et le caractère
prémédité des Poèmes antiques.

Dans la préface de 1852, Bhagavat est explicitement
présenté comme « indiquant une voie nouvelle ». Et il est
vrai que Leconte de Lisle a été le premier à faire entrer
dans la poésie française le domaine de la mythologie et de
l'épopée de l'Inde.

Le moins qu'on puisse dire est que la nouveauté de
Bhagavat fut vivement ressentie : nous renvoyons à la
notice du poème pour l'histoire de sa lecture chez Jobbé-
Duval, et pour les moqueries de Daudet dans Le Petit
Chose. Bhagavat fut jugé totalement incompréhensible et
catastrophiquement ennuyeux. Et le terrible Barbey
d'Aurevilly évoqua — mais pour les poèmes grecs tout
aussi bien — un Leconte de Lisle jouant littérairement
« la scène de M. Jourdain, mamamouchi[33] ».

C'est le moment de s'interroger sur l'érudition de
l'écrivain. Dans quelle mesure ces poèmes apparemment

32. E. Pich, dans Leconte de Lisle, *Articles - Préfaces - Discours*, p. 130,
n. 20.
33. *Les Œuvres et les Hommes*, 3ᵉ partie, *Les Poètes*, Paris, Amyot, 1872,
p. 228.

très savants le sont-ils en réalité ? Les recherches qui ont été menées de divers côtés sur les sources des Poèmes antiques *nous paraissent converger vers la même conclusion : le poète n'invente guère, il travaille à partir de textes. Nous ajouterons que sa démarche ne consiste pas à rechercher de la documentation sur un thème qu'il aurait choisi d'abord pour des raisons précises, mais plutôt à profiter des occasions que lui offre l'actualité, en puisant ses sujets dans les publications récentes.*

C'est particulièrement frappant dans le domaine des poèmes hindous. En 1852, Leconte de Lisle fait paraître Sourya, *inspiré du* Rig-Véda *dont la publication en français par Alexandre Langlois date de 1848-1851, et* Bhagavat, *tiré du* Bhagavata-Purana, *traduit par Burnouf en 1840-1847 ; en 1855,* L'Arc de Civa *et* Çunacépa, *tirés tous deux du* Ramayana, *dont la traduction par Hippolyte Fauche est en cours de publication*[34]. *La* Prière védique pour les Morts, *parue en 1866 dans le* Parnasse contemporain, *est l'adaptation poétique d'un hymne publié par Pictet (d'après Müller) en 1863. Si l'on tient compte des délais de publication, on peut penser que tous ces poèmes ont été écrits quasi immédiatement après la parution en français des œuvres dont ils s'inspirent. La* Prière védique pour les Morts, *mise en vers d'un texte existant, ne demandait guère à son auteur qu'un talent littéraire. L'Arc de Civa, Çunacépa, La Mort de Valmiki également, qui développent sans prétention philosophique des éléments narratifs. Sûryâ emprunte peut-être à de nombreux passages du* Rig-Véda, *mais le poème n'est qu'une évocation poétique du soleil et de sa course. Il en va autrement de* Bhagavat *et de* La Vision de Brahma, *qui (voir la préface des* Poëmes antiques*) visent à*

---

34. La traduction d'H. Fauche paraît de 1854 à 1858. Une traduction partielle due à V. Parisot avait été publiée en 1853 ; elle contient déjà la matière de nos deux poèmes.

hindous

*exposer certains aspects des religions de l'Inde, et entre-
prennent même de raisonner à leur sujet : dans* Bhaga-
vat, *il s'agit de démontrer l'étroite parenté du vish-
nouisme et du bouddhisme.*

*Les critiques littéraires sont nombreux à dénoncer la
confusion et l'obscurité qui règnent dans ces poèmes.
Quant aux spécialistes, la plupart mettent en doute les
connaissances de Leconte de Lisle en matière d'india-
nisme, dénonçant des rapprochements injustifiés entre les
conceptions brahmaniques et bouddhiques, de mauvaises
interprétations (Nirvana, Maya)* [35], *la réduction d'une
pensée philosophique et religieuse infiniment subtile à
quelques notions qui n'en sont que le « résidu des-
séché* [36] *». Si Léon Armengaud, après s'être interrogé sur
les intentions du poète dans le choix de ses sujets, affirme
que « cet ensemble est suffisamment riche et cohérent
pour donner une idée de la civilisation indienne depuis
les temps védiques jusqu'à l'époque médiévale* [37] *», c'est
après avoir écrit : « En modernisant, pour ne pas dire en
falsifiant, les textes qu'il utilisait, le poète donnait une
image de l'Inde primitive, où l'esprit de l'hindouisme
était vaguement respecté mais affublé d'une forme
pseudo-classique et sophistiquée, parfois inintelligible,
où l'on ne reconnaît ni le vrai Rama, ni le vrai Brahma
ou autres entités du Panthéon indien* [38]. *»*

*Du point de vue esthétique, on ne peut que donner
raison à Leconte de Lisle d'avoir cherché un aliment
pour son imagination, un renouvellement de sa thémati-
que, dans le domaine qui s'ouvrait avec les travaux des
indianistes. Mais sans doute a-t-il eu tort de croire que la*

---

35. Pour le détail, voir les notices des poèmes.
36. R. Petitbon, *L'Influence de la pensée religieuse indienne dans le
romantisme et le Parnasse. Jean Lahor,* Paris, Nizet, 1962, p. 103.
37. « Sept poèmes hindous de Leconte de Lisle », p. 19.
38. *Ibid.,* p. 16.

lecture de quelques ouvrages savants[39] *faisait de lui un spécialiste de la pensée religieuse de l'Inde, et de prétendre exprimer l'essence profonde de celle-ci dans ses poèmes.*

*Pour ce qui concerne le domaine de l'Antiquité classique, la situation est différente. La littérature de l'Inde n'était accessible qu'à travers les traductions françaises, au fur et à mesure de leur parution ; sa pensée religieuse et philosophique, dans de rares traités. Les langues et les littératures grecques et latines font partie, peu ou prou, du bagage intellectuel de tout homme instruit, et Leconte de Lisle avait, comme tous, pratiqué les grands auteurs. Il entreprend assez tôt, semble-t-il, une traduction de l'*Iliade *(voir plus haut) ; il fait paraître en 1861 sa *Traduction nouvelle des « Idylles » de Théocrite et des « Odes anacréontiques »* ; en 1867 celle de l'*Iliade, suivie en 1868 de l'*Odyssée *(accompagnée de divers textes homériques) ; en 1869, Hésiode et d'autres poètes grecs ; en 1872, Eschyle ; en 1873, Horace ; en 1877, Sophocle ; en 1884 enfin, Euripide... Cette abondance n'est pas sans jeter la suspicion sur le sérieux avec lequel il effectuait ce travail, partiellement alimentaire. Les philologues d'ailleurs sont sceptiques sur la connaissance que Leconte de Lisle avait du grec, ils relèvent chez lui de nombreux contresens, et l'on a pu démontrer à plusieurs reprises qu'il avait utilisé des éditions bilingues (grec/latin) pour établir ses propres traductions, et qu'il traduisait souvent sur le texte latin plutôt que sur le grec*[40].

Pour ses « poèmes antiques », qui vont, eux, de la

---

39. Notamment ceux de Burnouf, dont Leconte de Lisle aurait été, d'après J. Dornis, un des premiers lecteurs.

40. Voir notamment D. Donnet, « La traduction du *Philoctète* par Leconte de Lisle : version grecque ou version latine ? », *Les Lettres romanes,* 1987, et A. Léonard, « Leconte de Lisle traducteur des Grecs. Le cas de l'*Électre* de Sophocle », *Les Lettres romanes,* 1989, p. 159, n. 22.

Préface

*traduction fidèle à l'adaptation fort libre (il distingue
donc nettement son travail de poète de son travail de
traducteur, dont il dit qu'il doit tendre à la littéralité la
plus scrupuleuse), il s'inspire d'une série d'œuvres fort
imposante, qui dépasse les lectures de collège et la
bibliothèque de l'honnête homme. Mais ici encore, on
s'aperçoit qu'il a parfois travaillé au moindre coût — en
l'occurrence à l'aide d'anthologies. Par exemple* [41], *si
Leconte de Lisle s'inspire dans* Niobé *des* Hymnes
orphiques, *il les a lus chez Ernest Falconnet, dans un
recueil de poèmes lyriques grecs en traduction fran-
çaise* [42] ; *c'est là aussi qu'il a trouvé les* Argonautiques
orphiques, *source de* Khirôn [43] ; *on sait qu'il a également
utilisé ce recueil pour* Kybèle *(qui emprunte à d'autres*
Hymnes orphiques*) et pour* Hylas *(inspiré notamment de
l'*Hylas *de Théocrite dans la traduction — anonyme —
présentée par Falconnet* [44]*). Edmond Estève voyait cer-
tainement juste lorsque après avoir énuméré les auteurs
publiés dans* Petits poèmes grecs, *il avançait qu'on tenait
peut-être, avec cette anthologie, « le premier instrument
de la culture hellénique que Leconte de Lisle se donna à
lui-même ». Il rappelait qu'*Orphée *se trouvait là traduit
pour la première fois, et que notre poète avait publié plus
tard une « version en prose » des* Hymnes orphiques *à la*

41. Voir J. Ducros, *Le Retour de la poésie française à l'Antiquité grecque
au milieu du XIXᵉ siècle. Leconte de Lisle et les* Poèmes antiques.

42. *Petits poèmes grecs,* coll. « Panthéon littéraire » ; Edmond Estève
(« Une source non remarquée du *Khirôn* de Leconte de Lisle », *Mélanges
Lanson,* Paris, Hachette, 1922, Slatkine Reprints, 1972, p. 378, n. 2) signale
que le premier tirage porte le millésime de 1838, mais n'est annoncé dans le
Journal de la Librairie que le 17 août 1839 ; l'exemplaire de *Petits poèmes
grecs* que nous avons pu consulter à la Bibliothèque Nationale date de 1875,
et est imprimé à Orléans, chez Herluison.

43. L'article d'Estève est daté de 1914, et l'auteur ignore, semble-t-il,
celui de Ducros.

44. H. Rambaud, « Sur une source oubliée des *Poèmes antiques* »,
Mélanges J. Saunier, Facultés catholiques de Lyon, 1944, p. 209-217.

suite de sa traduction d'Hésiode[45]. *Nous ajouterons qu'on trouve aussi dans le recueil — comme dans de nombreuses éditions françaises d'Homère — ces textes attribués au poète grec* (Hymnes. Fragments. Bathracho-myomachie) *dont Leconte de Lisle a joint la traduction à celle de l'*Odyssée[46]. *Bref, la culture de Leconte de Lisle en matière de littérature grecque est peut-être moins étonnante qu'il n'y paraît.*

Sa culture latine reposerait-elle sur des connaissances acquises de la même façon? Horace ou Virgile se trouvent partout, mais d'où sort, à la suite des seize premiers poèmes des Études latines, *tous inspirés par Horace, ce dix-septième et dernier, « imité de Gallus »? Ne serait-ce pas de la* Collection des auteurs latins *avec la traduction en français, publiée sous la direction de M. Nisard chez Dubochet en 1849, et qui contient également les œuvres d'Horace (et celles de Juvénal, Perse, Catulle, Properce, etc.)?*

En résumé, l'érudition de Leconte de Lisle, son souci d'exactitude documentaire, son besoin de retourner aux sources ne paraissent pas excessifs. Il n'a pas les exigences d'un homme de science, d'un spécialiste de la philologie, de l'histoire ou de la philosophie. Encore une fois, la seule chose qu'on pourrait lui reprocher, c'est de prétendre parfois en être un : lorsqu'il veut enseigner une pensée dont il ne connaît que les rudiments, lorsqu'il fignole à l'infini la forme et l'orthographe des noms indiens sans arriver à une transcription satisfaisante[47]. *Il*

---

45. Article cité, p. 378-379.

46. L'anthologie de Falconnet a été rééditée en 1842 chez Lefèvre et Charpentier sous le titre *Lyriques grecs*, mais avec quelques modifications qui nous permettent d'affirmer que c'est bien l'édition du « Panthéon littéraire » qui a été utilisée par Leconte de Lisle, contrairement à ce que croit Henri Rambaud. Par exemple, les *Argonautiques orphiques* ne figurent pas dans le recueil de 1842, ni non plus les « œuvres d'Homère ».

47. Voir E. Carcassonne, « Notes sur l'indianisme de Leconte de Lisle », *Revue d'histoire littéraire de la France*, 1931, p. 430 : « De tout temps on

est donc assez vain de vouloir discuter pied à pied avec lui, de se demander si son panthéon indien est védântiste ou bouddhiste. On a parfaitement raison de prendre Sûryâ, *non comme un concentré de savoir védique, mais comme un poème présentant sous forme d'hymne « une prière, un tableau, un récit*[48] *» : c'est en artiste que Leconte de Lisle travaille. Ainsi, pour prendre un exemple dans le domaine grec, moins hermétique pour nous que le domaine indien, dans* Niobé, *Leconte de Lisle voit la défaite des Titans par les dieux de l'Olympe sous un jour tout à fait négatif; les Olympiens sont présentés comme foncièrement cruels. Dans* Hypatie, *au contraire, ils représentent les valeurs positives, face au christianisme qui est en train de les détrôner. À quoi l'on voit que, dans aucun des deux poèmes, il n'y a en réalité de réflexion philosophique sur le système religieux des Grecs. Ce qu'il faut à Leconte de Lisle, ce n'est pas un système de valeurs, c'est un jeu d'oppositions : nécessité d'ordre esthétique. À un autre niveau se découvre une nécessité intime, subjective : exprimer le sentiment que les choses ne font qu'aller de mal en pis ; que, dans cette histoire du monde qui n'est qu'une suite incessante de combats (voici déjà l'optique des* Poèmes barbares), *celui qui meurt est toujours meilleur que celui qui le supplante.*

---

relève un emploi fantaisiste des circonflexes : Leconte de Lisle écrit, à partir de 1874, *Sûryâ,* faisant à tort l'*a* long, de sorte que le nom du soleil, écrit successivement *Sourya, Çurya, Sûryâ,* n'a jamais été tout à fait exact sous sa plume : quelle infortune l'a empêché de saisir *Soûrya* ? Ou *Sûrya.* Ajoutons que Leconte de Lisle fait le mot de trois syllabes, alors qu'il n'en a que deux en sanscrit » (nous versons au dossier le fait que, dans les premières versions du poème, le mot comportait deux syllabes). Et, du même, « Leconte de Lisle et la philosophie indienne », p. 636-637 : écrit sans accent, le mot *Brahma* est un neutre, et désigne l'Être absolu ; pour désigner le dieu personnel — celui qu'entend mettre en scène Leconte de Lisle —, il faudrait écrire *Brahmâ.*

48. L. Armengaud, « Sept poèmes hindous de Leconte de Lisle », p. 22.

Confronter les poèmes de Leconte de Lisle avec ce que les savants nous disent de l'histoire, de la pensée, de la religion grecque ou indienne reste donc intéressant, mais pour mettre en évidence, par le biais des déformations constatées, la thématique de Leconte de Lisle et sa personnalité. Ainsi, il semblerait que le poète interprète de façon erronée le Nirvâna bouddhique en l'identifiant au néant : le Nirvâna n'est pas l'anéantissement du moi, mais celui « du désir, de la haine, de l'ignorance, de la convoitise, des passions, des vertus et des œuvres », il est « présence pure », « Réalité finale[49] ». Même s'il n'est pas le seul à voir dans le Nirvâna l'équivalent de notre Néant, Leconte de Lisle manifeste sa personnalité dans le choix de cette interprétation.

Car c'est toujours par un chemin détourné qu'il faut approcher cette individualité peu commode, si désireuse de ne présenter qu'une figure publique dont tous les traits aient été choisis soigneusement en vue de l'effet à produire. Leconte de Lisle joue au dur alors qu'il peut être, dans la vie, sentimental — parfois aussi dans sa poésie : dans Çunacépa, *dans* Hylas, *il ajoute au sujet narratif reçu des Anciens une exaltation des amours adolescentes; mais s'il glorifie les passions dans* La Robe du Centaure, *c'est en tant qu'elles font de nous des martyrs... Il ennuie parfois à force de sérieux alors que, s'il faut en croire Baudelaire, c'était en société un homme plein d'esprit, et même un véritable bouffon. Or si la veine comique affleure parfois dans les* Poèmes barbares, *elle se laisse bien difficilement déceler dans les* Poèmes antiques; *on peut soupçonner pourtant que le poète riait sous cape en plaçant à la rime, dans* Bhagavat, *vaches et crocodiles, ou en pastichant* Phèdre *dans* Hélène; *et le doute n'est plus permis devant les vers*

---

49. J. Biès, *Littérature et pensée hindoue des origines à 1950*, Paris, Klincksieck, 1974, p. 123.

loufoques qui terminent la deuxième partie de Çuna-
cépa *:*

Et qu'on entend, au bord du fleuve aux claires eaux,
Les caïmans joyeux glapir dans les roseaux.

*Parce qu'ils sont choisis en vue d'un effet à produire
plutôt qu'ils n'émanent d'une conception de l'art profon-
dément mûrie, les principes littéraires de Leconte de Lisle
ne sont que très partiellement responsables de la réelle
qualité de sa poésie. Comparons avec Flaubert, qui
défend lui aussi l'idée de la primauté du Beau, celle d'une
littérature scientifique et celle de la nécessaire imperson-
nalité de l'art. À première vue, pas d'artistes plus proches
l'un de l'autre que ces deux-là* [50]*. Mais Flaubert lie
impersonnalité et visée scientifique, en voyant dans le
recours à une forme impersonnelle la condition d'une
littérature qui ait le sérieux et même l'impartialité de
l'Histoire ; Leconte de Lisle réduit assez pauvrement
l'impersonnalité au bannissement de toute allusion auto-
biographique, pour des raisons de discrétion et de
pudeur : « Il y a dans l'aveu public des angoisses du cœur
et de ses voluptés non moins amères, une vanité et une
profanation gratuites* [51] *» ; cela n'interdit nullement
d'exprimer, de façon on ne peut plus explicite et directe,
des sentiments personnels, et notre auteur s'exaspérait
lorsqu'on le traitait de « poète impassible » : « En aura-
t-on bientôt fini avec cette baliverne ! Poète impassible !*

---

50. Cela peut aller jusqu'au détail de l'argumentation : ainsi, tous deux
opposent Shakespeare à Byron pour illustrer la supériorité du poète objectif
sur le poète lyrique (parallèle aussi banal, il est vrai, que celui de Corneille
et Racine...).

51. Préface des *Poëmes antiques*. Dans la préface des *Poëmes et Poésies*,
Leconte de Lisle reviendra sur cette question, reconnaissant avec une fausse
confusion que son nouveau recueil « n'est cette fois que trop personnel ».

Alors quand on ne raconte pas de quelle façon on boutonne son pantalon, et les péripéties de ses amourettes, on est un poète impassible ? C'est stupide[52]. »

Indignation justifiée : y a-t-il, par exemple, œuvre moins impassible, moins neutre que Dies iræ, ce grand poème au lyrisme puissant, qui a la mélancolie du Lac sans son aspect anecdotique, et qui résume si fidèlement la pensée de son auteur ? La prévision funèbre de l'Apocalypse et l'aspiration bouddhiste au néant s'y mêlent à la nostalgie des Ubi sunt : où est la jeunesse du monde, la nature vierge des commencements (et comme en un palimpseste apparaît, sous cette vision d'Éden, le souvenir poignant des paysages de l'île natale, et de l'enfance envolée) ? où sont les dieux qui, d'époque en époque, donnaient un sens au cosmos ?

Pour Leconte de Lisle, l'impersonnalité n'a donc rien à voir avec l'impartialité du savant ; le rapport de l'art à la science ne se situe pas sur ce plan. La littérature est scientifique, on l'a vu, quand elle utilise les acquis de la science, et quand, à l'instar de la science du XIXe siècle, elle s'intéresse aux origines. La problématique flaubertienne est tout autre : il s'agit de mettre en œuvre les méthodes et les procédés des sciences naturelles et des sciences humaines : induction, déduction, retrait de l'observateur par rapport au phénomène observé, attention à laisser parler les faits sans parler à leur place (sans « conclure »), style objectif (ni shifters[53], ni exclama-

52. Jules Huret, *Enquête sur l'évolution littéraire,* Paris, Charpentier, 1891, p. 283. On voit aux détails choisis qu'il s'agit bien de pudeur, au sens étroit comme au sens large.

53. Les shifters sont des mots et des formes liés à la personne et à la situation du locuteur : pronoms de la première et de la deuxième personne, adverbes renvoyant au lieu d'où l'on parle (ici), au moment où l'on parle (maintenant, demain), temps du verbe comme le présent, le passé composé, le futur simple. Comme l'a montré Émile Benveniste, les shifters sont bannis du récit de type historique (« Les relations de temps dans le verbe français », dans *Problèmes de linguistique générale,* Paris, Gallimard, Bibliothèque des sciences humaines, 1966).

tions, ni comparaisons, ni prise à témoin du lecteur, etc.).

Flaubert lut, dès sa parution, le volume des Poëmes antiques[54]. *S'il montre dans ses lettres de l'admiration pour* Midi, Dies iræ, Sourya *ou* Fultus Hyacintho *(« son Bœuf*[55] *»), il manifeste une certaine réticence devant la préface. À son sens, écrit-il à Louise Colet, Leconte de Lisle s'égare sur une mauvaise voie. Il ne faut pas reprendre des formes qui ne nous conviennent plus, ayant été élaborées dans un autre contexte moral et intellectuel :* « Les Grecs [...] *étaient, comme* plastique, *dans des conditions que rien ne redonnera. Mais vouloir se chausser de leurs bottes est démence. Ce ne sont pas des chlamydes qu'il faut au Nord, mais des pelisses de fourrures. La forme antique est insuffisante à nos besoins et notre voix n'est pas faite pour chanter ces airs simples. Soyons aussi artistes qu'eux, si nous le pouvons, mais autrement qu'eux. La conscience du genre humain s'est élargie depuis Homère. Le ventre de Sancho Pança fait craquer la ceinture de Vénus. Au lieu de nous acharner à reproduire de vieux chics, il faut s'évertuer à en inventer de nouveaux »* (15 juillet 1853).

Mais Leconte de Lisle ne l'a-t-il pas fait ?

Sans doute les Études latines *ou les* Odes anacréontiques *peuvent-elles apparaître, et c'est d'ailleurs le but poursuivi, comme des* « à la manière de... », *reprenant, dans des formes connues, dans un style à formules et à périphrases, des thèmes lyriques, bucoliques, intimistes, qui renvoient — avec beaucoup d'habileté, il est vrai, et beaucoup de charme — à Horace ou à Théocrite. Ce n'est*

---

54. Nous avons reproduit, dans notre édition des *Poèmes barbares*, les extraits de la *Correspondance* de Flaubert qui concernent Leconte de Lisle.

55. Ce poème, qui ne fut publié qu'en 1855, lui avait été communiqué par L. Colet.

pas là qu'il faut chercher la nouveauté des Poèmes antiques[56]*, cette nouveauté que saluait Gaston Boissier dans le discours qu'il prononça lors des funérailles du poète :* « *Après une floraison merveilleuse de poésie lyrique, quand la voix de Lamartine, de Musset, de Vigny vibrait encore, et que Victor Hugo était à l'apogée de sa gloire, il sut entrer résolument dans des voies nouvelles et se faire une place à côté d'eux.* »

Leconte de Lisle renouvelle la veine exotique en introduisant l'Inde dans la poésie française : il se démarque ainsi des Orientales, *qui furent la grande révélation de sa jeunesse. Mais l'originalité des sujets estompe là quelque peu celle de la mise en œuvre poétique (pourtant bien réelle : qui n'est séduit, malgré l'obscurité du poème, par la beauté, par la solennité liturgique de la* Prière védique pour les Morts, *et par ce refrain subtilement varié, qui nous offre à la fois le plaisir de la régularité et celui du changement ?). Si nous devions choisir dans son premier recueil le meilleur témoignage d'une vision nouvelle de la poésie, c'est à une pièce comme* Niobé *que nous penserions.*

Dans son article sur Vigny, Leconte de Lisle louait « *l'élévation, la candeur généreuse, la dignité de soi-même et le dévouement religieux à l'art* » *qu'il trouvait dans* Les Destinées, *tout en regrettant qu'on ne puisse demander à celles-ci* « *les grands aspects de mouvement et de couleur qui sont la marque des génies profonds et virils par excellence, ni même la certitude constante de la langue, la solidité du vers et la précision vigoureuse de*

56. Et sans doute faut-il regretter que dans ses poèmes grecs Leconte de Lisle, à mesure que le temps passait, se soit de plus en plus limité à de simples adaptations, comme le démontre J. Ducros (*Le Retour de la poésie française à l'Antiquité grecque au milieu du XIXe siècle. Leconte de Lisle et les* Poèmes antiques, p. 101).

*l'image ». Il définissait ainsi ses propres objectifs. Avec
la présentation presque ironique d'une Grèce brutale aux
dieux barbares, avec cette violence et cet excès qui
donnent au tableau une netteté extraordinaire, à laquelle
contribuent d'autre part le souci du détail*[57] *et la volonté
d'atteindre par les mots à l'art du sculpteur (comment ne
pas évoquer ici Théophile Gautier*[58] *?), avec l'éclat des
noms au graphisme et aux sonorités étranges et durs
auxquels répond le martèlement du vers, avec la gran-
deur tragique de l'adresse finale à l'héroïne, avec l'oscil-
lation entre le dramatique et le narratif, et cette lenteur
qui présente le massacre, d'une façon saisissante, en un
immense ralenti, le « poëme »* Niobé, *s'il retourne en
effet à une forme qui appartient au passé*[59], *n'apporte-t-il
pas néanmoins quelque chose de neuf et d'unique dans la
poésie française — et quelque chose qui n'est pas une
simple transposition d'Homère ?*

Claudine Gothot-Mersch

---

57. Ce goût du détail précis épargne aux épopées de Leconte de Lisle le
« vague fastidieux » des épopées philosophiques d'un Quinet, d'un
Laprade, d'un Ménard (A. Fairlie, *Leconte de Lisle's poems on the
barbarian races,* p. 399).

58. Le poète le plus proche, sans doute, de Leconte de Lisle, comme en
jugeait déjà Baudelaire : « Le seul poète auquel on pourrait, sans absurdité,
comparer Leconte de Lisle, est Théophile Gautier » (Baudelaire, dans
l'Anthologie des *Poètes français,* voir notre édition des *Poèmes barbares,*
p. 308).

59. Notons tout de même que Sainte-Beuve, dans son bilan de la poésie
en 1852, signale que l'épopée est un genre toujours pratiqué : « on fait
encore des épopées en vingt-quatre chants » ; néanmoins, l'exemple fourni
laisse entendre que c'est le fait de provinciaux érudits...

Poèmes antiques

SÛRYÂ

HYMNE VÉDIQUE

Ta demeure est au bord des océans antiques,
Maître ! Les grandes Eaux lavent tes pieds mystiques.

Sur ta face divine et ton dos écumant
L'Abîme primitif ruisselle lentement.
5 Tes cheveux qui brûlaient au milieu des nuages,
Parmi les rocs anciens déroulés sur les plages,
Pendent en noirs limons, et la houle des mers
Et les vents infinis gémissent au travers.
Sûryâ ! Prisonnier de l'Ombre infranchissable,
10 Tu sommeilles couché dans les replis du sable.
Une haleine terrible habite en tes poumons ;
Elle trouble la neige errante au flanc des monts ;
Dans l'obscurité morne en grondant elle affaisse
Les astres submergés par la nuée épaisse,
15 Et fait monter en chœur les soupirs et les voix
Qui roulent dans le sein vénérable des bois.

Ta demeure est au bord des océans antiques,
Maître ! Les grandes Eaux lavent tes pieds mystiques.

Elle vient, elle accourt, ceinte de lotus blancs,
20 L'Aurore aux belles mains, aux pieds étincelants ;
Et tandis que, songeur, près des mers tu reposes,
Elle lie au char bleu les quatre Vaches roses.

Vois ! Les palmiers divins, les érables d'argent,
Et les frais nymphéas sur l'eau vive nageant,
25 La vallée où pour plaire entrelaçant leurs danses
Tournent les Apsaras en rapides cadences,
Par la nue onduleuse et molle enveloppés,
S'éveillent, de rosée et de flamme trempés.
Pour franchir des sept cieux les larges intervalles,
30 Attelle au timon d'or les sept fauves Cavales,
Secoue au vent des mers un reste de langueur,
Éclate, et lève-toi dans toute ta vigueur !

Ta demeure est au bord des océans antiques,
Maître ! Les grandes Eaux lavent tes pieds mystiques.

35 Mieux que l'oiseau géant qui tourne au fond des cieux,
Tu montes, ô guerrier, par bonds victorieux ;
Tu roules comme un fleuve, ô Roi, source de l'Être !
Le visible infini que ta splendeur pénètre,
En houles de lumière ardemment agité,
40 Palpite de ta force et de ta majesté.
Dans l'air flambant, immense, oh ! que ta route est belle
Pour arriver au seuil de la Nuit éternelle !
Quand ton char tombe et roule au bas du firmament,
Que l'horizon sublime ondule largement !
45 Ô Sûryâ ! Ton corps lumineux vers l'eau noire
S'incline, revêtu d'une robe de gloire ;
L'Abîme te salue et s'ouvre devant toi :
Descends sur le profond rivage et dors, ô Roi !

Ta demeure est au bord des océans antiques,
50 Maître ! Les grandes Eaux lavent tes pieds mystiques.

Guerrier resplendissant, qui marches dans le ciel
À travers l'étendue et le temps éternel ;
Toi qui verses au sein de la Terre robuste

Le fleuve fécondant de ta chaleur auguste,
55 Et sièges vers midi sur les brûlants sommets,
Roi du monde, entends-nous, et protège à jamais
Les hommes au sang pur, les races pacifiques
Qui te chantent au bord des océans antiques !

PRIÈRE VÉDIQUE
POUR LES MORTS

Berger du monde, clos les paupières funèbres
Des deux chiens d'Yama qui hantent les ténèbres.

Va, pars! Suis le chemin antique des aïeux.
Ouvre sa tombe heureuse et qu'il s'endorme en elle,
5 Ô Terre du repos, douce aux hommes pieux!
Revêts-le de silence, ô Terre maternelle,
Et mets le long baiser de l'ombre sur ses yeux.

Que le Berger divin chasse les chiens robustes
Qui rôdent en hurlant sur la piste des justes!

10 Ne brûle point celui qui vécut sans remords.
Comme font l'oiseau noir, la fourmi, le reptile,
Ne le déchire point, ô Roi, ni ne le mords!
Mais plutôt, de ta gloire éclatante et subtile
Pénètre-le, Dieu clair, libérateur des Morts!

15 Berger du monde, apaise autour de lui les râles
Que poussent les gardiens du seuil, les deux chiens pâles.

Voici l'heure. Ton souffle au vent, ton œil au feu!
Ô Libation sainte, arrose sa poussière.
Qu'elle s'unisse à tout dans le temps et le lieu!
20 Toi, Portion vivante, en un corps de lumière,
Remonte et prends la forme immortelle d'un Dieu!

Que le Berger divin comprime les mâchoires
Et détourne le flair des chiens expiatoires !

Le beurre frais, le pur Sôma, l'excellent miel,
25 Coulent pour les héros, les poètes, les sages.
Ils sont assis, parfaits, en un rêve éternel.
Va, pars ! Allume enfin ta face à leurs visages,
Et siège comme eux tous dans la splendeur du ciel !

Berger du monde, aveugle avec tes mains brûlantes
30 Des deux chiens d'Yama les prunelles sanglantes.

Tes deux chiens qui jamais n'ont connu le sommeil,
Dont les larges naseaux suivent le pied des races,
Puissent-ils, Yama ! jusqu'au dernier réveil,
Dans la vallée et sur les monts perdant nos traces,
35 Nous laisser voir longtemps la beauté du Soleil !

Que le Berger divin écarte de leurs proies
Les chiens blêmes errant à l'angle des deux voies !

Ô toi, qui des hauteurs roules dans les vallons,
Qui fécondes la Mer dorée où tu pénètres,
40 Qui sais les deux Chemins mystérieux et longs,
Je te salue, Agni, Savitri ! Roi des êtres !
Cavalier flamboyant sur les sept Étalons !

Berger du monde, accours ! Éblouis de tes flammes
Les deux chiens d'Yama, dévorateurs des âmes.

BHAGAVAT

Le grand Fleuve, à travers les bois aux mille plantes,
Vers le Lac infini roulait ses ondes lentes,
Majestueux, pareil au bleu lotus du ciel,
Confondant toute voix en un chant éternel ;
5 Cristal immaculé, plus pur et plus splendide
Que l'innocent esprit de la vierge candide.
Les Sûras bienheureux qui calment les douleurs,
Cygnes au corps de neige, aux guirlandes de fleurs,
Gardaient le Réservoir des âmes, le saint Fleuve,
10 La coupe de saphir où Bhagavat s'abreuve.
Au pied des jujubiers déployés en arceaux,
Trois sages méditaient, assis dans les roseaux ;
Des larges nymphéas contemplant les calices,
Ils goûtaient, absorbés, de muettes délices.
15 Sur les bambous prochains, accablés de sommeil,
Les oiseaux aux becs d'or luisaient en plein soleil,
Sans daigner secouer, comme des étincelles,
Les mouches qui mordaient la pourpre de leurs ailes.
Revêtu d'un poil rude et noir, le Roi des ours
20 Au grondement sauvage, irritable toujours,
Allait, se nourrissant de miel et de bananes.
Les singes oscillaient suspendus aux lianes.
Tapi dans l'herbe humide et sur soi reployé,
Le tigre au ventre blanc, au souple dos rayé,
25 Dormait ; et par endroits, le long des vertes îles,
Comme des troncs pesants flottaient les crocodiles.

Parfois, un éléphant songeur, roi des forêts,
Passait et se perdait dans les sentiers secrets,
Vaste contemporain des races terminées,
30 Triste, et se souvenant des antiques années.
L'inquiète gazelle, attentive à tout bruit,
Venait, disparaissait comme le trait qui fuit ;
Au-dessus des nopals bondissait l'antilope ;
Et sous les noirs taillis dont l'ombre l'enveloppe,
35 L'œil dilaté, le corps nerveux et frémissant,
La panthère à l'affût humait leur jeune sang.
Du sommet des palmiers pendaient les grands reptiles ;
Des couleuvres glissaient en spirales subtiles ;
Et sur les fleurs de pourpre et sur les lys d'argent,
40 Emplissant l'air d'un vol sonore et diligent,
Dans la forêt touffue aux longues échappées
Les abeilles vibraient, d'un rayon d'or frappées.
Telle, la Vie immense, auguste, palpitait,
Rêvait, étincelait, soupirait et chantait.
45 Tels, les germes éclos et les formes à naître
Brisaient ou soulevaient le sein large de l'Être.
Mais, dans l'inaction surhumaine plongés,
Les Brahmanes muets et de longs jours chargés,
Ensevelis vivants dans leurs songes austères
50 Et des roseaux du Fleuve habitants solitaires,
Las des vaines rumeurs de l'homme et des cités,
En un monde inconnu puisaient leurs voluptés.
Des parts faites à tous choisissant la meilleure,
Ils fixaient leur esprit sur l'Âme intérieure.
55 Enfin, le jour, glissant à la pente des cieux,
D'un long regard de pourpre illumina leurs yeux ;
Et, sous les jujubiers qu'un souffle pur balance,
Chacun interrompit le mystique silence.

MAITREYA

J'étais jeune et jouais dans le vallon natal,
60 Au bord des bleus étangs et des lacs de cristal
Où les poules nageaient, où cygnes et sarcelles
Faisaient étinceler les perles de leurs ailes,
Dans les bois odorants, de rosée embellis,
Où sur l'écorce d'or chantaient les bengalis,
65 Et j'aperçus, semblable à l'Aurore céleste,
La vierge aux doux yeux longs, gracieuse et modeste,
Qui de loin s'avançait, foulant les gazons verts.
Ses pieds blancs résonnaient, de mille anneaux couverts ;
Sa voix harmonieuse était comme l'abeille
70 Qui murmure et s'enivre à ta coupe vermeille,
Belle rose ! et l'amour ondulait dans son sein.
Les bengalis charmés, la suivant par essaim,
Allaient boire le miel de ses lèvres pourprées.
Ses longs cheveux, pareils à des lueurs dorées,
75 Ruisselaient mollement sur son cou délicat ;
Et moi, j'étais baigné de leur divin éclat !
Le souffle frais des bois, de ses deux seins de neige,
Écartait le tissu léger qui les protège ;
D'invisibles oiseaux chantaient pleins de douceur,
80 Et toute sa beauté rayonnait dans mon cœur !
Je n'ai pas su le nom de l'Apsara rapide.
Que ses pieds étaient blancs sur le gazon humide !
Et j'ai suivi longtemps, sans l'atteindre jamais,
La jeune Illusion qu'en mes beaux jours j'aimais.
85 Ô contemplation de l'Essence des choses,
Efface de mon cœur ces pieds, ces lèvres roses,
Et ces tresses de flamme et ces yeux doux et noirs
Qui troublent le repos des austères devoirs.
Sous les figuiers divins, le Lotus à cent feuilles,
90 Bienheureux Bhagavat, si jamais tu m'accueilles,
Puissé-je, libre enfin de ce désir amer,
M'ensevelir en toi comme on plonge à la mer !

NARADA

Que de jours disparus ! Toujours prompte à la tâche,
Durant la nuit, ma mère allait traire la vache :
95 Le serpent de Kala la mordit en chemin,   *la mort*
Et ma mère mourut, pâle, le lendemain.
Comme un enfant privé du seul être qui l'aime,
Moi, je me lamentais dans ma douleur suprême.
De vallée en colline et de fleuve en forêts,
100 Sombre, cheveux épars, et gémissant, j'errais
À travers les grands monts et les riches contrées,
Les agrestes hameaux et les villes sacrées,
Sous le soleil qui brûle et dévore, et souvent
Poussant des cris d'angoisse emportés par le vent.
105 Dans le bois redoutable, ou sous l'aride nue,
Les chacals discordants saluaient ma venue,
Et la plainte arrachée à mon cœur soucieux
Éveillait la chouette aux cris injurieux.
Venu, pour y dormir, dans ce lieu solitaire,
110 Au pied d'un pippala je m'assis sur la terre ;   *figuier sacré*
Et je vis une autre âme en mon âme, et mes yeux
Voyaient croître sur l'onde un lotus merveilleux ;
Et, du sein entr'ouvert de la fleur éternelle,
Sortait une clarté qui m'attirait vers elle.
115 Depuis, pareils aux flots se déroulant toujours,
Dans cette vision j'ai consumé mes jours ;
Mais la source des pleurs n'est point tarie encore.
Dans l'ombre de ma nuit ta clarté que j'adore
Parfois s'est éclipsée, et son retour est lent,
120 Des êtres et des Dieux ô le plus excellent !
Sous les figuiers divins, le Lotus à cent feuilles,
Bienheureux Bhagavat, si jamais tu m'accueilles,
Puissé-je, délivré du souvenir amer,
M'ensevelir en toi comme un fleuve à la mer !

ANGIRA

125 J'ai vécu, l'œil fixé sur la source de l'Être,
     Et j'ai laissé mourir mon cœur pour mieux connaître.
     Les sages m'ont parlé, sur l'antilope assis,
     Et j'ai tendu l'oreille aux augustes récits ;
     Mais le doute toujours appesantit ma face,
130 Et l'enseignement pur de mon esprit s'efface.
     Je suis très malheureux, mes frères, entre tous.
     Mon mal intérieur n'est pas connu de vous ;
     Et si mes yeux parfois s'ouvrent à la lumière,
     Bientôt la nuit épaisse obscurcit ma paupière.
135 Hélas ! l'homme, la mer, les bois sont agités ;
     Mais celui qui persiste en ses austérités,
     Celui qui, toujours plein de leur sublime image,
     Dirige vers les Dieux son immobile hommage,
     Ferme aux tentations de ce monde apparent,
140 Voit luire Bhagavat dans son cœur transparent.
     Tout resplendit, cité, plaine, vallon, montagne ;
     Des nuages de fleurs rougissent la campagne ;
     Il écoute, ravi, les chœurs harmonieux
     Des Kinnaras sacrés, des femmes aux beaux yeux ;
145 Et des flots de lumière enveloppent le monde.
     Le vain bonheur des sens s'écoule comme l'onde,
     Les voluptés d'hier reposent dans l'oubli ;
     Rien qui dans le néant ne roule enseveli ;
     Rien qui puisse apaiser ta soif inexorable,
150 Ô passion avide, ô doute insatiable,
     Si ce n'est le plus doux et le plus beau des Dieux.
     Sans lui tout me consume et tout m'est odieux.
     Sous les figuiers divins, le Lotus à cent feuilles,
     Bienheureux Bhagavat, si jamais tu m'accueilles,
155 Puissé-je, ô Bhagavat, chassant le doute amer,
     M'ensevelir en toi comme on plonge à la mer !

———————

Ainsi dans les roseaux se lamentaient les sages ;
Des pleurs trop contenus inondaient leurs visages.
Et le Fleuve gémit en réponse à leurs voix,
160 Et la nuit formidable enveloppa les bois.
Les oiseaux s'étaient tus, et, sur les rameaux frêles,
Aux nids accoutumés se reployaient leurs ailes.
Seuls, éveillés par l'ombre, en détours indolents,
Les grands pythons rôdaient, dans l'herbe étincelants ;
165 Les panthères, par bonds musculeux et rapides,
Dans l'épaisseur des bois, chassaient les daims timides ;
Et sur le bord prochain, le tigre, se dressant,
Poussait par intervalle un cri rauque et puissant.
Mais le ciel, dénouant ses larges draperies,
170 Faisait aux flots dorés un lit de pierreries,
Et la lune, inclinant son urne à l'horizon,
Épanchait ses lueurs d'opale au noir gazon.
Les lotus entr'ouvraient sur les eaux murmurantes,
Plus larges dans la nuit, leurs coupes transparentes ;
175 L'arome des rosiers dans l'air pur dilaté
Retombait plus chargé de molle volupté,
Et mille mouches d'or, d'azur et d'émeraude,
Étoilaient de leurs feux la mousse humide et chaude.
Les Brahmanes pleuraient en proie aux noirs ennuis.

180 Une plainte est au fond de la rumeur des nuits,
Lamentation large et souffrance inconnue
Qui monte de la terre et roule dans la nue ;
Soupir du globe errant dans l'éternel chemin,
Mais effacé toujours par le soupir humain.
185 Sombre douleur de l'homme, ô voix triste et profonde,
Plus forte que les bruits innombrables du monde,
Cri de l'âme, sanglot du cœur supplicié,
Qui t'entend sans frémir d'amour et de pitié ?
Qui ne pleure sur toi, magnanime faiblesse,
190 Esprit qu'un aiguillon divin excite et blesse,

Qui t'ignores toi-même et ne peux te saisir,
Et sans borner jamais l'impossible désir,
Durant l'humaine nuit qui jamais ne s'achève,
N'embrasses l'Infini qu'en un sublime rêve ?
195 Ô douloureux Esprit, dans l'espace emporté,
Altéré de lumière, avide de beauté,
Qui retombes toujours de la hauteur divine
Où tout être vivant cherche son origine,
Et qui gémis, saisi de tristesse et d'effroi,
200 Ô conquérant vaincu, qui ne pleure sur toi ?

Et les sages pleuraient. Mais la blanche Déesse,
Ganga, sous l'onde assise, entendit leur détresse.
Dans la grotte de nacre, aux sables d'or semés,
Mille femmes peignaient en anneaux parfumés
205 Sa vierge chevelure, odorante et vermeille ;
Mais aux voix de la rive elle inclina l'oreille,
Et voilée à demi d'un bleuâtre éventail,
Avec ses bracelets de perle et de corail,
Son beau corps diaphane et frais, sa bouche rose
210 Où le sourire ailé comme un oiseau se pose,
Et ses cheveux divins de nymphéas ornés,
Elle apparut, et vit les sages prosternés.

GANGA

Brahmanes ! qui vivez et priez sur mes rives,
Vous qui d'un œil pieux contemplez mes eaux vives,
215 Pourquoi gémir ? Quel est votre tourment cruel ?
Un Brahmane est toujours un roi Spirituel.
Il reçoit au berceau mille dons en partage ;
Aimé des Dieux, il est intelligent et sage ;
Il porte au sacrifice un cœur pur et des mains
220 Sans tache ; il vit et meurt vénérable aux humains.
Pourquoi gémissez-vous, ô Brahmanes que j'aime ?

Ne possédez-vous pas la science suprême ?
Avez-vous offensé l'essentiel Esprit
Pour n'avoir point prié dans le rite prescrit ?
225 Confiez-vous en moi : mes paroles sont sûres ;
Je puis tarir vos pleurs et fermer vos blessures,
Et fixer de nouveau, loin du monde agité,
Vos âmes dans le rêve et l'immobilité.

Sur le large Lotus où son corps divin siège,
230 Ainsi parlait Ganga, blanche comme la neige.

MAITREYA

Salut, Vierge aux beaux yeux, Reine des saintes Eaux,
Plus douce que le chant matinal des oiseaux,
Que l'arome amolli qui des jasmins émane !
Reçois, belle Ganga, le salut du Brahmane.
235 Je te dirai le trouble où s'égare mon cœur.
Je me suis enivré d'une ardente liqueur,
Et l'amour, me versant son ivresse funeste,
Dirige mon esprit hors du chemin céleste.
Ô Vierge, brise en moi les liens de la chair !
240 Ô Vierge, guéris-moi du tourment qui m'est cher !

NARADA

Salut, Vierge aux beaux yeux, aux boucles d'or fluide,
Plus fraîche que l'Aurore au diadème humide,
Que les brises du fleuve au fond des bois rêvant !
Reçois, belle Ganga, mon hommage fervent.
245 Je te raconterai ma peine encore amère.
Oui, le dernier baiser que me donna ma mère,
Suprême embrassement après de longs adieux,
De larmes de tendresse emplit toujours mes yeux.

Quand vient l'heure fatale et que le jour s'achève,
250 Cette image renaît et trouble le saint rêve.
Ô Vierge, efface en moi ce souvenir cruel !
Ô Vierge, guéris-moi de tout amour mortel !

ANGIRA

Salut, Vierge aux beaux yeux, rayonnante de gloire,
Plus blanche que le cygne et que le pur ivoire,
255 Qui sur ton cou d'albâtre enroules tes cheveux !
Reçois, belle Ganga, l'offrande de mes vœux.
Mon malheur est plus fort que ta pitié charmante,
Ô Déesse ! Le doute infini me tourmente.
Pareil au voyageur dans les bois égaré,
260 Mon cœur dans la nuit sombre erre désespéré.
Ô Vierge, qui dira ce que je veux connaître :
L'origine et la fin et les formes de l'Être ?

Sous un rayon de lune, au bord des flots muets,
Tels parlaient tour à tour les sages inquiets.

GANGA

265 Quand de telles douleurs troublent l'âme blessée,
Ô Brahmanes chéris, l'attente est insensée.
Si le remède est prêt, les longs discours sont vains.
Levez-vous, et quittez le fleuve aux flots divins
Et la forêt profonde où son beau cours commence.
270 Ô sages, le temps presse, et la route est immense.
Par delà les lacs bleus de lotus embellis
Que le Souffle vital berce dans leurs grands lits,
Le Kaîlaça céleste, entre les monts sublimes,
Élève le plus haut ses merveilleuses cimes.
275 Là, sous le dôme épais des feuillages pourprés,

Parmi les kokilas et les paons diaprés,
Réside Bhagavat dont la face illumine.
Son sourire est Mâyâ, l'Illusion divine ;
Sur son ventre d'azur roulent les grandes Eaux ;
280 La charpente des monts est faite de ses os.
Les fleuves ont germé dans ses veines, sa tête
Enferme les Védas, son souffle est la tempête ;
Sa marche est à la fois le temps et l'action ;
Son coup d'œil éternel est la création,
285 Et le vaste Univers forme son corps solide.
Allez ! La route est longue, et la vie est rapide.

Et Ganga disparut dans le fleuve endormi,
Comme un rayon qui plonge et s'éclipse à demi.

Pareils à l'éléphant qui, de son pied sonore,
290 Fuit l'ardente forêt qu'un feu soudain dévore,
Qui mugit à travers les flamboyants rameaux,
Et respirant à peine, et consumé de maux,
Emportant l'incendie à son flanc qui palpite,
Dans la fraîcheur des eaux roule et se précipite ;
295 À la voix de Ganga les sages soucieux
Sentaient les pleurs amers se sécher dans leurs yeux.
Sept fois, les bras tendus vers l'onde bleue et claire,
Ils bénirent ton nom, ô Vierge tutélaire,
Ô fille d'Himavat, Déesse au corps charmant,
300 Qui jadis habitais le large firmament,
Et que Bhagiratha, le Roi du sacrifice,
Fit descendre en ce monde en proie à l'injustice.
Puis, adorant ton nom béni par eux sept fois,
Ils quittèrent le fleuve et l'épaisseur des bois ;
305 Et vers les régions des montagnes neigeuses,
Durant les chauds soleils et les nuits orageuses,
Dédaigneux du péril et du rire moqueur,

Les yeux clos, ils marchaient aux clartés de leur cœur.
Enfin les Lacs sacrés, à l'horizon en flammes,
310 Resplendirent, berçant des Esprits sur leurs lames.
Dans leur sein azuré, le Mont intelligent,
L'immense Kaîlaça mirait son front d'argent
Où siège Bhagavat sur un trône d'ivoire ;
Et les sages en chœur saluèrent sa gloire.

LES BRAHMANES

315 Kaîlaça ! Kaîlaça ! Montagne, appui du ciel,
Des Dieux supérieurs Séjour spirituel,
Centre du monde, abri des âmes innombrables,
Où les Kalahamsas chantent sur les érables ;
Kaîlaça ! Kaîlaça ! trône de l'Incréé,
320 Que tu t'élances haut dans l'espace sacré !
Oh ! qui pourrait monter sur tes degrés énormes,
Si ce n'est Bhagavat, le créateur des formes ?
Nous qui vivons un jour et qui mourrons demain,
Hélas ! nos pieds mortels s'useront en chemin :
325 Et sans doute épuisés de vaine lassitude
Nous tomberons, vaincus, sur la pente trop rude,
Sans boire l'Air vital qui baigne tes sommets ;
Mais les yeux qui t'ont vu ne t'oublîront jamais !
Les urnes de l'autel, qui fument d'encens pleines,
330 Ont de moins doux parfums que tes vives haleines ;
Tes fleuves sont pareils aux pythons lumineux
Qui sur les palmiers verts enroulent leurs beaux nœuds ;
Ils glissent au détour de tes belles collines
En guirlandes d'argent, d'azur, de perles fines ;
335 Tes étangs de saphir, où croissent les lotus,
Luisent dans tes vallons d'un éclair revêtus ;
Une rouge vapeur à ton épaule ondoie
Comme un manteau de pourpre où le couchant flamboie ;
Mille fleurs, sur ton sein, plus brillantes encor,

340 Au vent voluptueux livrent leurs tiges d'or,
Berçant dans leur calice, où le miel étincelle,
Mille oiseaux dont la plume en diamants ruisselle.
Kaîlaça ! Kaîlaça ! soit que nos pieds hardis
Atteignent la hauteur pure où tu resplendis,
345 Soit que, le souffle humain manquant à nos poitrines,
Nous retombions mourants sur tes larges racines ;
Ô merveille du monde, ô demeure des Dieux,
Du visible Univers monarque radieux,
Sois béni ! Ta beauté, dans nos cœurs honorée,
350 Fatiguera du temps l'éternelle durée.
Salut, Route du ciel que vont fouler nos pas ;
Dans la vie ou la mort nous ne t'oublîrons pas !

———

Ayant chanté le mont Kaîlaça, les Brahmanes
Se baignèrent trois fois dans les eaux diaphanes.
355 Ainsi purifiés des souillures du corps,
Ils gravirent le Mont, plus sages et plus forts.
Les Aurores naissaient, et, semblables aux roses,
S'effeuillaient aux soleils qui brûlent toutes choses ;
Et les soleils voilaient leur flamme, et, tour à tour,
360 Du sein profond des nuits rejaillissait le jour.
Les Brahmanes montaient, pleins de force et de joie.
Déjà les kokilas, sur le bambou qui ploie,   *coucous*
Et les paons et les coqs au plumage de feu,
Annonçaient le Séjour, l'inénarrable Lieu,
365 D'où s'épanche sans cesse, en torrents de lumière,
La divine Mâyâ, l'Illusion première.
Mille femmes au front d'ambre, aux longs cheveux noirs,
Des flots aux frais baisers troublaient les bleus miroirs,
Et du timbre argentin de leurs lèvres pourprées
370 Disaient en souriant les hymnes consacrées ;
Et les Esprits nageaient dans l'air mystérieux ;
Et les doux Kinnaras, musiciens des Dieux,

Sur les flûtes d'ébène et les vinâs d'ivoire
Chantaient de Bhagavat l'inépuisable histoire.

LES KINNARAS

I

375 Il était en principe, unique et virtuel,
Sans forme et contenant l'Univers éternel.
Rien n'était hors de lui, l'Abstraction suprême.
Il regardait sans voir et s'ignorait soi-même.
Et, soudain, tu jaillis et tu l'enveloppas,
380 Toi, la Source infinie et de ce qui n'est pas
Et des choses qui sont ! toi par qui tout s'oublie,
Meurt, renaît, disparaît, souffre et se multiplie,
Mâyâ ! qui, dans ton sein invisible et béant,
Contiens l'homme et les Dieux, la vie et le néant.

II

385 La Terre était tombée au profond de l'abîme,
Et les Richis jetaient une plainte unanime ;
Mais Bhagavat, semblable au lion irrité,
Rugit dans la hauteur du ciel épouvanté.
Le divin Sanglier, mâle du sacrifice,
390 L'œil rouge, et secouant son poil qui se hérisse,
Tel qu'un noir tourbillon, un souffle impétueux,
Traversant d'un seul bond les airs tumultueux,
Favorable aux Richis dont la voix le supplie,
Suivait à l'odorat la Terre ensevelie.
395 Il plongea sans tarder au fond des grandes Eaux ;
Et l'Océan souffrit alors d'étranges maux,
Et, les flancs tout meurtris de la chute sacrée,

Étendit les longs bras de l'onde déchirée,
Poussant une clameur douloureuse et disant :
400 — Seigneur ! prends en pitié l'abîme agonisant ! —
Mais Bhagavat nageait sous les flots sans rivages.
Il vit, dans l'algue verte et les limons sauvages,
La Terre qui gisait et palpitait encor ;
Et, transfixant du bout de ses défenses d'or
405 L'Univers échoué dans l'étendue humide,
Il remonta, couvert d'une écume splendide.

III

Quand, sur la nue assis, noir de colère, Indra
Amassera la pluie et la déchaînera
Pour engloutir le monde et venger son offense,
410 Le jeune Bhagavat, dans la fleur de l'enfance,
Qui, sous les açokas cherchant de frais abris,
Joûra dans la rosée avec les colibris,
Voulant sauver la Terre encor féconde et belle,
Soutiendra d'un seul doigt, comme une large ombrelle,
415 Sous les torrents du ciel qui rugiront en vain,
Durant sept jours entiers, l'Himalaya divin !

IV

Le Chef des éléphants, brûlé par la lumière,
Vers midi se baignait dans la fraîche rivière,
Et, tout murmurant d'aise et lavé d'un flot pur,
420 Respirait des lotus les calices d'azur.
Un crocodile noir, troublant sa quiétude,
Le saisit tout à coup par son pied lourd et rude.
— Seigneur ! dit l'Éléphant plein de crainte, entends-moi !
Seigneur des âmes, viens ! Je vais mourir sans toi. —

425 Bhagavat l'entendit, et, d'un effort facile,
    Brisa comme un roseau les dents du crocodile.

———————

Aux chants des Kinnaras, de désirs consumés,
Les Brahmanes foulaient les gazons parfumés ;
Et sur les bleus étangs et sous le vert feuillage
430 Cherchant de Bhagavat la glorieuse image,
Ils virent, plein de grâce et plein de majesté,
Un Être pur et beau comme un soleil d'été.
C'était le Dieu. Sa noire et lisse chevelure,
Ceinte de fleurs des bois et vierge de souillure,
435 Tombait divinement sur son dos radieux ;
Le sourire animait le lotus de ses yeux ;
Et dans ses vêtements, jaunes comme la flamme,
Avec son large sein où s'anéantit l'âme,
Et ses bracelets d'or de joyaux enrichis,
440 Et ses ongles pourprés qu'adorent les Richis,
Son nombril merveilleux, centre unique des choses,
Ses lèvres de corail où fleurissent les roses,
Ses éventails de cygne et son parasol blanc,
Il siégeait, plus sublime et plus étincelant
445 Qu'un nuage, unissant, dans leur splendeur commune,
L'éclair et l'arc-en-ciel, le soleil et la lune.
Tel était Bhagavat, visible à l'œil humain.
Le nymphéa sacré s'agitait dans sa main.
Comme un mont d'émeraude aux brillantes racines,
450 Aux pics d'or, embellis de guirlandes divines,
Et portant pour ceinture à ses reins florissants
Des lacs et des vallons et des bois verdissants,
Des jardins diaprés et de limpides ondes,
Tel il siégeait. Son corps embrassait les trois Mondes,
455 Et de sa propre gloire un pur rayonnement
Environnait son front majestueusement.

Bhagavat ! Bhagavat ! Essence des Essences,
Source de la Beauté, fleuve des Renaissances,
Lumière qui fais vivre et mourir à la fois !
460 Ils te virent, Seigneur, et restèrent sans voix.
Comme l'herbe courbée au souffle de la plaine,
Leur tête s'affaissa sous ta mystique haleine,
Et leur cœur bondissant dans leur sein dilaté,
Comme un lion captif, chercha la liberté.
465 L'Air vital, attiré par la chaleur divine,
D'un insensible effort monta dans la poitrine,
Et, sous le crâne épais, à l'Esprit réuni,
Se fraya le chemin qui mène à l'Infini.
Ainsi que le soleil, ami des hautes cimes,
470 Tu souris, Bhagavat, à ces âmes sublimes.
Toi-même, ô Dieu puissant, dispensateur des biens,
Dénouas de l'Esprit les suprêmes liens ;
Et dans ton sein sans borne, océan de lumière,
Ils s'unirent tous trois à l'Essence première,
475 Le principe et la fin, erreur et vérité,
Abîme de néant et de réalité
Qu'enveloppe à jamais de sa flamme féconde
L'invisible Mâyâ, créatrice du monde,
Espoir et souvenir, le rêve et la raison,
480 L'unique, l'éternelle et sainte Illusion.

LA MORT DE VALMIKI

Valmiki, le poète immortel, est très vieux.

Toute chose éphémère a passé dans ses yeux
Plus prompte que le bond léger de l'antilope.
Il a cent ans. L'ennui de vivre l'enveloppe.
5 Comme l'aigle, altéré d'un immuable azur,
S'agite et bat de l'aile au bord du nid obscur,
L'Esprit, impatient des entraves humaines,
Veut s'enfuir au delà des apparences vaines.
C'est pourquoi le Chanteur des antiques héros
10 Médite le silence et songe au long repos,
Au terme du désir, du regret et du blâme,
À l'ineffable paix où s'anéantit l'âme,
Au sublime sommeil sans rêve et sans moment,
Sur qui l'Oubli divin plane éternellement.

15 Le temps coule, la vie est pleine, l'œuvre est faite.

Il a gravi le sombre Himavat jusqu'au faîte.
Ses pieds nus ont rougi l'âpre sentier des monts,
Le vent des hautes nuits a mordu ses poumons ;
Mais, sans plus retourner ni l'esprit ni la tête,
20 Il ne s'est arrêté qu'où le monde s'arrête.
Sous le vaste Figuier qui verdit respecté
De la neige hivernale et du torride été,
Croisant ses maigres mains sur le bâton d'érable,

Et vêtu de sa barbe épaisse et vénérable,
25 Il contemple, immobile, une dernière fois,
Les fleuves, les cités, et les lacs et les bois,
Les monts, piliers du ciel, et l'Océan sonore
D'où s'élance et fleurit le Rosier de l'aurore.

L'homme impassible voit cela, silencieux.

30 La Lumière sacrée envahit terre et cieux ;
Du zénith au brin d'herbe et du gouffre à la nue,
Elle vole, palpite, et nage et s'insinue,
Dorant d'un seul baiser clair, subtil, frais et doux,
Les oiseaux dans la mousse, et, sous les noirs bambous,
35 Les éléphants pensifs qui font frémir leurs rides
Au vol strident et vif des vertes cantharides,
Les Radjahs et les chiens, Richis et Parias,
Et l'insecte invisible et les Himalayas.
Un rire éblouissant illumine le monde.
40 L'arome de la Vie inépuisable inonde
L'immensité du rêve énergique où Brahma
Se vit, se reconnut, resplendit et s'aima.

L'âme de Valmiki plonge dans cette gloire.

Quel souffle a dissipé le temps expiatoire ?
45 Ô vision des jours anciens, d'où renais-tu ?
Ô large chant d'amour, de bonté, de vertu,
Qui berces à jamais de ta flottante haleine
Le grand Daçarathide et la Mytiléenne,
Les sages, les guerriers, les vierges et les Dieux,
50 Et le déroulement des siècles radieux,
Pourquoi, tout parfumé des roses de l'abîme,
Sembles-tu rejaillir de ta source sublime ?
Ramayana ! L'esprit puissant qui t'a chanté
Suit ton vol au ciel bleu de la félicité,
55 Et, dans l'enivrement des saintes harmonies,
Se mêle au tourbillon des âmes infinies.

Le soleil grandit, monte, éclate, et brûle en paix.

Une muette ardeur, par effluves épais,
Tombe de l'orbe en flamme où tout rentre et se noie,
60 Les formes, les couleurs, les parfums et la joie
Des choses, la rumeur humaine et le soupir
De la mer qui halète et vient de s'assoupir.
Tout se tait. L'Univers embrasé se consume.
Et voici, hors du sol qui se gerce et qui fume,
65 Une blanche fourmi qu'attire l'air brûlant ;
Puis cent autres, puis mille et mille, et, pullulant
Toujours, des millions encore, qui, sans trêve,
Vont à l'assaut de l'homme absorbé dans son rêve,
Debout contre le tronc du vieil arbre moussu,
70 Et qui s'anéantit dans ce qu'il a conçu.

L'esprit ne sait plus rien des sens ni de soi-même.

Et les longues fourmis, traînant leur ventre blême,
Ondulent vers leur proie inerte, s'amassant,
Circulant, s'affaissant, s'enflant et bruissant
75 Comme l'ascension d'une écume marine.
Elles couvrent ses pieds, ses cuisses, sa poitrine,
Mordent, rongent la chair, pénètrent par les yeux
Dans la concavité du crâne spacieux,
S'engouffrent dans la bouche ouverte et violette,
80 Et de ce corps vivant font un roide squelette
Planté sur l'Himavat comme un Dieu sur l'autel,
Et qui fut Valmiki, le poète immortel,
Dont l'âme harmonieuse emplit l'ombre où nous sommes
Et ne se taira plus sur les lèvres des hommes.

L'ARC DE CIVA

Le vieux Daçaratha, sur son siège d'érable,
Depuis trois jours entiers, depuis trois longues nuits,
Immobile, l'œil cave et lourd d'amers ennuis,
    Courbe sa tête vénérable.

5 Son dos maigre est couvert de ses grands cheveux blancs,
Et sa robe est souillée. Il l'arrache et la froisse.
Puis il gémit tout bas, pressant avec angoisse
    Son cœur de ses deux bras tremblants.

À l'ombre des piliers aux lignes colossales,
10 Où le lotus sacré s'épanouit en fleurs,
Ses femmes, ses guerriers respectent ses douleurs,
    Muets, assis autour des salles.

Le vieux Roi dit : — Je meurs de chagrin consumé.
Qu'on appelle Rama, mon fils plein de courage ! —
15 Tous se taisent. Les pleurs inondent son visage.
    Il dit : — Ô mon fils bien aimé !

Lève-toi, Lakçmana ! Attelle deux cavales
Au char de guerre, et prends ton arc et ton carquois.
Va ! Parcours les cités, les montagnes, les bois,
20   Au bruit éclatant des cymbales.

Dis à Rama qu'il vienne. Il est mon fils aîné,
Le plus beau, le plus brave, et l'appui de ma race.
Et mieux vaudrait pour toi, si tu manques sa trace,
          Malheureux ! n'être jamais né. —

25 Le jeune homme aux yeux noirs, se levant plein de crainte,
Franchit en bondissant les larges escaliers ;
Il monte sur son char avec deux cymbaliers,
          Et fuit hors de la Cité sainte.

Tandis que l'attelage aux jarrets vigoureux
30 Hennit et court, il songe en son âme profonde :
— Que ferai-je ? Où trouver, sur la face du monde,
          Rama, mon frère généreux ?

Certes, la terre est grande, et voici bien des heures
Que l'exil l'a chassé du palais paternel,
35 Et que sa douce voix, par un arrêt cruel,
          N'a retenti dans nos demeures. —

Tel Lakçmana médite. Et pourtant, jour et nuit,
Il traverse cités, vallons, montagne et plaine.
Chaque cavale souffle une brûlante haleine,
40   Et leur poil noir écume et luit.

— Avez-vous vu Rama, laboureurs aux mains rudes ?
Et vous, filles du fleuve aux îlots de limons ?
Et vous, fiers cavaliers qui descendez des monts,
          Chasseurs des hautes solitudes ?

45 — Non ! nous étions courbés sur le sol nourricier.
— Non ! nous lavions nos corps dans l'eau qui rend plus
                                        [belles.
— Non, Radjah ! nous percions les daims et les gazelles
          Et le léopard carnassier. —

Et Lakçmana soupire en poursuivant sa route.
50 Il a franchi les champs où germe et croît le riz ;
Il s'enfonce au hasard dans les sentiers fleuris
       Des bois à l'immobile voûte.

— Avez-vous vu Rama, Contemplateurs pieux,
L'archer certain du but, brave entre les plus braves ?
55 — Non ! le rêve éternel a fermé nos yeux caves,
       Et nous n'avons vu que les Dieux ! —

À travers les nopals aux tiges acérées,
Et les buissons de ronce, et les rochers épars,
Et le taillis épais inaccessible aux chars,
60   Il va par les forêts sacrées.

Mais voici qu'un cri rauque, horrible, furieux,
Trouble la solitude où planait le silence.
Le jeune homme frémit dans son cœur, et s'élance,
       Tendant l'oreille, ouvrant les yeux.

65 Un Rakças de Lanka, noir comme un ours sauvage,
Les cheveux hérissés, bondit dans le hallier.
Il porte une massue et la fait tournoyer,
       Et sa bouche écume de rage.

En face, roidissant son bras blanc et nerveux,
70 Le grand Rama sourit et tend son arc qui ploie,
Et sur son large dos, comme un nuage, ondoie
       L'épaisseur de ses longs cheveux.

Un pied sur un tronc d'arbre échoué dans les herbes,
L'autre en arrière, il courbe avec un mâle effort
75 L'arme vibrante, où luit, messagère de mort,
       La flèche aux trois pointes acerbes.

Soudain, du nerf tendu part en retentissant
Le trait aigu. L'éclair a moins de promptitude.
Et le Rakças rejette, en mordant le sol rude,
80   Sa vie immonde avec son sang.

— Rama Daçarathide, honoré des Brahmanes,
Toi dont le sang est pur et dont le corps est blanc,
Dit Lakçmana, salut, dompteur étincelant
          De toutes les races profanes !

85 Salut, mon frère aîné, toi qui n'as point d'égal !
Ô purificateur des forêts ascétiques,
Daçaratha, courbé sous les ans fatidiques,
          Gémit sur son siège royal.

Les larmes dans les yeux, il ne dort ni ne mange ;
90 La pâleur de la mort couvre son noble front.
Il t'appelle : ses pleurs ont lavé ton affront,
          Mon frère, et sa douleur te venge. —

Rama lui dit : — J'irai. — Tous deux sortent des bois
Où gît le noir Rakças dans les herbes humides,
95 Et montent sur le char aux sept jantes solides,
          Qui crie et cède sous leur poids.

La forêt disparaît. Ils franchissent vallées,
Fleuves, plaines et monts ; et, tout poudreux, voilà
Qu'ils s'arrêtent devant la grande Mytila
100   Aux cent pagodes crénelées.

D'éclatantes clameurs emplissent la cité,
Et le Roi les accueille et dit : — Je te salue,
Chef des guerriers, effroi de la race velue
          Toute noire d'iniquité !

105 Puisses-tu, seul de tous, tendre, ô Daçarathide,
    L'arc immense d'or pur que Civa m'a donné !
    Ma fille est le trésor par les Dieux destiné
            À qui ploîra l'arme splendide.

    — Je briserai cet arc comme un rameau flétri ;
110 Les Dêvas m'ont promis la plus belle des femmes ! —
    Il saisit l'arme d'or d'où jaillissent des flammes,
            Et la tend d'un bras aguerri.

    Et l'arc ploie et se brise avec un bruit terrible.
    La foule se prosterne et tremble. Le Roi dit :
115 — Puisse un jour Ravana, sept fois vil et maudit,
            Tomber sous ta flèche invincible !

    Sois mon fils. — Et l'Époux immortel de Sita,
    Grâce aux Dieux incarnés qui protègent les justes,
    Plein de gloire, revit ses demeures augustes
120   Et le vieux roi Daçaratha.

ÇUNACÉPA

I

La Vierge au char de nacre, aux tresses dénouées,
S'élance en souriant de la mer aux nuées
Dans un brouillard de perle empli de flèches d'or.
De son rose attelage elle presse l'essor ;
5 Elle baigne le mont bleuâtre aux lignes calmes,
Et la fraîche vallée où, bercés sur les palmes,
Les oiseaux au col rouge, au corps de diamant,
Dans les nids attiédis sifflent joyeusement.
Tout s'éveille, vêtu d'une couleur divine,
10 Tout étincelle et rit : le fleuve, la colline,
Et la gorge où, le soir, le tigre a miaulé,
Et le lac transparent de lotus étoilé.
Le bambou grêle sonne au vent ; les mousses hautes
Entendent murmurer leurs invisibles hôtes ;
15 L'abeille en bourdonnant s'envole ; et les grands bois,
Épais, mystérieux, pleins de confuses voix,
Où les sages, plongés dans leur rêve ascétique,
Ne comptent plus les jours tombés du ciel antique,
Sentant courir la sève et circuler le feu,
20 Se dressent rajeunis dans l'air subtil et bleu.
C'est ainsi que l'Aurore, à l'Océan pareille,
Disperse ses rayons sur la terre vermeille,
Comme de blancs troupeaux dans les herbages verts,
Et de son doux regard pénètre l'Univers.

25 Elle conduit, au seuil des humaines demeures,
   Le souci de la vie avec l'essaim des Heures ;
   Car rien ne se repose à sa vive clarté.
   Seul, dilatant son cœur sous le ciel argenté,
   Libre du vain désir des aurores futures,
30 L'homme juste vers elle élève ses mains pures.
   Il sait que la Mâyâ, ce mensonge éternel,
   Se rit de ce qui marche et pleure sous le ciel,
   Et qu'en formes sans nombre, illusion féconde,
   Avant le cours des temps Elle a rêvé le monde.

II

35 Sous la varangue basse, auprès de son figuier,
   Le Richi vénérable achève de prier.
   Sur ses bras d'ambre jaune il abaisse sa manche,
   Noue autour de ses reins la mousseline blanche,
   Et, croisant ses deux pieds sous sa cuisse, l'œil clos,
40 Immobile et muet, il médite en repos.
   Sa femme à pas légers vient poser sur sa natte
   Le riz, le lait caillé, la banane et la datte ;
   Puis elle se retire et va manger à part.
   Trois hommes sont assis aux côtés du vieillard,
45 Ses trois fils. L'aîné siège à droite, le plus jeune
   À gauche. Le dernier rêve, en face, et fait jeûne.
   Bien que le moins aimé, c'est le plus beau des trois.
   Ses poignets sont ornés de bracelets étroits ;
   Sur son dos ferme et nu sa chevelure glisse
50 En anneaux négligés, épaisse, noire et lisse.
   La tristesse se lit sur son front soucieux,
   Et, telle qu'un nuage, assombrit ses grands yeux.
   Abaissant à demi sa paupière bronzée,
   Il regarde vers l'Est la colline boisée,
55 Où, sous les nappes d'or du soleil matinal,
   Les oiseaux pourpre et bleu flambent dans le çantal ;

Où la vierge naïve aux beaux yeux de gazelle
Parle de loin au cœur qui s'élance vers elle.
Mais, de l'aube qui naît jusqu'aux ombres du soir,
60 Un long jour passera sans qu'il puisse la voir.
Aussi, l'âme blessée, il garde le silence,
Tandis que le figuier murmure et se balance,
Et qu'on entend, au bord du fleuve aux claires eaux,
Les caïmans joyeux glapir dans les roseaux.

III

65 Sûryâ, comme un bloc de cristal diaphane,
Dans l'espace azuré monte, grandit et plane.
La nue en fusion blanchit autour du Dieu,
Et l'Océan céleste oscille dans le feu.
Tout bruit décroît ; l'oiseau laisse tomber ses ailes,
70 Les feuilles du bambou ne chantent plus entre elles,
La fleur languissamment clôt sa corolle d'or
À l'abeille qui rôde et qui bourdonne encor ;
Et la terre et le ciel où la flamme circule
Se taisent à la fois devant le Dieu qui brûle.
75 Mais voici que le long du fleuve, par milliers,
Tels qu'un blanc tourbillon, courent des cavaliers ;
Des chars tout hérissés de faux roulent derrière,
Et comme un étendard soulèvent la poussière.
Sur un grand éléphant qui fait trembler le sol,
80 Vêtu d'or, abrité d'un large parasol
D'où pendent en festons des guirlandes fleuries,
Le front ceint d'un bandeau chargé de pierreries,
Le vieux Maharadjah, roi des hommes, pareil
Au magnanime Indra debout dans le soleil,
85 Devant le seuil rustique où le Brahmane siège,
S'arrête, environné du belliqueux cortège.

— Richi, cher aux Dêvas, dit-il, sage aux longs jours,
Qui des temps fugitifs as mesuré le cours,
Écoute-moi : mon cœur est couvert d'un nuage,
90 Et comme au vil Çudra les Dieux m'ont fait outrage.
Je leur avais offert un sacrifice humain.
Le Brahmane sacré levait déjà la main,
Quand, du pilier massif déliant la victime,
Ils ont terni ma gloire et m'ont chargé d'un crime.
95 J'ai parcouru les monts, les plaines, les cités,
Cherchant un homme, pur des signes détestés,
Qui lave de son sang ma faute involontaire
Et du ressentiment des Dieux sauve la terre.
Car Indra, que mes pleurs amers n'ont point touché,
100 Refusera l'eau vive au monde desséché,
Et nous verrons languir, sous les feux de sa haine,
Sur les sillons taris toute la race humaine.
Mais je n'ai point trouvé l'homme prédestiné.
Tes enfants sont nombreux : livre-moi ton aîné,
105 Et je te donnerai, Richi, te rendant grâces,
En échange et pour prix, cent mille vaches grasses. —

Le Brahmane lui dit : — Ô Roi, pour aucun prix,
Je ne te céderai le premier de mes fils.
Par Celui qui réside au sein des apparences
110 Et se meut dans le monde et les intelligences,
Dût la terre, semblable à la feuille des bois,
Palpiter dans la flamme et se tordre aux abois,
Radjah ! je garderai le chef de ma famille.
Entre tous les vivants dont le monde fourmille,
115 Vaines formes d'un jour, mon premier-né m'est cher. —

Et la femme, sentant frémir toute sa chair,
Dit à son tour : — Ô Roi, par la rouge Déesse,
J'aime mon dernier fils avec trop de tendresse. —

Alors Çunacépa se leva sans pâlir :
120 — Je vois bien que le jour est venu de mourir.
Mon père m'abandonne et ma mère m'oublie.
Mais avant qu'au pilier le Brahmane me lie,
Permets, Maharadjah, que tout un jour encor
Je vive. Quand, demain, dans la mer pleine d'or
125 Sûryâ d'un seul bond poussera ses cavales,
Je serai prêt. — C'est bien, — dit le Roi. Les cymbales
Résonnent, l'air s'emplit du bruit strident des chars ;
Hennissements et cris roulent de toutes parts ;
Et, remontant le cours de la sainte rivière,
130 Tous s'en vont, inondés de flamme et de poussière.

Le jeune homme, debout devant ses vieux parents,
Calme, les regardait de ses yeux transparents,
Et les voyant muets : — Mon père vénérable,
Mes jours seront pareils aux feuilles de l'érable
135 Qu'un orage d'été fait voltiger dans l'air
Bien avant qu'ait sifflé le vent froid de l'hiver :
Adieu ! Ma mère, adieu ! Vivez longtemps, mes frères !
Indra vous garde tous des Puissances contraires,
Et qu'il boive mon sang sur son pilier d'airain ! —

140 Et le Richi lui dit : — Tout n'est qu'un songe vain. —

IV

La colline était verte et de fleurs étoilée,
Où l'arome du soir montait de la vallée,
Où revenait l'essaim des sauvages ramiers
Se blottir aux rameaux assouplis des palmiers,
145 Qui, sous les cloches d'or des plantes enlacées,
Rafraîchissaient l'air chaud de leurs feuilles bercées.
Çunacépa, couché parmi le noir gazon,
Voyait le jour décroître au paisible horizon,

Et, pressant de ses bras son cœur plein de détresse,
150 Pleurait devant la mort sa force et sa jeunesse.
Il vous pleurait, ô bois murmurants et touffus,
Vallée où l'ombre amie éveille un chant confus,
Fleuve aimé des Dêvas, dont l'écume divine
A senti tant de fois palpiter sa poitrine,
155 Champs de maïs, au vent du matin onduleux,
Cimes des monts lointains, vastes mers aux flots bleus,
Beaux astres, habitants de l'espace sans borne
Qui flottez dans le ciel étincelant et morne !
Mais plus que la nature et que ce dernier jour,
160 Ô fleur épanouie aux baisers de l'amour,
Ô Çanta, coupe pure où ses lèvres fidèles
Buvaient le flot sacré des larmes immortelles,
C'était toi qu'il pleurait, toi, son unique bien,
Auprès de qui le monde immense n'était rien !
165 Et, comme il t'appelait de son âme brisée,
Tu vins à ses côtés t'asseoir dans la rosée,
Joyeuse, et tes longs cils voilant tes yeux charmants,
Souple comme un roseau sous tes blancs vêtements,
Et faisant à tes bras, qu'autour de lui tu jettes,
170 Sonner tes bracelets où tintent des clochettes.
Puis, d'une voix pareille aux chansons des oiseaux
Quand l'aube les éveille en leurs nids doux et chauds,
Ou comme le bruit clair des sources fugitives,
Tu lui dis de ta bouche humide, aux couleurs vives :
175 — Me voici, me voici, mon bien-aimé ! j'accours.
Depuis hier, ami, j'ai compté mille jours !
Jamais contre mes vœux l'heure ne fut plus lente.
Mais à peine ai-je vu, de sa lueur tremblante,
Une étoile argenter l'azur du ciel profond,
180 J'ai délaissé ma natte et notre enclos, d'un bond !
L'antilope aux jarrets légers courait moins vite.
Mais ton visage est triste, et ton regard m'évite !
Tu pleures ! Est-ce moi qui fais couler tes pleurs ?
Réponds-moi ! mes baisers guériront tes douleurs.

185 Parle, pourquoi pleurer ? Souviens-toi que je t'aime,
    Plus que mon père et plus que ma mère elle-même ! —
    Et de ses beaux bras nus elle fit doucement
    Un tiède collier d'ambre au cou de son amant,
    Inquiète, cherchant à deviner sa peine,
190 Et posant au hasard sa bouche sur la sienne.
    Lui, devant tant de grâce et d'amour hésitant,
    Se taisait, le front sombre et le cœur palpitant.
    Mais bientôt, débordant d'angoisse et d'amertume,
    Il répondit : — Çanta ! qu'un jour encor s'allume,
195 Il me verra mourir. Quand l'ombre descendra,
    Je répandrai mon sang sur le pilier d'Indra.
    Mon père vénéré, heureux soit-il sans cesse !
    Au couteau du Brahmane a vendu ma jeunesse :
    Je tiendrai sa parole. Ô ma vie, ô ma sœur,
200 Viens, viens, regarde-moi ! L'aube a moins de douceur
    Que tes yeux, et l'eau vive est moins limpide et pure,
    Quand ils rayonnent sous ta noire chevelure ;
    Et le son de ta voix m'enivre et chante mieux
    Que la blanche Apsara sous le figuier des Dieux !
205 Oh ! parle-moi ! Ta bouche est comme la fleur rose
    Qu'un baiser du soleil enflamme à peine éclose,
    La fleur de l'açoka dont l'arome est de miel,
    Où les blonds bengalis boivent l'oubli du ciel !
    Oh ! que je presse encor tes lèvres parfumées,
210 Qui pour toujours, hélas ! me vont être fermées !
    Et, puisque j'ai vécu le jour de mon bonheur,
    Pour la dernière fois viens pleurer sur mon cœur ! —

    Comme on voit la gazelle en proie au trait rapide
    Rouler sur l'herbe épaisse et de son sang humide,
215 Clore ses yeux en pleurs, palpiter et gémir,
    La pâle jeune fille, avec un seul soupir,
    Aux pieds de son amant tomba froide et pâmée.
    Épouvanté, baisant sa lèvre inanimée,
    Çunacépa lui dit : — Ô Çanta, ne meurs pas ! —

220 Il souleva ce corps charmant entre ses bras,
Et de mille baisers et de mille caresses
Il réchauffa son front blanc sous ses noires tresses.
— Ne meurs pas ! ne meurs pas ! Je t'aime, écoute-moi :
Je ne pourrai jamais vivre ou mourir sans toi ! —
225 Elle entr'ouvrit les yeux, et des larmes amères,
Brûlantes, aussitôt emplirent ses paupières :
— Viens, ô mon bien-aimé ! fuyons ! le monde est grand.
Nous suivrons la ravine où gronde le torrent ;
Sur la ronce et l'épine, à travers le bois sombre,
230 Nul regard ennemi ne nous suivra dans l'ombre.
Hâtons-nous. La nuit vaste enveloppe les cieux.
Je connais les sentiers étroits, mystérieux,
Qui conduisent du fleuve aux montagnes prochaines.
Les grands tigres rayés y rôdent par centaines ;
235 Mais le tigre vaut mieux que l'homme au cœur de fer !
Viens ! fuyons sans tarder, si mon amour t'est cher. —

Çunacépa, pensif et se baissant vers elle,
La regardait. Jamais il ne la vit si belle.
Avec ses longs yeux noirs de pleurs étincelants,
240 Et ses bras de lotus enlacés et tremblants,
Ses lèvres de corail, et flottant sur sa joue
Ses longs cheveux épars que la douleur dénoue.

— Les Dieux savent pourtant si je t'aime, ô Çanta !
Mais que dirait le Roi, fils de Daçaratha ?
245 Qu'un Brahmane a volé cent mille belles vaches,
Et qu'il a pour enfants des menteurs et des lâches ?
Non, non ! mieux vaut mourir. J'ai promis, je tiendrai.
Le vieux Radjah m'attend ; encore un jour, j'irai,
Et le sang jaillira par flots purs de mes veines !
250 Taris tes pleurs, enfant ; cessons nos plaintes vaines ;
Aimons-nous ! L'heure vole et ne revient jamais !
Et, quand mes yeux éteints seront clos désormais,
Ô fleur de mon printemps, sois toujours adorée !
Parfume encor la terre où je t'ai respirée !

255 — Tu veux mourir, dit-elle, et tu m'aimes ! Eh bien,
Le couteau dans ton cœur rencontrera le mien !
Je te suivrai. Mes yeux pourraient-ils voir encore
Le monde s'éveiller, désert à chaque aurore ?
C'est par toi que, l'oreille ouverte aux bruits joyeux,
260 J'écoutais les oiseaux qui chantaient dans les cieux,
Par toi que la verdeur de la vallée enivre,
Par toi que je respire et qu'il m'est doux de vivre... —

Et des sanglots profonds étouffèrent sa voix.

Alors un grand Oiseau, qui planait sur les bois,
265 Comme un nuage noir aux voûtes éternelles,
Sur un palmier géant vint replier ses ailes.
De ses larges yeux d'or la prunelle flambait
Et dardait un éclair dans la nuit qui tombait,
Et de son dos puissant les plumes hérissées
270 Faisaient dans le silence un bruit d'armes froissées.
Puis vers les deux amants, qu'il semblait contempler,
Il se pencha d'en haut et se mit à parler :

— Ne vous effrayez pas de mon aspect sauvage ;
Je suis inoffensif et vieux, si ce n'est sage.
275 C'est moi qui combattis autrefois dans le ciel
Le maître de Lanka, le Rakças immortel,
Lorsqu'en un tourbillon, plein de désirs infâmes,
Il enlevait Sita, la plus belle des femmes.
De mes serres d'airain et de mon bec de fer
280 Je fis pleuvoir sanglants des lambeaux de sa chair ;
Mais il me brisa l'aile et ravit sa victime.
Et moi, comme un roc lourd roulant de cime en cime,
Je crus mourir. Enfants, je suis l'antique Roi
Des vautours. J'ai pitié de vous ; écoutez-moi.
285 Quand Sûryâ des monts enflammera la crête,
Cherchez dans la forêt Viçvamitra l'ascète,

Dont les austérités terribles font un Dieu.
Lui seul peut te sauver, fils du Brahmane. Adieu ! —

Et, repoussant du pied les palmes remuées,
290 Il déploya son vol vers les hautes nuées.

V

La Nuit divine, enfin, dans l'ampleur des cieux clairs,
Avec sa robe noire aux plis brodés d'éclairs,
Son char d'ébène et d'or, attelé de cavales
De jais et dont les yeux sont deux larges opales,
295 Tranquille et déroulant au souffle harmonieux
De l'espace, au-dessus de son front glorieux,
Sa guirlande étoilée et l'écharpe des nues,
Descendit dans les mers des Dêvas seuls connues,
Et l'Est devint d'argent, puis d'or, puis flamboya,
300 Et l'Univers encor reconnut Sûryâ !

À travers la forêt profonde et murmurante,
Où sous les noirs taillis jaillit la source errante ;
Où comme le reptile, en de souples détours,
La liane aux cent nœuds étreint les rameaux lourds,
305 Et laisse, du sommet des immenses feuillages,
Pendre ses fleurs de pourpre au milieu des herbages ;
Par les sentiers de mousse épaisse et de rosiers,
Où les lézards aux dos diaprés, par milliers,
Rôdent furtifs et font crier la feuille sèche ;
310 Dans les fourrés d'érable où, comme un vol de flèche,
L'antilope aux yeux bleus, l'oreille au vent, bondit ;
Où l'œil du léopard par instants resplendit ;
Tous deux, le cœur empli d'espérance et de crainte,
Cherchaient Viçvamitra dans sa retraite sainte.
315 Et quand le jour, tombant des cimes du ciel bleu,
De l'éternelle voûte embrasa le milieu,

Loin de l'ombre, debout, dans une âpre clairière,
Ils le virent soudain baigné par la lumière.
Ses yeux creux que jamais n'a fermés le sommeil
320 Luisaient ; ses maigres bras brûlés par le soleil
Pendaient le long du corps ; ses jambes décharnées,
Du milieu des cailloux et des herbes fanées,
Se dressaient sans ployer comme des pieux de fer ;
Ses ongles recourbés s'enfonçaient dans la chair ;
325 Et sur l'épaule aiguë et sur l'échine osseuse
Tombait jusqu'aux jarrets sa chevelure affreuse,
Inextricable amas de ronces, noir réseau
De fange desséchée et de fientes d'oiseau,
Où, comme font les vers dans la vase mouvante,
330 S'agitait au hasard la vermine vivante,
Peuple immonde, habitant de ce corps endurci,
Et nourri de son sang inerte. C'est ainsi
Que, gardant à jamais sa rigide attitude,
Il rêvait comme un Dieu fait d'un bloc sec et rude.

335 Çanta, le sein ému d'une pieuse horreur,
Frémit ; mais le jeune homme, aguerrissant son cœur,
Parla, plein de respect : — Viçvamitra, mon père,
Je ne viens point à toi dans une heure prospère :
Le Destin noir me suit comme un cerf aux abois.
340 Jeunesse, amour, bonheur, et la vie à la fois,
Je perds tout. Sauve-moi. Je sais qu'à ta parole
Le ciel devient plus sombre ou l'orage s'envole.
Tu peux, par la vertu des incantations,
Alléger le fardeau des malédictions ;
345 Tu peux, sans altérer l'implacable justice,
Émousser sur mon cœur le fer du sacrifice.
Réponds donc. Si le Roi des vautours a dit vrai,
Tu feras deux heureux, mon père, et je vivrai. —

Et l'Ascète immobile écoutait sans paraître
350 Entendre. Et le jeune homme étonné reprit : — Maître,

Ne répondras-tu point ? — Et le maigre vieillard
Lui dit, sans abaisser son morne et noir regard :
— Réjouis-toi, mon fils ! bien qu'il soit vain de rire
Ou de pleurer, et vain d'aimer ou de maudire.
355 Tu vas sortir, sacré par l'expiation,
Du monde obscur des sens et de la passion,
Et franchir, jeune encor, la porte de lumière
Par où tu plongeras dans l'Essence première.
La vie est comme l'onde où tombe un corps pesant :
360 Un cercle étroit s'y forme, et va s'élargissant,
Et disparaît enfin dans sa grandeur sans terme.
La Mâyâ te séduit ; mais, si ton cœur est ferme,
Tu verras s'envoler comme un peu de vapeur
La colère, l'amour, le désir et la peur ;
365 Et le monde illusoire aux formes innombrables
S'écroulera sous toi comme un monceau de sables.

— Ô sage ! si mon cœur est faible et déchiré,
Je ne crains rien pour moi, sache-le. Je mourrai,
Comme si j'étais fait ou d'airain ou de pierre,
370 Sans pâlir ni pousser la plainte et la prière
Du lâche ou du Çudra. Mais j'aime et suis aimé !
Vois cette fleur des bois dont l'air est embaumé,
Ce rayon enchanté qui plane sur ma vie,
Dont ma paupière est pleine et jamais assouvie !
375 Mon sang n'est plus à moi : Çanta meurt si je meurs ! —

Et Viçvamitra dit : — Les flots pleins de rumeurs
Que le vent roule et creuse et couronne d'écume,
Les forêts qu'il secoue et heurte dans la brume,
Les lacs que l'Asura bat d'un noir aileron
380 Et dont les blancs lotus sont souillés de limon,
Et le ciel où la foudre en rugissant se joue,
Sont tous moins agités que l'homme au cœur de boue.
Va ! le monde est un songe et l'homme n'a qu'un jour,
Et le néant divin ne connaît pas l'amour ! —

385 Çunacépa lui dit : — C'est bien. Je te salue,
    Mon père, et je t'en crois ; ma mort est résolue ;
    Et trop longtemps, vain jouet des brèves passions,
    J'ai disputé mon âme aux Incarnations.
    Mais, par tous les Dêvas, ô sage, elle est si belle !
390 Taris ses pleurs amers, prie et veille pour elle,
    Afin que je m'endorme en bénissant ton nom. —
    Alors Çanta, les yeux étincelants : — Oh ! non,
    Maître ! non, non ! tu veux éprouver son courage !
    La divine bonté brille sur ton visage ;
395 Secours-le, sauve-moi ! J'embrasse tes genoux,
    Mon père vénérable et cher ! vivre est si doux !
    Puissent les Dieux qui t'ont donné la foi suprême
    T'accueillir en leur sein ! Vois, je suis jeune et j'aime ! —
    Telle Çanta, le front prosterné, sanglotait ;
400 Et l'Ascète, les yeux dans l'espace, écoutait :

    — J'entends chanter l'oiseau de mes jeunes années,
    Dit-il, et l'épaisseur des forêts fortunées
    Murmure comme aux jours où j'étais homme encor.
    Ai-je dormi cent ans, gardant tel qu'un trésor
405 Le souvenir vivant des passions humaines ?
    D'où vient que tout mon corps frémit, et que mes veines
    Sentent brûler un sang glacé par tant d'hivers !
    C'est assez, ô Mâyâ, Source de l'Univers !
    C'est assez, j'ai vécu. Pour toi, femme, pareille
410 À l'Apsara qui court sur la mousse vermeille,
    Et toi, fils du Brahmane, écoutez et partez,
    Et ne me troublez plus dans mes austérités.
    Dès qu'au pilier fatal, sous des liens d'écorce,
    Les sacrificateurs auront dompté ta force,
415 Récite par sept fois l'hymne sacré d'Indra.
    Aussitôt dans la nue un bruit éclatera
    Terrible, et tes liens se briseront d'eux-mêmes ;

Et les hommes fuiront, épouvantés et blêmes ;
Et le sang d'un cheval calmera les Dêvas ;
420 Et si tu veux souffrir encore, tu vivras !
Adieu. Je vais rentrer dans l'éternel silence,
Comme une goutte d'eau dans l'Océan immense ! —

VI

Le siège est d'or massif, et d'or le pavillon
Du vieux Maharadjah. L'image d'un lion
425 Flotte, en flamme, dans l'air, et domine la fête.
Dix colonnes d'argent portent le large faîte
Du trône où des festons brodés de diamants
Pendent aux angles droits en clairs rayonnements.
Sur les degrés de nacre où la perle étincelle
430 La pourpre en plis soyeux se déploie et ruisselle ;
Et mille Kchatryas, grands, belliqueux, armés,
Tiennent du pavillon tous les abords fermés.
En face, fait de pierre et de forme cubique,
L'autel est préparé selon le rite antique,
435 Surmonté d'un pilier d'airain et d'un bœuf blanc
Aux quatre cornes d'or. D'un accent grave et lent
Le Brahmane qui doit égorger la victime
Murmure du Sama la formule sublime,
Et les prêtres courbés récitent à leur tour
440 Cent prières du Rig, cent vers de l'Yadjour.
Et dans la plaine immense un peuple infini roule
Comme les flots. Le sol tremble au poids de la foule.
Les hommes au sang pur, au corps blanc, aux yeux fiers,
Qui vivent sur les monts et sur le bord des mers,
445 Et tendent l'arc guerrier avec des mains robustes ;
Et la race au front noir, maudite des Dieux justes,
Dévouée aux Rakças et qui hante les bois ;
Tous, pour le sacrifice, accourent à la fois,
Et font monter au ciel, d'une voix éclatante,
450 Les clameurs de la joie et d'une longue attente.

Les cymbales de cuivre et la conque aux bruits sourds,
Et la vîna perçante et les rauques tambours,
Vibrant, grondant, sifflant, résonnent dans la plaine,
Et les peuples muets retiennent leur haleine.
455 C'est l'heure. Le Brahmane élève au ciel les bras,
Et la victime offerte avance pas à pas.
Le jeune homme au front ceint de lotus, calme et pâle,
Monte sans hésiter sur la pierre fatale ;
Tous ses membres roidis sont liés au poteau,
460 Et le prêtre en son sein va plonger le couteau.
Alors il se souvient des paroles du sage :
Il prie Indra qui siège et gronde dans l'orage,
Et sept fois l'hymne saint, que tous disent en chœur,
Fait hésiter le fer qui doit percer son cœur.
465 Tout à coup, des sommets du ciel plein de lumière,
La foudre inattendue éclate sur la pierre ;
L'airain du pilier fond en ruisseaux embrasés.
Çunacépa bondit ; ses liens sont brisés,
Il est libre ! À travers la foule épouvantée,
470 Il fuit comme la flèche à son but emportée.
Aussitôt le soleil rayonne, et sur le flanc
Un étalon fougueux, dont tout le poil est blanc,
Tombe, les pieds liés, hennit, et le Brahmane
Offre son sang au Dieu de qui la foudre émane.

VII

475 Ô rayon de soleil égaré dans nos nuits,
Ô bonheur ! le moment est rapide où tu luis,
Et quand l'illusion qui t'a créé t'entraîne,
Un plus amer souci consume l'âme humaine ;
Mais quels pleurs répandus, quel mal immérité,
480 Peuvent jamais payer ta brève volupté !

L'air sonore était frais et plein d'odeurs divines.
Les bengalis au bec de pourpre, aux ailes fines,
Et les verts colibris et les perroquets bleus,
Et l'oiseau diamant, flèche au vol merveilleux,
485 Dans les buissons dorés, sur les figuiers superbes,
Passaient, sifflaient, chantaient. Au sein des grandes
[herbes,
Un murmure joyeux s'exhalait des halliers ;
Autour du miel des fleurs, des essaims familiers,
Délaissant les vieux troncs aux ruches pacifiques,
490 S'empressaient ; et partout, sous les cieux magnifiques,
Avec l'arome vif et pénétrant des bois,
Montait un chant immense et paisible à la fois.
Sur son cœur enivré pressant sa bien-aimée,
Réchauffant de baisers sa lèvre parfumée,
495 Çunacépa sentait, en un rêve enchanté,
Déborder le torrent de sa félicité !
Et Çanta l'enchaînait d'une invincible étreinte !
Et rien n'interrompait, durant cette heure sainte
Où le temps n'a plus d'aile, où la vie est un jour,
500 Le silence divin et les pleurs de l'amour.

LA VISION DE BRAHMA

Tandis qu'enveloppé des ténèbres premières,
Brahma cherchait en soi l'origine et la fin,
La Mâyâ le couvrit de son réseau divin,
Et son cœur sombre et froid se fondit en lumières.

5 Aux pics du Kaîlaça, d'où l'eau vive et le miel
Filtrent des verts figuiers et des rouges érables,
D'où le saint Fleuve verse en courbes immuables
Ses cascades de neige à travers l'arc-en-ciel ;

Parmi les coqs guerriers, les paons aux belles queues,
10 L'essaim des Apsaras qui bondissaient en chœur,
Et le vol des Esprits bercés dans leur langueur,
Et les riches oiseaux lissant leurs plumes bleues ;

Sur sa couche semblable à l'écume du lait,
Il vit Celui que nul n'a vu, l'Âme des âmes,
15 Tel qu'un frais nymphéa dans une mer de flammes
D'où l'Être en millions de formes ruisselait :

Hâri, le réservoir des inertes délices,
Dont le beau corps nageait dans un rayonnement,
Qui méditait le monde, et croisait mollement
20 Comme deux palmiers d'or ses vénérables cuisses.

De son parasol rose, en guirlandes, flottaient
Des perles et des fleurs parmi ses tresses brunes,
Et deux cygnes, brillants comme deux pleines lunes,
Respectueusement de l'aile l'éventaient.

25 Sur sa lèvre écarlate, ainsi que des abeilles,
Bourdonnaient les Védas, ivres de son amour ;
Sa gloire ornait son col et flamboyait autour ;
Des blocs de diamant pendaient à ses oreilles.

À ses reins verdoyaient des forêts de bambous ;
30 Des lacs étincelaient dans ses paumes fécondes ;
Son souffle égal et pur faisait rouler les mondes
Qui jaillissaient de lui pour s'y replonger tous.

Un Açvatha touffu l'abritait de ses palmes ;
Et, dans la bienheureuse et sainte Inaction,
35 Il se réjouissait de sa perfection,
Immobile, les yeux resplendissants, mais calmes.

Oh ! qu'il était aimable à voir, l'Être parfait,
Le Dieu jeune, embelli d'inexprimables charmes,
Celui qui ne connaît les désirs ni les larmes,
40 Par qui l'Insatiable est enfin satisfait !

Comme deux océans, troubles pour les profanes,
Mais, pour les cœurs pieux, miroirs de pureté,
Abîmes de repos et de sérénité,
Que ses yeux étaient doux, qu'ils étaient diaphanes !

45 À son ombre, le sein parfumé de çantal,
Mille vierges, au fond de l'étang circulaire,
Semblaient, à travers l'onde inviolée et claire,
Des colombes d'argent dans un nid de cristal.

De bleus rayons baignaient leurs paupières mi-closes ;
50 Leurs bras polis tintaient sous des clochettes d'or ;
Et leurs cheveux couvraient d'un souple et noir trésor
La neige de leur gorge où rougissaient des roses.

Dans l'onde où le Lotus primitif a fleuri,
Assises sur le sable aux luisantes coquilles,
55 Telles apparaissaient ces mille belles filles,
Frais et jeunes reflets du suprême Hâri.

À la droite du Dieu, penché sur ses cavales,
L'ardent Archer faisait sonner le plein carquois ;
Et l'Aurore guidait du bout de ses beaux doigts
60 L'attelage aux grands yeux, aux poils roses et pâles.

À gauche, un Géant pourpre et sinistre, portant
Des crânes chevelus en ceinture à ses hanches,
L'œil creux, triste, affamé, grinçant de ses dents blanches,
Broyait et dévorait l'Univers palpitant.

65 Sous les pieds de Hâri, la mer, des vents battue,
Gonflait sa houle immense et secouait les monts,
Remuant à grand bruit ses forêts de limons
Sur le dos âpre et dur de l'antique Tortue.

Et la Terre étalait ses végétations
70 Où tigres et pythons poursuivaient les gazelles,
Et ses mille cités où les races mortelles
Germaient, mêlant le rire aux lamentations.

Mais Brahma, dès qu'il vit l'Être-principe en face,
Sentit comme une force irrésistible en lui,
75 Et la concavité de son crâne ébloui
Reculer, se distendre, et contenir l'espace.

Les constellations jaillirent de ses yeux ;
Son souffle condensa le monceau des nuées ;
Il entendit monter les sèves déchaînées
80 Et croître dans son sein l'Océan furieux.

Sagesse et passions, vertus, vices des hommes,
Désirs, haines, amours, maux et félicité,
Tout rugit et chanta dans son cœur agité :
Il ne dit plus : Je suis ! mais il pensa : Nous sommes !

85 Ainsi, devant le Roi des monts Kalatçalas,
Qui fait s'épanouir les mondes sur sa tige,
Brahma crut, dilaté par l'immense vertige,
Que son cerveau divin se brisait en éclats.

Puis, abaissant les yeux, il dit : — Maître des maîtres,
90 Dont la force est interne et sans borne à la fois,
Je ne puis concevoir, en sa cause et ses lois,
Le cours tumultueux des choses et des êtres.

S'il n'est rien, sinon toi, Hâri, suprême Dieu !
Si l'Univers vivant en toi germe et respire ;
95 Si rien sur ton essence unique n'a d'empire,
L'action, ni l'état, ni le temps, ni le lieu ;

D'où vient qu'aux cieux troublés ta force se déchaîne ?
D'où vient qu'elle bondisse et hurle avec les flots ?
D'où vient que, remplissant la terre de sanglots,
100 Tu souffres, ô mon Maître, au sein de l'âme humaine ?

Et moi, moi qui, durant mille siècles, plongé
Comme un songe mauvais dans la Nuit primitive,
Porte un doute cuisant que le désir ravive,
Ce mal muet toujours, toujours interrogé ;

105 Qui suis-je ? Réponds-moi, Raison des Origines !
    Suis-je l'âme d'un monde errant par l'infini,
    Ou quelque antique Orgueil, de ses actes puni,
    Qui ne peut remonter à ses sources divines ?

    C'est en vain qu'explorant mon cœur de toutes parts,
110 J'excite une étincelle en sa cavité sombre...
    Mais je pressens la fin des épreuves sans nombre,
    Puisque ta Vision éclate à mes regards.

    Change en un miel divin mon immense amertume ;
    Parle, fixe à jamais mes vœux irrésolus,
115 Afin que je m'oublie et que je ne sois plus,
    Et que la vérité m'absorbe et me consume. —

    Il se tut, et l'Esprit suprême, l'Être pur,
    Fixa sur lui ses yeux d'où naissent les Aurores ;
    Et du rouge contour de ses lèvres sonores
120 Un rire éblouissant s'envola dans l'azur.

    Et les vierges, du lit nacré de l'eau profonde,
    D'un mouvement joyeux troublèrent en nageant
    Ce bleu rideau marbré d'une écume d'argent,
    Et, parmi les lotus, se bercèrent sur l'onde.

125 L'Açvatha, du pivot au sommet, frissonna,
    Agitant sur Hâri ses palmes immortelles ;
    Les cygnes, réjouis, battirent des deux ailes,
    Et le Parasol rose au-dessus rayonna.

    Sûryâ fit cabrer les sept Cavales rousses,
130 Rétives sous le mors, au zénith enflammé ;
    Et l'Aurore arrêta dans le ciel parfumé
    Les Vaches du matin, patientes et douces.

Tel que des lueurs d'or dans la vapeur du soir,
Chaque Esprit entr'ouvrit ses ailes indécises ;
135 La montagne oscillante exhala dans les brises
Ses aromes sacrés, comme d'un encensoir.

Les Apsaras, rompant les chœurs au vol agile,
S'accoudèrent sur l'herbe où fleurit le saphir ;
Le saint Fleuve en suspens cessa de retentir
140 Et se cristallisa dans sa chute immobile.

Un vaste étonnement surgit ainsi de tout
Quand Brahma se fut tu dans l'espace suprême :
Le Géant affamé, le Destructeur lui-même,
Interrompit son œuvre et se dressa debout.

145 Et voici qu'une Voix grave, paisible, immense,
Sans échos, remplissant les sept sphères du ciel,
La voix de l'Incréé parlant à l'Éternel,
S'éleva sans troubler l'ineffable silence.

Ce n'était point un bruit humain, un son pareil
150 Au retentissement de la foudre ou des vagues ;
Mais plutôt ces rumeurs magnifiques et vagues
Qui circulent en vous, mystères du sommeil !

Or Brahma, haletant sous la Voix innommée
Qui pénétrait en lui, mais pour n'en plus sortir,
155 Sentit de volupté son cœur s'anéantir
Comme au jour la rosée en subtile fumée.

Et cette Voix disait : — Si je gonfle les mers,
Si j'agite les cœurs et les intelligences,
J'ai mis mon Énergie au sein des Apparences,
160 Et durant mon repos j'ai songé l'Univers.

Dans l'Œuf irrévélé qui contient tout en germe,
Sous mon souffle idéal je l'ai longtemps couvé ;
Puis, vigoureux, et tel que je l'avais rêvé,
Pour éclore, il brisa du front sa coque ferme.

165 Dès son premier élan, rude et capricieux,
Je lui donnai pour loi ses forces naturelles ;
Et, vain jouet des combats qui se livraient entre elles,
De sa propre puissance il engendra ses Dieux.

Indra roula sa foudre aux flancs des précipices ;
170 La mer jusques aux cieux multiplia ses bonds ;
L'homme fit ruisseler le sang des étalons
Sur la pierre cubique, autel des sacrifices.

Et moi, je m'incarnai dans les héros anciens ;
J'allai, purifiant les races ascétiques ;
175 Et, le cœur transpercé de mes flèches mystiques,
L'homme noir de Lanka rugit dans mes liens.

Toute chose depuis fermente, vit, s'achève ;
Mais rien n'a de substance et de réalité,
Rien n'est vrai que l'unique et morne Éternité :
180 Ô Brahma ! toute chose est le rêve d'un rêve.

La Mâyâ dans mon sein bouillonne en fusion,
Dans son prisme changeant je vois tout apparaître ;
Car ma seule Inertie est la source de l'Être :
La matrice du monde est mon Illusion.

185 C'est Elle qui s'incarne en ses formes diverses,
Esprits et corps, ciel pur, monts et flots orageux,
Et qui mêle, toujours impassible en ses jeux,
Aux sereines vertus les passions perverses.

Mais par l'inaction, l'austérité, la foi,
190 Tandis que, sans faiblir durant l'épreuve rude,
Toute vertu se fond dans ma béatitude,
Les noires passions sont distinctes en moi.

Brahma ! tel est le rêve où ton esprit s'abîme.
N'interroge donc plus l'auguste Vérité :
195 Que serais-tu, sinon ma propre vanité
Et le doute secret de mon néant sublime ? —

Et sur les sommets d'or du divin Kaîlaça,
Où nage dans l'air pur le vol des blancs génies,
L'inexprimable Voix cessant ses harmonies,
200 La Vision terrible et sainte s'effaça.

HYPATIE

Au déclin des grandeurs qui dominent la terre,
Quand les cultes divins, sous les siècles ployés,
Reprenant de l'oubli le sentier solitaire,
Regardent s'écrouler leurs autels foudroyés ;

5 Quand du chêne d'Hellas la feuille vagabonde
Des parvis désertés efface le chemin,
Et qu'au delà des mers, où l'ombre épaisse abonde,
Vers un jeune soleil flotte l'esprit humain ;

Toujours des Dieux vaincus embrassant la fortune,
10 Un grand cœur les défend du sort injurieux :
L'aube des jours nouveaux le blesse et l'importune,
Il suit à l'horizon l'astre de ses aïeux.

Pour un destin meilleur qu'un autre siècle naisse
Et d'un monde épuisé s'éloigne sans remords :
15 Fidèle au songe heureux où fleurit sa jeunesse,
Il entend tressaillir la poussière des morts.

Les sages, les héros se lèvent pleins de vie !
Les poètes en chœur murmurent leurs beaux noms ;
Et l'Olympe idéal, qu'un chant sacré convie,
20 Sur l'ivoire s'assied dans les blancs Parthénons.

Ô vierge, qui, d'un pan de ta robe pieuse,
Couvris la tombe auguste où s'endormaient tes Dieux,
De leur culte éclipsé prêtresse harmonieuse,
Chaste et dernier rayon détaché de leurs cieux !

25 Je t'aime et te salue, ô vierge magnanime !
Quand l'orage ébranla le monde paternel,
Tu suivis dans l'exil cet Œdipe sublime,
Et tu l'enveloppas d'un amour éternel.

Debout, dans ta pâleur, sous les sacrés portiques
30 Que des peuples ingrats abandonnait l'essaim,
Pythonisse enchaînée aux trépieds prophétiques,
Les Immortels trahis palpitaient dans ton sein.

Tu les voyais passer dans la nue enflammée !
De science et d'amour ils t'abreuvaient encor ;
35 Et la terre écoutait, de ton rêve charmée,
Chanter l'abeille attique entre tes lèvres d'or.

Comme un jeune lotos croissant sous l'œil des sages,
Fleur de leur éloquence et de leur équité,
Tu faisais, sur la nuit moins sombre des vieux âges,
40 Resplendir ton génie à travers ta beauté !

Le grave enseignement des vertus éternelles
S'épanchait de ta lèvre au fond des cœurs charmés ;
Et les Galiléens qui te rêvaient des ailes
Oubliaient leur Dieu mort pour tes Dieux bien aimés.

45 Mais le siècle emportait ces âmes insoumises
Qu'un lien trop fragile enchaînait à tes pas ;
Et tu les voyais fuir vers les terres promises ;
Mais toi, qui savais tout, tu ne les suivis pas !

Que t'importait, ô vierge, un semblable délire ?
50 Ne possédais-tu pas cet idéal cherché ?
Va ! dans ces cœurs troublés tes regards savaient lire,
Et les Dieux bienveillants ne t'avaient rien caché.

Ô sage enfant, si pure entre tes sœurs mortelles !
Ô noble front, sans tache entre les fronts sacrés !
55 Quelle âme avait chanté sur des lèvres plus belles,
Et brûlé plus limpide en des yeux inspirés ?

Sans effleurer jamais ta robe immaculée,
Les souillures du siècle ont respecté tes mains :
Tu marchais, l'œil tourné vers la Vie étoilée,
60 Ignorante des maux et des crimes humains.

Le vil Galiléen t'a frappée et maudite,
Mais tu tombas plus grande ! Et maintenant, hélas !
Le souffle de Platon et le corps d'Aphrodite
Sont partis à jamais pour les beaux cieux d'Hellas !

65 Dors, ô blanche victime, en notre âme profonde,
Dans ton linceul de vierge et ceinte de lotos ;
Dors ! l'impure laideur est la reine du monde,
Et nous avons perdu le chemin de Paros.

Les Dieux sont en poussière et la terre est muette :
70 Rien ne parlera plus dans ton ciel déserté.
Dors ! mais, vivante en lui, chante au cœur du poète
L'hymne mélodieux de la sainte Beauté !

Elle seule survit, immuable, éternelle.
La mort peut disperser les univers tremblants,
75 Mais la Beauté flamboie, et tout renaît en elle,
Et les mondes encor roulent sous ses pieds blancs !

THYONÉ

I

Ô jeune Thyoné, vierge au regard vainqueur,
Aphrodite jamais n'a fait battre ton cœur,
Et des flèches d'Éros l'atteinte toujours sûre
N'a point rougi ton sein d'une douce blessure.
5 Ah ! si les Dieux jaloux, vierge, n'ont pas formé
La neige de ton corps d'un marbre inanimé,
Viens au fond des grands bois, sous les larges ramures
Pleines de frais silence et d'amoureux murmures.
L'oiseau rit dans les bois, au bord des nids mousseux,
10 Ô belle chasseresse ! et le vent paresseux
Berce du mol effort de son aile éthérée
Les larmes de la nuit sur la feuille dorée.
Compagne d'Artémis, abandonne tes traits ;
Ne trouble plus la paix des sereines forêts,
15 Et, propice à ma voix qui soupire et qui prie,
De rose et de lotos ceins ta tempe fleurie.
Ô Thyoné ! l'eau vive où brille le matin,
Sur ses bords parfumés de cytise et de thym,
Modérant de plaisir son onde diligente
20 Où nage l'Hydriade et que l'Aurore argente,
D'un cristal bienheureux baignera tes pieds blancs !
Érycine t'appelle aux bois étincelants ;
Viens ! — L'abeille empressée et la brise joyeuse
Chantent aux verts rameaux du hêtre et de l'yeuse ;

25 Et l'Aigipan moqueur, au seul bruit de tes pas,
Craindra de te déplaire et ne te verra pas.
Ô fière Thyoné, viens, afin d'être belle !
Un jour tu pleureras ta jeunesse rebelle...
Qu'il te souvienne alors de ce matin charmant,
30 De tes premiers baisers et du premier amant,
À l'ombre des grands bois, sous les larges ramures
Pleines de frais silence et d'amoureux murmures !

II

Du cothurne chasseur j'ai resserré les nœuds ;
Je pars, et vais revoir l'Araunos sablonneux
35 Où la prompte Artémis, par leurs cornes dorées,
Surprit au pied des monts les cinq biches sacrées.
J'ai, saisissant mon arc et mes traits éclatants,
Noué sur mon genou ma robe aux plis flottants.
Crains de suivre mes pas. Tes paroles sont belles,
40 Mais je sais que tu mens et qu'Éros a des ailes !
Artémis me sourit. Docile à ses désirs,
Je coulerai mes jours en de mâles plaisirs,
Et n'enchaînerai point d'amours efféminées
La force et la fierté de mes jeunes années.
45 D'autres vierges sans doute accueilleront tes vœux,
Qui du mol hyacinthe ornent leurs blonds cheveux,
Et qui, dansant au son des lyres ioniques,
Aux autels d'Érycine ont voué leurs tuniques.
Moi, j'aime, au fond des bois, loin des regards humains,
50 Le carquois sur l'épaule et les flèches en mains,
De la chaste Déesse intrépide compagne,
À franchir d'un pied sûr la plaine et la montagne.
Fière de mon courage, oubliant ma beauté,
Je veux qu'un linge jaloux garde ma nudité,
55 Et que ma flèche aiguë, au milieu des molosses,
Perce les grands lions et les biches véloces.

Ô jeune Phocéen au beau corps indolent,
Qui d'un frêle rameau charges ton bras tremblant,
Et n'as aiguillonné de cette arme timide
60 Que tes bœufs assoupis, épars dans l'herbe humide ;
Oses-tu bien aimer la compagne des Dieux,
Qui, dédaignant Éros et son temple odieux,
Dans les vertes forêts de la haute Ortygie
Déjà d'un noble sang a vu sa main rougie ?

III

65 Ne me dédaigne point, ô vierge ! Un Immortel
M'a, sous ton noir regard, blessé d'un trait mortel.
Lorsque le chœur léger des jeunes chasseresses
Déroule au vent du soir le flot des souples tresses,
Que ton image est douce à mon cœur soucieux !
70 Toi seule n'aimes point sous la clarté des cieux.
Les Dieux même ont aimé, belle Nymphe farouche !
Aux cimes du Lathmos, et le doigt sur la bouche,
Loin du nocturne char, solitaire, à pas lents,
Attentive aux doux bruits des feuillages tremblants,
75 On dit qu'une Déesse aux amours ténébreuses
Du pâle Endymion charma les nuits heureuses.
Ne me dédaigne point ! Je suis jeune, et ma main
Ne s'est pas exercée au combat inhumain ;
Mais sur la verte mousse accoudé dès l'aurore,
80 J'exhale un chant sacré de mon roseau sonore ;
Les tranquilles forêts protègent mon repos ;
Et les riches pasteurs aux superbes troupeaux,
Voyant que, pour dorer ma pauvreté bénie,
Les Dieux justes et bons m'ont donné le génie,
85 M'offrent en souriant, pour prix de mes leçons,
Les pesantes brebis et leurs beaux nourrissons.
Viens partager ma gloire : elle est douce et sereine.
Sous les halliers touffus, pour saluer leur reine,

Mes grands bœufs phocéens de plaisir mugiront.
90 De la rose des bois je ceindrai ton beau front.
Ils sont à toi, les fruits de mes vertes corbeilles,
Mes oiseaux familiers, mes coupes, mes abeilles,
Mes chansons, et ma vie ! Ô belle Thyoné,
Viens ! et je bénirai le Destin fortuné
95 Qui, loin de la Phocide et du toit de mes pères,
Au pasteur exilé gardait des jours prospères.

IV

Jeune homme, c'est assez. Au gré de leur désir,
Les Dieux donnent à l'un l'amour et le loisir,
À l'autre les combats. La liberté sacrée
100 Seule guide mon cœur et ma flèche acérée.
Garde ta paix si douce et tes dons, ô pasteur !
Et ta gloire frivole et ton roseau chanteur ;
Coule loin des périls d'inutiles années.
Mais moi je poursuivrai mes fières destinées ;
105 Fidèle à mon courage, errante et sans regrets,
Je finirai mes jours dans les vastes forêts,
Ou sur les monts voisins de la voûte éternelle,
Que l'Aigle Olympien ombrage de son aile !
Et là, le lion fauve, ou le cerf aux abois,
110 Rougira de mon sang les verts sentiers des bois.
Ainsi j'aurai vécu sans connaître les larmes,
Les jalouses fureurs et les lâches alarmes.
Libre du joug d'Éros, libre du joug humain,
Je n'aurai point brûlé les flambeaux de l'hymen ;
115 Sur le seuil nuptial les vierges assemblées
N'auront point murmuré les hymnes désolées,
Et jamais Ilythie avec impunité
N'aura courbé mon front et flétri ma beauté.
Aux bords de l'Isménos, mes compagnes chéries
120 Couvriront mon tombeau de couronnes fleuries ;

Puis, autour de ma cendre entrelaçant leurs pas,
Elles appelleront qui ne les entend pas !
Vierge j'aurai vécu, vierge sera mon ombre ;
Et quand j'aurai passé le Fleuve à l'onde sombre,
125 Quand le divin Hadès aux ombrages secrets
M'aura rendu mon arc, mon carquois et mes traits,
Artémis, gémissant et déchirant ses voiles,
Fixera mon image au milieu des étoiles !

GLAUCÉ

I

Sous les grottes de nacre et les limons épais
Où la divine Mer sommeille et rêve en paix,
Vers l'heure où l'Immortelle aux paupières dorées
Rougit le pâle azur de ses roses sacrées,
5 Je suis née, et mes sœurs, qui nagent aux flots bleus,
M'ont bercée en riant dans leurs bras onduleux,
Et, sur la perle humide entrelaçant leurs danses,
Instruit mes pieds de neige aux divines cadences.
Et j'étais déjà grande, et déjà la beauté
10 Baignait mon souple corps d'une molle clarté.
Longtemps heureuse au sein de l'onde maternelle,
Je coulais doucement ma jeunesse éternelle ;
Les Sourires vermeils sur mes lèvres flottaient,
Les Songes innocents de l'aile m'abritaient ;
15 Et les Dieux vagabonds de la mer infinie
De mon destin candide admiraient l'harmonie.
Ô jeune Klytios, ô pasteur inhumain,
Que Pan aux pieds de chèvre éleva de sa main,
Quand sous les bois touffus où l'abeille butine
20 Il enseigna Syrinx à ta lèvre enfantine,
Et, du flot cadencé de tes belles chansons,
Fit hésiter la Vierge au détour des buissons !
Ô Klytios ! sitôt qu'au golfe bleu d'Himère
Je te vis sur le sable où blanchit l'onde amère,

25 Sitôt qu'avec amour l'abîme murmurant
   Eut caressé ton corps d'un baiser transparent,
   Éros ! Éros perça d'une flèche imprévue
   Mon cœur que sous les flots je cachais à sa vue.
   Ô pasteur, je t'attends ! Mes cheveux azurés
30 D'algues et de corail pour toi se sont parés ;
   Et déjà, pour bercer notre doux hyménée,
   L'Euros fait palpiter la mer où je suis née.

                        II

   Salut, vallons aimés, dans la brume tremblants !
   Quand la chèvre indocile et les béliers blancs
35 Par vos détours connus, sous vos ombres si douces,
   Dès l'aube sur mes pas paissent les vertes mousses ;
   Que la terre s'éveille et rit, et que les flots
   Prolongent dans les bois d'harmonieux sanglots ;
   Ô Nymphe de la mer, Déesse au sein d'albâtre,
40 Des pleurs voilent mes yeux, et je sens mon cœur battre,
   Et des vents inconnus viennent me caresser,
   Et je voudrais saisir le monde et l'embrasser !
 . Hèlios resplendit : à l'abri des grands chênes,
   Aux chants entrecoupés des Naïades prochaines,
45 Je repose, et ma lèvre, habile aux airs divins,
   Sous les rameaux ombreux charme les Dieux sylvains.
   Blonde fille des Eaux, les vierges de Sicile
   Ont émoussé leurs yeux sur mon cœur indocile ;
   Ni les seins palpitants, ni les soupirs secrets,
50 Ni l'attente incertaine et ses pleurs indiscrets,
   Ni les baisers promis, ni les voix de sirène
   N'ont troublé de mon cœur la profondeur sereine.
   J'honore Pan qui règne en ces bois révérés,
   J'offre un agreste hommage à ses autels sacrés ;
55 Et Kybèle aux beaux flancs est ma divine amante :
   Je m'endors en un pli de sa robe charmante,

Et, dès que luit aux cieux le matin argenté,
Sur les fleurs de son sein je bois la volupté !
Dis ! si je t'écoutais, combien dureraient-elles,
60 Ces ivresses d'un jour, ces amours immortelles ?
Ô Nymphe de la mer, je ne veux pas t'aimer !
C'est vous que j'aime, ô bois qu'un Dieu sait animer,
Ô matin rayonnant, ô nuit immense et belle !
C'est toi seule que j'aime, ô féconde Kybèle !

III

65 Viens, tu seras un Dieu ! Sur ta mâle beauté
Je poserai le sceau de l'immortalité ;
Je te couronnerai de jeunesse et de gloire ;
Et sur ton sein de marbre, entre tes bras d'ivoire,
Appuyant dans nos jeux mon front pâle d'amour,
70 Nous verrons tomber l'ombre et rayonner le jour
Sans que jamais l'oubli, de son aile envieuse,
Brise de nos destins la chaîne harmonieuse.
J'ai préparé moi-même au sein des vastes eaux
Ta couche de cristal qu'ombragent des roseaux ;
75 Et les Fleuves marins aux bleuâtres haleines
Baigneront tes pieds blancs de leurs urnes trop pleines.
Ô disciple de Pan, pasteur aux blonds cheveux,
Sur quels destins plus beaux se sont portés tes vœux ?
Souviens-toi qu'un Dieu sombre, inexorable, agile,
80 Desséchera ton corps comme une fleur fragile...
Et tu le supplîras, et tes pleurs seront vains.
Moi, je t'aime, ô pasteur ! et dans mes bras divins
Je sauverai du temps ta jeunesse embaumée.
Vois ! d'un cruel amour je languis consumée,
85 Je puis nager à peine, et sur ma joue en fleur
Le sommeil en fuyant a laissé la pâleur.
Viens ! et tu connaîtras les heures de l'ivresse !
Où les Dieux cachent-ils la jeune enchanteresse

Qui, domptant ton orgueil d'un sourire vainqueur,
90 D'un regard plus touchant amollira ton cœur ?
Sais-tu quel est mon nom, et m'as-tu contemplée
Lumineuse et flottant sur ma conque étoilée ?
N'abaisse point tes yeux. Ô pasteur insensé,
Pour qui méprises-tu les larmes de Glaucé ?
95 Daigne m'apprendre, ô marbre à qui l'amour me lie,
Comme il faut que je vive, ou plutôt que j'oublie !

IV

Ô Nymphe ! s'il est vrai qu'Éros, le jeune Archer,
Ait su d'un trait doré te suivre et te toucher ;
S'il est vrai que des pleurs, blanche fille de l'onde,
100 Étincellent pour moi dans ta paupière blonde ;
Que nul Dieu de la mer n'est ton amant heureux,
Que mon image flotte en ton rêve amoureux,
Et que moi seul enfin je flétrisse ta joue ;
Je te plains ! Mais Éros de notre cœur se joue.
105 Et le trait qui perça ton beau sein, ô Glaucé,
Sans même m'effleurer dans les airs a glissé.
Je te plains ! Ne crois pas, ô ma pâle Déesse,
Que mon cœur soit de marbre et sourd à ta détresse ;
Mais je ne puis t'aimer : Kybèle a pris mes jours,
110 Et rien ne brisera nos sublimes amours.
Va donc ! et, tarissant tes larmes soucieuses,
Danse bientôt, légère, à tes noces joyeuses !
Nulle vierge, mortelle ou Déesse, au beau corps,
N'a vos soupirs divins ni vos profonds accords,
115 Ô bois mystérieux, temples aux frais portiques,
Chênes qui m'abritez de rameaux prophétiques,
Dont l'arome et les chants vont où s'en vont mes pas,
Vous qu'on aime sans cesse et qui ne trompez pas,
Qui d'un calme si pur enveloppez mon être
120 Que j'oublie et la mort et l'heure où j'ai dû naître !

Ô nature, ô Kybèle, ô sereines forêts,
Gardez-moi le repos de vos asiles frais ;
Sous le platane épais d'où le silence tombe,
Auprès de mon berceau creusez mon humble tombe ;
125 Que Pan confonde un jour aux lieux où je vous vois
Mes suprêmes soupirs avec vos douces voix,
Et que mon ombre encore, à nos amours fidèle,
Passe dans vos rameaux comme un battement d'aile !

HÉLÈNE

I

HÉLÈNE, DÉMODOCE,
CHŒUR DE FEMMES

DÉMODOCE

Ô Muses, volupté des hommes et des Dieux,
Vous qui charmez d'Hellas les bois mélodieux,
Vierges aux lyres d'or, vierges ceintes d'acanthes,
Des sages vénérés nourrices éloquentes,
5 Muses, je vous implore ! Et toi, divin Chanteur,
Qui des monts d'Éleuthèr habites la hauteur ;
Dieu dont l'arc étincelle, ô Roi de Lykorée,
Qui verses aux humains la lumière dorée ;
Immortel dont la force environne Milet ;
10 Si mes chants te sont doux, si mon encens te plaît,
Célèbre par ma voix, Dieu jeune et magnanime,
Hélène aux pieds d'argent, Hélène au corps sublime !

HÉLÈNE

Cesse tes chants flatteurs, harmonieux ami.
D'un trouble inattendu tout mon cœur a frémi.

15 Réserve pour les Dieux, calmes dans l'Empyrée,
Ta louange éclatante et ta lyre inspirée.
La tristesse inquiète et sombre où je me vois
Ne s'est point dissipée aux accents de ta voix ;
Et du jour où, voguant vers la divine Krète,
20 Atride m'a quittée, une terreur secrète,
Un noir pressentiment envoyé par les Dieux
Habite en mon esprit tout plein de ses adieux.

LE CHŒUR DE FEMMES

Ô fille de Léda, bannis ces terreurs vaines ;
Songe qu'un sang divin fait palpiter tes veines.
25 Honneur de notre Hellas, Hélène aux pieds d'argent,
Ne tente pas le Sort oublieux et changeant.

HÉLÈNE

Par delà les flots bleus, vers les rives lointaines
Quel dessein malheureux a poussé tes antennes,
Noble Atride ? Que n'ai-je accompagné tes pas !
30 Peut-être que mes yeux ne te reverront pas !
Je te prie, ô Pallas, ô Déesse sévère,
Qui dédaignes Éros et qu'Athènes révère,
Vierge auguste, guerrière au casque étincelant,
Du parjure odieux garde mon cœur tremblant.
35 Et toi, don d'Aphrodite, ô flamme inassouvie,
Apaise tes ardeurs qui dévorent ma vie !

LE CHŒUR DE FEMMES

Daigne sourire encore, et te plaire à nos jeux,
Reine ! tu reverras ton époux courageux.

Déjà sur la mer vaste une propice haleine
40 Des bondissantes nefs gonfle la voile pleine,
Et les rameurs, courbés sur les forts avirons,
D'une mâle sueur baignent à flots leurs fronts.

HÉLÈNE

Chante donc, et saisis ta lyre tutélaire,
Préviens des Immortels la naissante colère,
45 Doux et sage vieillard, dont les chants cadencés
Calment l'esprit troublé des hommes insensés.
Verse au fond de mon cœur, chantre de Maionie,
Ce partage des Dieux, la paix et l'harmonie.
Filles de Sparte, et vous, compagnes de mes jours,
50 De vos bras caressants entourez-moi toujours.

DÉMODOCE

Terre au sein verdoyant, Mère antique des choses,
Toi qu'embrasse Océan de ses flots amoureux,
Agite sur ton front tes épis et tes roses !
Ô fils d'Hypériôn, éclaire un jour heureux !

55 Courbez, ô monts d'Hellas, vos prophétiques crêtes !
Lauriers aux larges fleurs, platanes, verts roseaux,
Cachez au monde entier, de vos ombres discrètes,
Le Cygne éblouissant qui flotte sur les eaux.

L'onde, dans sa fraîcheur, le caresse et l'assiège,
60 Et sur son corps sacré roule en perles d'argent ;
Le vent souffle, embaumé, dans ses ailes de neige ;
Calme et superbe, il vogue et rayonne en nageant.

Vierges, qui vous jouez sur les mousses prochaines,
Craignez les flèches d'or que l'Archer Délien
65 Darde, victorieux, sous les rameaux des chênes ;
Des robes aux longs plis détachez le lien.

Le divin Eurotas, ô vierges innocentes,
Invite en soupirant votre douce beauté ;
Il baise vos corps nus de ses eaux frémissantes,
70 Palpitant comme un cœur qui bat de volupté.

Terre au sein verdoyant, mère antique des choses,
Toi qu'embrasse Océan de ses flots amoureux,
Agite sur ton front tes épis et tes roses !
Ô fils d'Hypériôn, éclaire un jour heureux !

75 Sur tes bras, ô Léda, l'eau joue et se replie,
Et sous ton poids charmant se dérobe à dessein ;
Et le Cygne attentif, qui chante et qui supplie,
Voit resplendir parfois l'albâtre de ton sein.

Tes compagnes, ô Reine, ont revêtu sur l'herbe
80 Leur ceinture légère, et quitté les flots bleus.
Fuis le Cygne nageur, roi du fleuve superbe ;
N'attache point tes bras à son col onduleux !

Tyndare, sceptre en main, songe, l'âme jalouse,
Sur le trône d'ivoire avec tristesse assis :
85 Il admire en son cœur l'image de l'Épouse,
Et tourne vers le fleuve un regard indécis.

Mais le large Eurotas, la montagne et la plaine
Ont frémi d'allégresse. Ô pudeur sainte, adieu !
Et l'amante du Cygne est la mère d'Hélène,
90 Hélène a vu le jour sous les baisers d'un Dieu !

Terre au sein verdoyant, mère antique des choses,
Toi qu'embrasse Océan de ses flots amoureux,
Agite sur ton front tes épis et tes roses !
Ô fils d'Hypériôn, éclaire un monde heureux !

HÉLÈNE

95 Vieillard, ta voix est douce ; aucun son ne l'égale.
Telle chante au soleil la divine cigale,
Lorsque les moissonneurs, dans les blés mûrs assis,
Cessent, pour l'écouter, leurs agrestes récits.
Prends cette coupe d'or par Hèphaistos forgée.
100 Jamais, de l'Ionie aux flots du grand Aigée,
Un don plus précieux n'a ravi les humains.
Hélène avec respect le remet dans tes mains.
Ô divin Démodoce, ô compagnon d'Atrée,
Heureux le favori de la Muse sacrée !
105 De sa bouche féconde en flots harmonieux
Coule un chant pacifique ; et les cœurs soucieux,
Apaisant de leurs maux l'amertume cruelle,
Goûtent d'un songe heureux la douceur immortelle.

II

UN MESSAGER

Ô fille de Léda, sur un char diligent
110 Dont la roue est d'ivoire aux cinq rayons d'argent,
Un jeune Roi, portant sur son épaule nue
La pourpre qui jadis de Phrygie est venue,
Sur le seuil éclatant du palais arrêté,
Demande le repos de l'hospitalité.

115 Des agrafes d'argent retiennent ses knémides ;
   Sur le casque d'airain aux deux cônes splendides
   Ondule, belliqueux, le crin étincelant,
   Et l'épée aux clous d'or résonne sur son flanc.

HÉLÈNE

   Servez l'orge aux coursiers. L'hôte qui nous implore
120 Nous vient des Immortels, et sa présence honore.
   Dans ce palais qu'Atride à ma garde a commis,
   Que le noble Étranger trouve des cœurs amis !

LE CHŒUR DE FEMMES

Strophe

   Heureux le sage assis sous le toit de ses pères,
   L'homme paisible et fort, ami de l'étranger !
125 Il apaise la faim, il chasse le danger !
   Il fait la part des Dieux dans ses destins prospères,
         Sachant que le sort peut changer !
   Cher au fils de Kronos, sa demeure est un temple ;
   L'Hospitalité rit sur son seuil vénéré ;
130 Et sa vie au long cours, que la terre contemple,
         Coule comme un fleuve sacré.

Antistrophe

   Zeus vengeur, vigilant, Roi de l'Olympe large,
   Comme un pâle vieillard, marche dans les cités.
   Il dit que les Destins et les Dieux irrités
135 L'ont ployé sous la honte et sous la lourde charge
         Des aveugles calamités.
   Des pleurs baignent sa face ; il supplie, il adjure...
   Le riche au cœur de fer le repousse en tout lieu.

Ô lamentable jour, ineffaçable injure !
140   Ce suppliant était un Dieu.

Épode

Couronné de printemps, chargé d'hivers arides,
Né d'un père héroïque ou d'un humble mortel,
Entre, qui que tu sois, au palais des Atrides ;
De Pallas bienveillante embrasse en paix l'autel ;
145 Reçois en souriant la coupe hospitalière
Où le vin étincelle et réjouit tes yeux ;
      Et préside au festin joyeux,
      Le front ceint de rose et de lierre,
      Étranger qui nous viens des Dieux !

III

HÉLÈNE, DÉMODOCE, PARIS,
CHŒUR DE FEMMES, CHŒUR D'HOMMES

HÉLÈNE

150 Oui, sois le bienvenu dans l'antique contrée
De Pélops, Étranger à la tête dorée !
Si le sort rigoureux t'a soumis aux revers,
Viens ! des cœurs bienveillants et droits te sont ouverts.
Mais, sans doute, en ton sein l'espérance fleurie
155 Habite encor. Dis-nous ton père et ta patrie.
Est-il un roi, pasteur de peuples ? Que les Dieux
Gardent ses derniers jours des soucis odieux ;
Qu'il goûte longuement le repos et la joie !

PARIS

J'ai respiré le jour dans l'éclatante Troie,
160 Dans la sainte Ilios, demeure des humains.
Les fils de Dardanos, fils de Zeus, de leurs mains
L'ont bâtie au milieu de la plaine féconde
Que deux fleuves divins arrosent de leur onde.
Mais Ilos engendra le grand Laomédon ;
165 Lui, Priamos mon père ; et Pâris est mon nom.

HÉLÈNE

Sur le large Océan à l'humide poussière,
N'as-tu point rencontré de trirème guerrière
Qui se hâte et revienne aux rivages d'Hellas ?
Tes yeux n'ont-ils point vu le divin Ménélas ?

PARIS

170 Un songe éblouissant occupait ma pensée,
Reine, et toute autre image en était effacée.

HÉLÈNE

Pardonne ! Vers la Krète assise au sein des eaux,
Affrontant Poseidôn couronné de roseaux,
Mon époux, à la voix du sage Idoménée,
175 A soudain délaissé la couche d'hyménée
Et ce sombre palais où languissent mes jours ;
Et les jalouses mers le retiennent toujours.

PARIS

Des bords où le Xanthos roule à la mer profonde
Les tourbillons d'argent qui blanchissent son onde,
180 Soumis aux Immortels, sur les flots mugissants,
Je suis venu vers toi, femme aux nobles accents.

HÉLÈNE

Étranger, qu'as-tu dit ? Vers l'épouse d'Atride
Les Dieux auraient poussé ta trirème rapide !
Pour cet humble dessein tu quitterais les bords
185 Où tu naquis au jour, où tes pères sont morts,
Où, versant de longs pleurs, ta mère d'ans chargée
T'a vu fuir de ses yeux vers les ondes d'Aigée !

PARIS

La patrie et le toit natal, l'amour pieux
De mes parents courbés par l'âge soucieux,
190 Ces vénérables biens, ô blanche Tyndaride,
N'apaisaient plus mon cœur plein d'une flamme aride.
Ô fille de Léda, pour toi j'ai tout quitté.
Écoute ! je dirai l'auguste vérité.

Aux cimes de l'Ida, dans les forêts profondes
195 Où paissaient à loisir mes chèvres vagabondes,
À l'ombre des grands pins je reposais, songeur.
L'Aurore aux belles mains répandait sa rougeur
Sur la montagne humide et sur les mers lointaines ;
Les Naïades riaient dans les claires fontaines,
200 Et la biche craintive et le cerf bondissant
Humaient l'air embaumé du matin renaissant.

Une vapeur soudaine, éblouissante et douce,
De l'Olympe sacré descendit sur la mousse ;
Les grands troncs respectés de l'orage et des vents
205 Courbèrent de terreur leurs feuillages mouvants ;
La source s'arrêta sur les pentes voisines,
Et l'Ida frémissant ébranla ses racines ;
Et de sueurs baigné, plein de frissons pieux,
Pâle, je pressentis la présence des Dieux.

210 De ce nuage d'or trois Formes éclatantes,
Sous les plis transparents de leurs robes flottantes,
Apparurent debout sur le mont écarté.
L'une, fière et superbe, avec sérénité
Dressa son front divin tout rayonnant de gloire,
215 Et, croisant ses bras blancs sur son grand sein d'ivoire :
— Cher fils de Priamos, tu contemples Héré, —
Dit-elle ; et je frémis à ce nom vénéré.
Mais d'une voix plus douce et pleine de caresses :
— Ô pasteur de l'Ida, juge entre trois Déesses.
220 Si le prix de beauté m'est accordé par toi,
Des cités de l'Asie un jour tu seras roi. —
L'autre, sévère et calme, et pourtant non moins belle,
Me promit le courage et la gloire immortelle,
Et la force qui dompte et conduit les humains.
225 Mais la dernière alors leva ses blanches mains,
Déroula sur son cou de neige, en tresses blondes,
De ses cheveux dorés les ruisselantes ondes,
Dénoua sa ceinture, et sur ses pieds d'argent
Laissa tomber d'en haut le tissu négligent ;
230 Et, muette toujours, du triomphe assurée,
Elle sourit d'orgueil dans sa beauté sacrée.
Un nuage à sa vue appesantit mes yeux,
Car la sainte Beauté dompte l'homme et les Dieux !
Et, le cœur palpitant, l'âme encore interdite,
235 Je dis : — Sois la plus belle, ô divine Aphrodite ! —
La grande Héré, Pallas, plus promptes que l'éclair,

Comme un songe brillant disparurent dans l'air ;
Et Kypris : — Ô pasteur, que tout mortel envie,
De plaisirs renaissants je charmerai ta vie.
240 Va ! sur l'onde propice à ton heureux vaisseau,
Fuis Priamos ton père, Ilios ton berceau ;
Cherche Hellas et les bords où l'Eurotas rapide
Coule ses flots divins sous le sceptre d'Atride ;
Et la fille de Zeus, Hélène aux blonds cheveux,
245 J'en atteste le Styx ! accomplira tes vœux. —

LE CHŒUR DE FEMMES

Ce récit merveilleux a charmé mon oreille.
À cette douce voix nulle voix n'est pareille.
Des Muses entouré, tel le Roi de Délos
Mêle un hymne sonore au murmure des flots.
250 Serait-ce point un Dieu ? le Délien lui-même,
Le front découronné de sa splendeur suprême,
Noble Hélène, qui vient, cachant sa majesté,
D'un hommage divin honorer ta beauté ?

LE CHŒUR D'HOMMES

Strophe

Descends des neiges de Kyllène,
255   Ô Pan, qui voles sur les eaux !
Accours, et d'une forte haleine
Emplis les sonores roseaux.
Viens ! de Nyse et de Gnosse inspire-moi les danses
Et les rites mystérieux.
260 J'ai frémi de désir, j'ai bondi tout joyeux.
Il me plaît d'enchaîner les divines cadences,
Ô Pan ! Roi qui conduis le chœur sacré des Dieux !

Antistrophe

Franchis les mers Icariennes,
Jeune Hèlios au char doré,
265   Et que les lyres Déliennes
Chantent sur un mode sacré !
Compagnes d'Artémis qui, dans les bois sauvages,
Dansez sur les gazons naissants,
Ô Nymphes, accourez de vos pieds bondissants !
270 Dieux vagabonds des mers, formez sur les rivages
Un chœur plein d'allégresse au bruit de mes accents !

Épode

Vierges ceintes de laurier-rose,
Dites un chant mélodieux ;
Semez l'hyacinthe et la rose
275   Aux pieds de la fille des Dieux !
Vierges de Sparte, que la joie
En molles danses se déploie !
Faites couler l'huile et le vin !
Effleurez le sol de vos rondes,
280   Et dénouez vos tresses blondes
Au souffle frais d'un vent divin !

HÉLÈNE

Je rends grâces à ceux de qui je tiens la vie,
S'il faut qu'avec honneur je comble ton envie,
Jeune homme. Parle donc. La fille de Léda,
285 Et la Reine de Sparte, ô pasteur de l'Ida,
Peut, de riches trésors emplissant ta nef vide,
Contenter les désirs de ta jeunesse avide.
Que réclame ton cœur ? Que demandent tes vœux ?
Mes étalons, ployant sur leurs jarrets nerveux,
290 Nourris dans les vallons et les plaines fleuries,

À cette heure couverts de chaudes draperies,
Hennissent en repos. Ils sont à toi, prends-les !
Prends cet autel sacré, gardien de mon palais,
Et l'armure éclatante et le glaive homicide
295 Que Pallas a remis entre les mains d'Atride ;
Prends ! et vers l'heureux bord où s'ouvrirent tes yeux
Guide à travers les flots tes compagnons joyeux.

PARIS

Noble Hélène, mon père, en sa demeure immense,
Possède assez de gloire et de magnificence ;
300 Assez d'or et d'argent, vain désir des mortels,
Décorent de nos Dieux les éclatants autels.
Garde, fille de Zeus, tes richesses brillantes,
Et ce fer qui d'Atride arme les mains vaillantes,
Et cet autel d'airain à Pallas consacré.
305 Ce que je veux de toi, Reine, je le dirai,
Car le Destin commande, et je ne puis me taire :
Il faut abandonner Sparte, Atride et la terre
D'Hellas, et, sans tarder, à l'horizon des flots,
Suivre le Priamide aux murs sacrés d'Ilos.

HÉLÈNE

310 Étranger ! si déjà de la maison d'Atrée
Tes pas audacieux n'eussent franchi l'entrée,
Si tu n'étais mon hôte, enfin, et si les Dieux
N'enchaînaient mon offense en un respect pieux,
Imprudent Étranger, tu quitterais sur l'heure
315 La belliqueuse Sparte, Hélène et la demeure
D'Atride ! Mais toujours un hôte nous est cher.
Tu n'auras pas en vain bravé la vaste mer
Et les vents orageux de la nue éternelle.

Viens donc. Le festin fume et la coupe étincelle ;
320 Viens goûter le repos. Mais, Étranger, demain
Des rives du Xanthos tu prendras le chemin !

IV

DÉMODOCE, DEMI-CHŒUR DE FEMMES,
DEMI-CHŒUR D'HOMMES

LE CHŒUR DE FEMMES

Dieux ! donnez-vous raison aux terreurs de la Reine ?
C'en est-il fait, ô Dieux, de notre paix sereine ?
Je tremble, et de mes yeux déjà remplis de pleurs,
325 Je vois luire le jour prochain de nos douleurs.
Dis-nous, sage vieillard aux mains harmonieuses,
Ô disciple chéri des Muses glorieuses,
Ô Démodoce, ami des Immortels, dis-nous
Si, loin de Sparte et loin de notre ciel si doux,
330 Nos yeux, nos tristes yeux, emplis d'une ombre noire,
Verront s'enfuir Hélène infidèle à sa gloire !

DÉMODOCE

Les équitables Dieux, seuls juges des humains,
Dispensent les brillants ou sombres lendemains.
Ils ont scellé ma bouche et m'ordonnent de taire
335 Leur dessein formidable en un silence austère.

LE CHŒUR D'HOMMES

Ô vieillard, tu le sais, le Destin a parlé.
J'en atteste l'Hadès et l'Olympe étoilé !
Bannis de ton esprit le doute qui l'assiège.
Non, ce n'est point en vain, vierges aux bras de neige,
340 Que l'Immortelle née au sein des flots amers
A tourné notre proue à l'horizon des mers,
Et que durant dix jours nos rames courageuses
Ont soulevé l'azur des ondes orageuses.

LE CHŒUR DE FEMMES

Ô cruelle Aphrodite ! et toi, cruel Éros !

LE CHŒUR D'HOMMES

345 Enfant, Roi de l'Olympe ! ô Reine de Paphos !

DÉMODOCE

La jeunesse est crédule aux espérances vaines ;
Elle éblouit nos yeux et brûle dans nos veines ;
Et des songes brillants le cortège vainqueur
D'un aveugle désir fait palpiter le cœur.

LE CHŒUR D'HOMMES

Strophe

350   Divine Hébé, blonde Déesse,
La coupe d'or de Zeus étincelle en tes mains.

Salut, ô charme des humains,
Immortelle et douce Jeunesse !
Une ardente lumière, un air pur et sacré
355 Versent la vie à flots au cœur où tu respires :
Plein de rayons et de sourires,
Il monte et s'élargit dans l'Olympe éthéré !

Antistrophe

Les Jeux, les Rires et les Grâces,
Éros à l'arc d'ivoire, Aphrodite au beau sein,
360 Et les Désirs, comme un essaim,
Vont et s'empressent sur tes traces.
Le flot des mers pour toi murmure et chante mieux ;
Une lyre cachée enivre ton oreille ;
L'aube est plus fraîche et plus vermeille,
365 Et l'étoile nocturne est plus belle à tes yeux.

Épode

Ô vierge heureuse et bien aimée,
Ceinte des roses du printemps,
Qui, dans ta robe parfumée,
Apparus au matin des temps !
370 Ta voix est comme une harmonie ;
Les violettes d'Ionie
Fleurissent sous ton pied charmant.
Salut, ô Jeunesse féconde,
Dont les bras contiennent le monde
375 Dans un divin embrassement !

DÉMODOCE

Bienheureuse l'austère et la rude jeunesse
Qui rend un culte chaste à l'antique vertu !
Mieux qu'un guerrier de fer et d'airain revêtu,

Le jeune homme au cœur pur marche dans la sagesse.
380 Le myrte efféminé n'orne point ses cheveux ;
   Il n'a point effeuillé la rose Ionienne ;
   Mais sa bouche est sincère et sa face est sereine,
   Et la lance d'Arès charge son bras nerveux.
   En de mâles travaux ainsi coule sa vie.
385 Si parfois l'étranger l'accueille à son foyer,
   Il n'outragera point l'autel hospitalier
   Et respecte le seuil où l'hôte le convie.
   Puis les rapides ans inclinent sa fierté ;
   Mais la vieillesse auguste ennoblit le visage !
390 Et qui vécut ainsi, peut mourir : il fut sage,
   Et demeure en exemple à la postérité.

                    LE CHŒUR DE FEMMES

   Vierge Pallas, toujours majestueuse et belle,
   Préserve-moi d'Éros ! À ton culte fidèle,
   Dans la maison d'Hélène et dans la chasteté
395 Je fuirai du plaisir l'amère volupté.
   Sous ton égide d'or, ô sereine Déesse,
   Garde d'un souffle impur la fleur de ma jeunesse !

                    LE CHŒUR D'HOMMES

   Déesse, qui naquis de l'écume des mers,
   Dont le rire brillant tarit les pleurs amers,
400 Aphrodite ! à tes pieds la terre est prosternée.
   Ô mère des Désirs, d'Éros et d'Hyménée,
   Ceins mes tempes de myrte, et qu'un hymne sans fin
   Réjouisse le cours de mon heureux destin !

DÉMODOCE

Le Désir est menteur, la Joie est infidèle.
405 Toi seule es immuable, ô Sagesse éternelle !
L'heure passe, et le myrte à nos fronts est fané ;
Mais l'austère bonheur que tu nous as donné,
Semblable au vaste mont qui plonge aux mers profondes,
Demeure inébranlable aux secousses des ondes.

LE CHŒUR D'HOMMES

410 Le souffle de Borée a refroidi vos cieux.
Oh ! combien notre Troie est plus brillante aux yeux !
Vierges, suivez Hélène aux rives de Phrygie,
Où le jeune Iakkhos mène la sainte Orgie,
Où la grande Kybèle au front majestueux,
415 Sur le dos des lions, fauves tueurs de bœufs,
Du Pactole aux flots d'or vénérable habitante,
Couvre plaines et monts de sa robe éclatante !

LE CHŒUR DE FEMMES

Ô verts sommets du Taygète, ô beau ciel !
Dieux de Pélops, Dieux protecteurs d'Hélène !
420 Vents qui soufflez une si douce haleine
Dans les vallons du pays paternel !
Et vous, témoins d'un amour immortel,
Flots d'Eurotas, ornement de la plaine !

DÉMODOCE

Étrangers, c'est en vain qu'en mots harmonieux
425 Vous caressez l'oreille et l'esprit curieux.

C'est assez. Grâce aux Dieux qui font la destinée,
Au sol de notre Hellas notre âme est enchaînée,
Et la terre immortelle où dorment nos aïeux
Est trop douce à nos cœurs et trop belle à nos yeux.
430 Les vents emporteront ta poussière inféconde,
Ilios ! Mais Hellas illumine le monde !

V

HÉLÈNE, PARIS, DÉMODOCE,
CHŒUR DE FEMMES, CHŒUR D'HOMMES

HÉLÈNE

Tes lèvres ont goûté le froment et le vin,
Ô Priamide ! Ainsi l'a voulu le Destin.
Du seuil hospitalier j'ai gardé la loi sainte.
435 Mais de Sparte déjà dorant la vaste enceinte,
L'Aurore a secoué ses roses dans l'azur,
L'étoile à l'horizon incline un front obscur,
Dans le large Eurotas ta trirème lavée
Sur les flots, par les vents, s'agite soulevée ;
440 Va ! que Zeus te protège, et que les Dieux marins
T'offrent un ciel propice et des astres sereins !
Tu reverras l'Ida couronné de pins sombres,
Et les rapides cerfs qui paissent sous leurs ombres,
Et les fleuves d'argent, Simoïs et Xanthos,
445 Et tes parents âgés, et les remparts d'Ilos.
Heureux qui, sans remords et d'une âme attendrie,
Revoit les cieux connus et la douce patrie !

PARIS

Ô blanche Tyndaride, ô fille de Léda,
Noble Hélène! Aphrodite, au sommet de l'Ida,
450 À mes yeux transportés éblouissante et nue,
Moins sublime, apparut du milieu de la nue!
N'es-tu point Euphrosyne au corps harmonieux
Dont rêvent les humains et qu'admirent les Dieux?
Ou la blonde Aglaé dont les molles paupières
455 Enveloppent les cœurs d'un tissu de lumières?
L'or de tes cheveux brûle, et tes yeux fiers et doux
Font palpiter le sein et courber les genoux.
Tes piëds divins sans doute ont foulé les nuées!
Les vierges de Phrygie aux robes dénouées,
460 Étoiles qui du jour craignent l'auguste aspect,
Vont pâlir devant toi d'envie et de respect.
Viens! Aphrodite veut qu'aux bords sacrés de Troie
J'emporte avec orgueil mon éclatante proie!
Elle-même, prodigue en son divin secours,
465 De ma rapide nef a dirigé le cours.

HÉLÈNE

Ô vous, fils du grand Zeus, Dioscures sublimes,
Qui de l'Olympe auguste illuminez les cimes,
Vous, qui, levant la pique et le ceste guerrier,
Jadis avez conquis le divin Bélier!
470 Chère gloire d'Hellas, amis de mon enfance,
Mes frères, entendez votre sœur qu'on offense!
Et toi, vierge Pallas, gardienne de l'hymen,
Qui portes l'olivier et la lance en ta main,
Vois combien ce regard me pénètre et m'enflamme!
475 Mets ta force divine, ô Pallas, dans mon âme;
Soutiens mon lâche cœur dans ce honteux danger.

LE CHŒUR DE FEMMES

Dieux, chassez de nos murs ce funeste Étranger !

PARIS

Hélène aux pieds d'argent, des femmes la plus belle,
Mon cœur est dévoré d'une ardeur immortelle !

HÉLÈNE

480 Je ne quitterai point Sparte aux nombreux guerriers,
Ni mon fleuve natal et ses roses lauriers,
Ni les vallons aimés de nos belles campagnes
Où danse et rit encor l'essaim de mes compagnes,
Ni la couche d'Atride et son sacré palais.
485 Crains de les outrager, Priamide ! fuis-les !
Sur ton large navire, au delà des mers vastes,
Fuis ! et ne trouble pas des jours calmes et chastes.
Heureux encor si Zeus, de ton crime irrité,
Ne venge mon injure et l'hospitalité !
490 Fuis donc, il en est temps ! Déjà sur l'onde Aigée,
Au mâle appel d'Hellas et d'Hélène outragée,
Le courageux Atride excite ses rameurs :
Regagne ta Phrygie, ou, si tu tardes, meurs !

PARIS

La rose d'Ionie ornera ma trirème,
495 Et tu seras à moi, noble femme que j'aime !
Les Dieux me l'ont promis ; nous trompent-ils jamais ?

HÉLÈNE

Ils m'en sont tous témoins, Étranger, je te hais !
Ta voix m'est odieuse et ton aspect me blesse.
Ô justes Dieux, grands Dieux ! secourez ma faiblesse !
500 Je t'implore, ô mon père, ô Zeus ! Ah ! si toujours
J'ai vénéré ton nom de pieuses amours ;
Fidèle à mon époux et vertueuse mère,
Si du culte d'Éros j'ai fui l'ivresse amère ;
Souviens-toi de Léda, toi, son divin amant,
505 Mon père ! et de mon sein apaise le tourment.
Permets qu'en son palais où Pallas le ramène
Le noble Atride encor puisse être fier d'Hélène.
Ô Zeus, ô mon époux, ô ma fille, ô vertu,
Sans relâche parlez à mon cœur abattu ;
510 Calmez ce feu secret qui sans cesse m'irrite !
Je hais ce Phrygien, ce prêtre d'Aphrodite,
Cet hôte au cœur perfide, aux discours odieux...
Je le hais ! mais qu'il parte, et pour jamais !... Grands
                                                    [Dieux !
Je l'aime ! C'est en vain que ma bouche le nie,
515 Je l'aime et me complais dans mon ignominie !

LE CHŒUR DE FEMMES

Ô Reine, tes douleurs me pénètrent d'effroi !

LE CHŒUR D'HOMMES

Tu triomphes, Éros, et Pâris avec toi !

LE CHŒUR DE FEMMES

Éros, épargne Hélène, ou frappe-moi pour elle.

LE CHŒUR D'HOMMES

Poursuis, divin Éros, dompte ce cœur rebelle.

LE CHŒUR DE FEMMES

520 Aphrodite et Pallas, ô combat abhorré !
Se disputent Hélène et son cœur déchiré.

HÉLÈNE

Ne cesserez-vous point, Destins inexorables,
D'incliner vers le mal les mortels misérables ?

LE CHŒUR D'HOMMES

Pleurs, combats insensés, inutiles efforts !
525 Tu résistes en vain, et les Dieux sont plus forts.

DÉMODOCE

Toi, par qui la terre féconde
Gémit sous un tourment cruel,
Éros, dominateur du ciel,
Éros, Éros, dompteur du monde !
530 Par delà les flots orageux,

Par delà les sommets neigeux,
Plus loin que les plaines fleuries
Où les Nymphes, des Dieux chéries,
Mêlent leurs danses et leurs jeux,
535 Tu touches à tous les rivages ;
Tu poursuis dans les bois sauvages
Les chasseresses aux pieds prompts ;
Tu troubles l'équité des sages
Et tu découronnes leurs fronts !
540 L'épouse, dans son cœur austère,
Durant le silence des nuits,
Sent glisser ton souffle adultère,
Et sur sa couche solitaire
Rêve, en proie aux brûlants ennuis.
545 Tout mortel aux jours éphémères,
De tes flèches sans cesse atteint,
A versé des larmes amères.
Jamais ta fureur ne s'éteint,
Jamais tu ne fermes tes ailes.
550 Tu frappes, au plus haut des cieux,
Les palpitantes Immortelles
D'un trait certain et radieux,
Et, réglant l'Éther spacieux,
Présidant aux lois éternelles,
555 Tu sièges parmi les grands Dieux,
Toi, par qui la terre féconde
Gémit sous un tourment cruel,
Éros, Éros, dompteur du monde,
Éros, dominateur du ciel !

PARIS

560 Enfant divin, sois-moi favorable ! Attendrai-je
Que l'âge sur ma tête ait secoué sa neige
Et flétri pour jamais les roses et mon cœur ?

Ô volupté, nectar, enivrante liqueur,
Ô désir renaissant et doux, coupe de flamme,
565 Tu verses à la fois tout l'Olympe dans l'âme !

HÉLÈNE

Heureuse qui peut vivre et peut mourir aux lieux
Où l'aurore première a réjoui ses yeux,
Et qui, de fils nombreux chaste mère entourée,
Laisse au fond de leurs cœurs sa mémoire honorée !
570 Mais quoi ! ne suis-je plus Hélène ? — Phrygien !
Atride est mon époux, ce palais est le sien...
Fuis ! ne me réponds point. Je le veux, je l'ordonne !...
Mais je ne puis parler, la force m'abandonne,
Mon cœur cesse de battre, et déjà sous mes yeux
575 Roule le Fleuve noir par qui jurent les Dieux.

LE CHŒUR DE FEMMES

Ô Zeus, secours au moins ta fille malheureuse !
Ô Pallas-Athéné, Déesse généreuse,
Viens, je t'implore ! Rouvre à la douce clarté
Les yeux mourants d'Hélène. Ô jour, jour détesté,
580 Jour d'amères douleurs, de larmes, de ruine !
Ô funeste Étranger, vois la fille divine
De Zeus et de Léda ! Remplissez nos remparts
De lamentations, guerriers, enfants, vieillards !...
Hélas ! faut-il qu'Hélène aux pieds d'argent se meure !
585 Les Dieux, ô fils d'Atrée, ont frappé ta demeure.

PARIS

Noble Hélène, reviens à la vie ! et plains-moi.
J'ai causé ta colère et ton cruel effroi,

Et, troublant de ces lieux la paix chaste et sereine,
Offensé ton cœur fier et mérité ta haine ;
590 Mais la seule Aphrodite a dirigé mes pas :
Plains-moi, fille de Zeus, et ne me punis pas !
Plus grande est ta beauté, plus ta présence est douce.
Plus l'auguste respect me dompte et me repousse.
Pardonne ! je retourne en mon lointain pays.
595 Rebelle aux Immortels, je pars et t'obéis,
Heureux si ta pitié, par delà l'onde amère,
Suit durant un seul jour ma mémoire éphémère.
Fuyons ! Des pleurs amers s'échappent de mes yeux.
Noble Hélène, reçois mes suprêmes adieux ;
600 Salut, gloire d'Hellas, je t'aime et je t'honore !

HÉLÈNE

Priamide divin, ton cœur est noble encore.
Sois heureux. Je rends grâce au généreux dessein
Que ta jeune sagesse a fait naître en ton sein :
Il est digne des Dieux d'où sort ta race antique ;
605 Et se vaincre soi-même est d'un cœur héroïque !

VI

HÉLÈNE, DÉMODOCE,
CHŒUR DE FEMMES

Strophe

Ô charme du vaste Univers,
Ô Terre de Pallas l'invincible Déesse,
Exhale un hymne d'allégresse,
Émeus l'Olympe au bruit de tes sacrés concerts !
610 Hellas ! ô belle Hellas, terre auguste et chérie,

Mes yeux ont vu pâlir ta gloire, ô ma patrie !
Mais Zeus a dissipé l'ombre vaine d'un jour ;
    Et de Pallas les mains paisibles
Brisent les traits d'Éros, si longtemps invincibles :
615   La sagesse a vaincu l'amour !

Antistrophe

    Dieux propices aux matelots,
Sur les eaux de la mer soufflez, doux Éolides !
    Poussez vos trirèmes rapides
À travers l'étendue et l'écume des flots.
620 Reviens, ô fils d'Atrée, au berceau de tes pères,
Et poursuis l'heureux cours de tes destins prospères.
La fille de Léda, Reine aux cheveux dorés,
    Honneur d'Hellas que Zeus protège,
Ô courageux époux, t'ouvre ses bras de neige
625   Pour les embrassements sacrés !

Épode

    Ciel natal, lumière si douce,
De ton plus bel éclat resplendis à mes yeux !
Ô Nymphes aux pieds nus, sur un mode joyeux,
    Du Taygète foulez la mousse !
630 Ô Démodoce, chante un hymne harmonieux !
Aux sons des lyres d'or, en longues théories,
    Les tempes de roses fleuries,
Femmes de Sparte, allez vers les sacrés autels !
    Et que le sang pur des victimes
635 Et l'encens à longs flots et les chœurs magnanimes,
    Dans l'Olympe aux voûtes sublimes,
    Réjouissent les Immortels !

DÉMODOCE

Interrompez vos chants, ô vierges innocentes !
La sombre inquiétude et les peines cuisantes
640 Du front de notre Hélène assiègent la pâleur.
Ô vierges, respectez sa secrète douleur !
De votre âge fleuri les tristesses légères
Se dissipent bientôt en vapeurs passagères,
Et de vos yeux brillants les doux pleurs sont pareils
645 Aux larmes de la Nuit sur les rameaux vermeils :
Prompts à naître, à tarir plus faciles encore.
Votre peine en rosée au soleil s'évapore,
Ô vierges ! Mais le cœur où les Dieux ont passé
Garde longtemps le trait profond qui l'a blessé ;
650 Il se plaît à poursuivre une incessante image,
Et des pleurs douloureux sillonnent le visage.

HÉLÈNE

Vieillard, le doux repos s'est éloigné de moi :
Mon lâche cœur est plein d'amertume et d'effroi.
Tu l'as dit, de ce cœur profonde est la blessure,
655 Et les Dieux de ma honte ont comblé la mesure.
Je l'avoue, — et mon front en rougit, tu le vois, —
Mon oreille a gardé le doux son de sa voix ;
De sa jeune fierté l'irrésistible grâce
À mes regards encore en songe se retrace...
660 Je l'aime !... Éros ! voilà de tes funestes jeux !...
Dis-moi que mon époux est sage et courageux,
Vieillard, et que sans doute, en mon âme abusée,
Un sombre rêve a mis cette image insensée ;
Dis-moi qu'Atride m'aime et qu'en ce dur moment
665 Il brave la tempête et le flot écumant,
Qu'il m'a commis l'honneur de sa vie héroïque,

Que je l'aime !... Ô douleur ! ô race fatidique
D'Atrée ! ô noir destin, et déplorable jour !
Flammes qui consumez mon cœur, ô lâche amour !
670 C'est en vain que sa vue à mes yeux est ravie,
Il emporte la gloire et la paix de ma vie !

DÉMODOCE

Noble Hélène, les Dieux, d'où naissent nos travaux,
Aux forces de nos cœurs ont mesuré nos maux,
Et dans les parts qu'ils font des fortunes diverses
675 Ils livrent les meilleurs aux plus rudes traverses,
Certains que tout mortel armé de sa vertu
Sous le plus lourd destin n'est jamais abattu...
Rejetez loin de vous, murs belliqueux de Sparte,
L'hôte qui vous outrage. Ô Zeus, Pallas ! qu'il parte !
680 Et que les jours futurs dévoilés à mes yeux
S'effacent comme l'ombre à la clarté des cieux !

HÉLÈNE

Toi que les Dieux ont fait confident de leur haine,
De quels funestes coups frapperont-ils Hélène ?

DÉMODOCE

Laissons faire les Dieux. Oublie un vain discours ;
685 Que Zeus et que Pallas te gardent de beaux jours !
Puisse la paix divine et la forte sagesse
Descendre dans ton âme et bannir ta tristesse !
La sereine douceur d'un amour vertueux
Verse le calme au fond des cœurs tumultueux ;

690 Tel, dans la voûte obscure où grondent les orages,
Un regard d'Hèlios dissipe les nuages.

HÉLÈNE

Mon père, ta sagesse est grande. Que le ciel
Couronne tes vieux ans d'un honneur immortel !
J'écouterai toujours d'un esprit favorable
695 L'harmonieux conseil de ta voix vénérable.
Et vous, ô sœurs d'Hélène, ô beaux fronts ceints de fleurs !
De vos jeunes accords endormez mes douleurs.
J'aime vos chants si doux où la candeur respire,
Et mon front s'illumine à votre heureux sourire.

LE CHŒUR DE FEMMES

700 Penché sur le timon, et les rênes en mains,
Hèlios presse aux cieux le splendide attelage ;
Il brûle dans son cours l'immobile feuillage
            Des bois vierges de bruits humains.

Les tranquilles forêts de silence sont pleines ;
705 Et la source au flot clair du rocher tout en pleurs
Tombe, et mêle aux chansons des furtives haleines
            Son murmure parmi les fleurs.

Ô divine Artémis, Vierge aux flèches rapides,
Accours ! l'heure est propice au bain mystérieux :
710 Sans craindre des mortels le regard curieux,
            Plonge dans les ondes limpides.

Chasseresses des bois, ô Nymphes, hâtez-vous,
Dénouez d'Artémis la rude et chaste robe.
Voyez ! ce bois épais et sombre la dérobe
715   Aux yeux mêmes des Dieux jaloux.

Et l'onde frémissante a reçu la Déesse
Et retient son beau corps dans un baiser tremblant.
Elle rit, et l'essaim joyeux, étincelant,
    Des Nymphes, l'entoure et la presse.

720 Mais quel soupir émeut le feuillage prochain ?
Serait-ce quelque vierge égarée et peureuse,
Ou l'Aigipan moqueur, ou le jeune Sylvain,
    Qui pousse une plainte amoureuse ?

C'est toi, fils d'Aristée, aux molosses chasseurs,
725 Qui surprends Artémis dans sa blancheur de neige,
Nue, et passant du front l'éblouissant cortège
    Que lui font ses divines sœurs.

Fuis, chasseur imprudent ! Artémis irritée
T'aperçoit et se lève au milieu des flots clairs,
730 Et sa main sur ton front lance l'onde agitée ;
    Ses grands yeux sont tout pleins d'éclairs.

La corne aux noirs rameaux sur ta tête se dresse ;
Tu cours dans les halliers comme un cerf bondissant...
Et ta meute infidèle, en son aveugle ivresse,
735   Hume l'arome de ton sang.

Malheureux ! plus jamais dans les forêts aimées
Tu ne retourneras, ton arc entre les mains.
Ah ! les Dieux sont cruels ! aux douleurs des humains
    Toujours leurs âmes sont fermées.

HÉLÈNE

740 Oui, les Dieux sont cruels !... Ô jours, jours d'autrefois !
De ma mère Léda doux baisers, douce voix,

Bras caressants et chers où riait mon enfance,
Ô souvenirs sacrés que j'aime et que j'offense,
Salut ! — Un noir nuage entre mon cœur et vous
745 D'heure en heure descend comme un voile jaloux.
Salut, seuil nuptial, maison du fils d'Atrée,
Ô chastes voluptés de sa couche sacrée !
De la grande Pallas autel hospitalier,
Où j'ai brûlé la myrrhe et l'encens familier !
750 Ô cité de Tyndare ! Ô rives de mon fleuve,
Où l'essaim éclatant des beaux cygnes s'abreuve
Et nage, et, comme Zeus, quittant les claires eaux,
Poursuit la blanche Nymphe à l'ombre des roseaux !
Salut, ô mont Taygète, ô grottes, ô vallées,
755 Qui, des rires joyeux de nos vierges, troublées,
Sur les agrestes fleurs et les gazons naissants,
Avez formé mes pas aux rythmes bondissants !
Salut, chère contrée où j'ai vu la lumière !
Trop fidèles témoins de ma vertu première,
760 Salut ! Je vous salue, ô patrie, ô beaux lieux !
D'Hélène pour jamais recevez les adieux.
Une flamme invincible irrite dans mes veines
Un sang coupable... Assez, assez de luttes vaines,
D'intarissables pleurs, d'inutiles remords !...
765 Accours ! emporte-moi, Phrygien, sur tes bords !
Achève enfin, Éros, ta victoire cruelle.
Et toi, fille de Zeus, ô gardienne infidèle,
Pallas, qui m'as trahie ; et vous, funestes Dieux,
Qui me livrez en proie à mon sort odieux,
770 Qui me poussez aux bras de l'impur adultère...
Par le Fleuve livide et l'Hadès solitaire,
Par Niobé, Tantale, Atrée et le Festin
Sanglant ! par Perséphone et par le noir Destin,
Par les fouets acharnés de la pâle Érinnye,
775 Ô Dieux cruels, Dieux sourds ! ô Dieux, je vous renie !
Viens, Priamide ! viens ! je t'aime, et je t'attends !

DÉMODOCE

Ah! qu'il presse sa fuite! — Hélène, il n'est plus temps.
Sur l'écume du fleuve il vogue, et j'en rends grâces
Aux Dieux! Les flots mouvants ont effacé ses traces.

HÉLÈNE

780 Éros brûle en mon sein! Ô vieillard, je me meurs!
Va, Démodoce, cours! De tes longues clameurs
Emplis les bords du fleuve. Arrête sa trirème.
Dis-lui que je l'attends et le supplie et l'aime!

DÉMODOCE

Par ton vaillant époux, par la gloire d'Hellas,
785 Puissent de Zeus vengeur les foudres en éclats
Frapper ma tête impie et livrer ma poussière
Aux vents d'orage, si j'écoute ta prière!

LE CHŒUR DE FEMMES

Malheureuse et cruelle Hélène, qu'as-tu dit?

HÉLÈNE

Vierges, séchez vos pleurs, car mon sort est prédit :
790 Il faut courber le front sous une loi plus forte.
Ah! sans doute il est lourd, le poids que mon cœur porte ;
Ils sont amers, les pleurs qui tombent de mes yeux ;
Mais les Dieux l'ont voulu : je m'en remets aux Dieux!

Ils ont troublé ma vie… Eh bien ! quoi qu'il m'en coûte,
795 J'irai jusques au bout de ma funeste route :
Gloire, honneur et vertu, je foulerai du pié
Ce que l'homme et le ciel révèrent, sans pitié,
Sans honte ! et quand viendra le terme de mon âge,
Voilà, dirai-je aux Dieux, votre exécrable ouvrage !

VII

HÉLÈNE, DÉMODOCE, PARIS, CHŒUR DE FEMMES

PARIS

800 Viens ! mes forts compagnons, à la fuite animés,
Poussent des cris joyeux, des avirons armés.

HÉLÈNE

Les Dieux m'ont entendue !

DÉMODOCE

                    Envoyé des lieux sombres
Où d'un sceptre de fer Aidès conduit les Ombres,
Toi, Priamide ! — et toi, dont le cœur est changeant
805 Et perfide ! écoutez… Sur son trépied d'argent,
Dans Larisse, le Dieu qu'honore Lykorée
Fit entendre autrefois sa parole sacrée.
Jeune encor, mais déjà plein de transports pieux,
J'accoutumais ma voix aux louanges des Dieux,

810 Et le grand Apollôn guidait mes pas timides
Sur les sommets chéris des chastes Piérides.
Livrant à mes regards les temps encor lointains,
Le Dieu me révéla vos sinistres destins,
Ô Dardanide, et toi, d'Éros indigne esclave !

PARIS

815 Résiste-t-on aux Dieux ? Malheur à qui les brave !
Vieillard, les feux tombés du char d'or d'Hèlios
N'amollissent jamais le front glacé d'Athos :
Des songes enflammés l'âge froid te protège,
Et plus rien de ton cœur n'échauffera la neige.

DÉMODOCE

820 Jeune homme, ils sont aimés des justes Immortels,
Ceux qui vivent en paix sur les bords paternels,
Et, des simples vertus suivant le cours austère,
Calment à ce flot pur la soif qui les altère.
Et toi, ma fille, toi qu'entoura tant d'amour
825 Depuis l'heure si chère où tu naquis au jour,
Ma fille, entends ma voix ! Mes riantes années
Au souffle des hivers se sont toutes fanées,
J'ai vécu longuement. Je sais le lendemain
Des ivresses d'une heure et du désir humain.
830 Femme de Ménélas, je te prie et t'adjure :
Souviens-toi d'Athéné qui venge le parjure !

LE CHŒUR DE FEMMES

Ô fille de Léda, noble Hélène aux pieds blancs,
Nous pressons tes genoux avec nos bras tremblants !

HÉLÈNE

C'est assez. J'obéis à tes flammes divines,
835 Éros ! — Emporte-moi sur les ondes marines,
Ô Pâris ! — Hèlios luit dans l'Olympe en feu.
Adieu, Vierges de Sparte ! Ô Démodoce, adieu !

LE CHŒUR DE FEMMES

Arrête, Hélène ! arrête, ô malheureuse Hélène !
Prends en pitié ta gloire et notre amère peine...
840 Elle fuit ! et déjà son long voile flottant
Disparaît au détour du portique éclatant.
Tombez, écroulez-vous, murs du palais antique !
Ô sol, ébranle-toi sur sa trace impudique !

DÉMODOCE

C'en est fait ! L'eau gémit sous l'effort des nageurs.
845 Fuis donc, couple fatal, et crains les Dieux vengeurs !

LE CHŒUR DE FEMMES

Strophe

Divins frères d'Hélène, éclatants Dioscures,
Qui brillez à nos yeux, durant les nuits obscures,
        A l'horizon des vastes mers !
        Refusez vos clartés si pures
850 Au vaisseau ravisseur qui fend les flots amers.
Beaux Astres qui régnez au milieu des étoiles,
        Laissez, de l'Olympe attristé,
D'une éternelle nuit tomber les sombres voiles :
Gloire, vertu, patrie, Hélène a tout quitté !

Antistrophe

855 Comme la rose en proie aux souffles de Borée,
Qui ne voit pas finir l'aube qui l'a dorée,
        Tombe et se fane en peu d'instants,
        Ma jeunesse, aux pleurs consacrée,
Ne verra pas la fin de son heureux printemps !
860 Ô mousses du Taygète, ô fleurs de nos vallées,
        Propices à nos chœurs joyeux,
Qu'autrefois elle aimait, que ses pas ont foulées,
Flétrissez-vous : Hélène a renié ses Dieux !

Épode

Vers ton palais désert et sombre, ô noble Atride,
865   À travers les flots orageux,
Ne hâte point le cours de ta nef intrépide :
Tu ne reverras plus la blanche Tyndaride
        Aux cheveux d'or, aux pieds neigeux !
Pleure comme une femme, ô guerrier courageux !
870 Du Cygne et de Léda celle qui nous est née,
Sur la pourpre étrangère, insensible à nos pleurs,
        Oublie Hellas abandonnée...
        Grands Dieux ! de roses couronnée,
        Hélène rit de nos douleurs !

DÉMODOCE

875 Ô Phoibos-Apollôn ! de ta bouche divine
Coule la vérité dont l'esprit s'illumine !
Roi des Muses, Chanteur des monts et des forêts,
Roi de l'Arc d'or, armé d'inévitables traits,
Ô dompteur de Pythôn, Souverain de Larisse !
880 Que l'Océan immense et profond se tarisse,
Que l'impalpable Aithèr, d'où ton char radieux

Verse la flamme auguste aux hommes comme aux Dieux,
S'écroule, et que l'Hadès impénétrable et sombre
Engloutisse le monde éternel dans son ombre,
885 Si, délaissant ton culte et rebelle à tes lois,
Je doutais, Apollôn, des accents de ta voix !
Ô fiers enfants d'Hellas, ô races courageuses,
Emplissez et troublez de clameurs belliqueuses
La hauteur de l'Olympe et l'écho spacieux
890 Des plaines et des monts où dorment vos aïeux !
De l'Épire sauvage aux flots profonds d'Aigée,
Levez-vous pour venger la patrie outragée !
Saisissez, ô guerriers, d'une robuste main,
Et le glaive homicide et la pique d'airain !
895 Pousse des cris, puissante Argos ! Divine Athènes,
Couvre la vaste mer d'innombrables antennes...
Et vous, ô Rois d'Hellas, emportez sur les flots
La flamme avec la mort dans les remparts d'Ilos !

LE CHŒUR DE FEMMES

Strophe

Quand du myrte d'Éros la Vierge est couronnée,
900   Et, sous le lin éblouissant,
S'approche en souriant des autels d'Hyménée,
Les Kharites en chœur conduisent en dansant
        Son innocente destinée.
Son cœur bondit de joie, et l'Époux radieux
905 La contemple, l'admire et rend grâces aux Dieux !

Antistrophe

Sous le toit nuptial le trépied d'or s'allume,
        La rose jonche les parvis,
Les rires éclatants montent, le festin fume,
Un doux charme retient les convives ravis

910   Aux lieux que l'Épouse parfume.
Salut, toi qui nous fais des jours heureux et longs,
Divin frère d'Éros, Hymen aux cheveux blonds !

Épode

Mais, ô Chasteté sainte, ô robe vénérable,
Malheur à qui sur toi porte une impure main !
915   Qu'il vive et meure misérable !
Qu'Erinnys vengeresse, auguste, inexorable,
Le flagelle à jamais dans l'Hadès inhumain !
        Malheur à l'épouse adultère
        En proie aux lâches voluptés,
920 Source de sang, de honte et de calamités,
        Opprobre et fardeau de la terre !
Frappez-la, Dieux vengeurs, noires Divinités !

LA ROBE DU CENTAURE

Antique Justicier, ô divin Sagittaire,
Tu foulais de l'Oïta la cime solitaire,
Et dompteur en repos, dans ta force couché,
Sur ta solide main ton front s'était penché.
5 Les pins de Thessalie, avec de fiers murmures,
T'abritaient gravement de leurs larges ramures ;
Détachés de l'épaule et du bras indompté,
Ta massue et ton arc dormaient à ton côté.
Tel, glorieux lutteur, tu contemplais, paisible,
10 Le sol sacré d'Hellas où tu fus invincible.
Ni trêve, ni repos ! Il faut encor souffrir :
Il te faut expier ta grandeur, et mourir.

Ô robe aux lourds tissus, à l'étreinte suprême !
Le Néméen s'endort dans l'oubli de soi-même :
15 De l'immense clameur d'une angoisse sans frein
Qu'il frappe, ô Destinée, à ta voûte d'airain !
Que les chênes noueux, rois aux vieilles années,
S'embrasent en éclats sous ses mains acharnées ;
Et, saluant d'en bas l'Olympe radieux,
20 Que l'Oïta flamboyant l'exhale dans les cieux !

Désirs que rien ne dompte, ô robe expiatoire,
Tunique dévorante et manteau de victoire !
C'est peu d'avoir planté d'une immortelle main
Douze combats sacrés aux haltes du chemin ;

25 C'est peu, multipliant sa souffrance infinie,
D'avoir longtemps versé la sueur du génie.
Ô source de sanglots, ô foyer de splendeurs,
Un invisible souffle irrite vos ardeurs ;
Vos suprêmes soupirs, avant-coureurs sublimes,
30 Guident aux cieux ouverts les âmes magnanimes ;
Et sur la hauteur sainte, où brûle votre feu,
Vous consumez un homme et vous faites un Dieu !

KYBÈLE

Le long des mers d'azur aux sonores rivages,
Par les grands bois tout pleins de hurlements pieux,
Tu passes lentement, Mère antique des Dieux,
    Sur le dos des lions sauvages.
5 D'écume furieuse et de sueur baignés,
Les Nymphes de l'Ida, les sacrés Korybantes
    Déchirent leurs robes tombantes
    Et dansent par bonds effrénés.

Consumés de désirs, Daktyles et Kurètes,
10 Les Kabires velus délaissent leurs marteaux
Et l'âtre où nuit et jour ruissellent les métaux
    Au fond des cavités secrètes.
Haletants, du sommet des rochers hasardeux,
Comme de noirs troupeaux ils roulent sur les pentes,
15   Et les asphodèles rampantes
    Ont couronné leurs fronts hideux.

Ils accourent vers toi qui naquis la première,
    Qui présides à mille hymens,
Vierge majestueuse, éclatante Ouvrière
20 Qui revêts de tes dons les Dieux et les humains ;

Toi, dont le lait divin, sous qui germe la vie,
Lumineuse rosée où nage l'Univers,
      Répand sur la Terre ravie
      L'été splendide et les hivers !

Strophe II

25 Ô Silène de Nyse, ô Bacchante inhumaine,
Agitez en hurlant, ivres, tumultueux,
Les thyrses enlacés de serpents tortueux !
      Io ! Femmes de Dindymène !
      Loin des profanes odieux,
30   Les tresses au vent déroulées,
Sous les grands pins flambants des montagnes troublées,
Io ! chantez Kybèle, Origine des Dieux.
Dans les sombres halliers de la forêt antique,
      Io ! l'œil en feu, le sein nu,
35   Versez avec le Van mystique
      Le Grain où tout est contenu !

Antistrophe II

Kybèle, assise au centre immobile du monde,
Reine aux yeux bienveillants, ceinte de larges tours,
Salut, Source des biens et Source des longs jours,
40   Kybèle, ô Nourrice féconde !
      Du sein du Pactole doré
      Où sont tes palais, ô Déesse !
Tu donnes aux mortels la force et la sagesse,
Tu respires l'encens du temple préféré.
45 Secouant de ta robe un nuage de roses,
      Dans l'Aithèr splendide et sans fin
      Tu déroules le chœur des Choses,
      Dociles à l'Ordre divin !

Épode II

      Soumis au joug des Destinées,
50 Tous les pâles humains aux rapides années

T'adjurent sous le poids des maux ;
Et dans leurs cœurs blessés, ô Sagesse ! tu mêles
Aux noirs soucis de leurs travaux
Les Espérances immortelles.
55 Le Monde est suspendu, Déesse, à tes mamelles :
En un pli de ta robe il rêve aux Jours nouveaux.

PAN

Pan d'Arcadie, aux pieds de chèvre, au front armé
De deux cornes, bruyant, et des pasteurs aimé,
Emplit les verts roseaux d'une amoureuse haleine.
Dès que l'aube a doré la montagne et la plaine,
5 Vagabond, il se plaît aux jeux, aux chœurs dansants
Des Nymphes, sur la mousse et les gazons naissants.
La peau du lynx revêt son dos ; sa tête est ceinte
De l'agreste safran, de la molle hyacinthe ;
Et d'un rire sonore il éveille les bois.
10 Les Nymphes aux pieds nus accourent à sa voix,
Et légères, auprès des fontaines limpides,
Elles entourent Pan de leurs rondes rapides.
Dans les grottes de pampre, au creux des antres frais,
Le long des cours d'eau vive échappés des forêts,
15 Sous le dôme touffu des épaisses yeuses,
Le Dieu fuit de midi les ardeurs radieuses ;
Il s'endort ; et les bois, respectant son sommeil,
Gardent le divin Pan des flèches du Soleil.
Mais sitôt que la Nuit, calme et ceinte d'étoiles,
20 Déploie aux cieux muets les longs plis de ses voiles,
Pan, d'amour enflammé, dans les bois familiers
Poursuit la vierge errante à l'ombre des halliers,
La saisit au passage ; et, transporté de joie,
Aux clartés de la lune, il emporte sa proie.

KLYTIE

Sentiers furtifs des bois, sources aux frais rivages,
Et vous, grottes de pampre où glisse un jour vermeil,
Platanes, qui voyez, sous vos épais feuillages,
Les vierges de l'Hybla céder au doux sommeil;

5 Un Dieu ne m'endort plus dans vos calmes retraites,
Quand midi rayonnant brûle les lourds rameaux.
Écoutez, ô forêts, mes tristesses secrètes!
Versez votre silence et l'oubli sur mes maux.

Mes jours ne coulent plus au gré des heures douces.
10 Moins clair était le flot qui baigne les halliers,
Dont l'écume d'argent, parmi les vertes mousses,
Abreuve les oiseaux et les cerfs familiers.

Et mes yeux sont en pleurs, et la Muse infidèle
A délaissé mon sein d'un autre amour empli.
15 Fuyez, jeunes chansons, fuyez à tire d'aile :
Pour la joie et pour vous mon cœur est plein d'oubli.

Parlez-moi de Klytie, ô vallée, ô colline!
Fontaine trop heureuse, aux reflets azurés,
N'as-tu pas sur tes bords, où le roseau s'incline,
20 De Klytie en chantant baisé les pieds sacrés?

Des monts Siciliens c'est la blanche Immortelle !
Compagnons d'Érycine, ô cortège enchanté,
Désirs aux ailes d'or, emportez-moi vers elle :
Elle a surpris mon cœur par sa jeune beauté.

25 Korinthe et l'Ionie et la divine Athènes
Sculpteraient son image en un marbre éternel ;
La trirème sacrée inclinant ses antennes
L'eût nommée Aphrodite et l'eût placée au ciel.

Klytie a d'hyacinthe orné ses tempes roses,
30 Et sa robe est nouée à son genou charmant ;
Elle effleure en courant l'herbe molle et les roses ;
Et le cruel Éros se rit de mon tourment !

Ô Nymphes des forêts, ô filles de Kybèle,
Quel Dieu vous poursuivra désormais de ses vœux ?
35 Ô Déesses ! pleurez : plus que vous elle est belle !
Sur son col, à flots d'or, coulent ses blonds cheveux.

Ses lèvres ont l'éclat des jeunes aubépines
Où chantent les oiseaux dans la rosée en pleurs ;
Ses beaux yeux sont tout pleins de ces clartés divines
40 Que l'urne du matin verse aux buissons en fleurs.

Le rire éblouissant rayonne sur sa joue,
Une forme parfaite arrondit ses bras nus,
Son épaule est de neige et l'aurore s'y joue ;
Des lys d'argent sont nés sous ses pas ingénus.

45 Elle est grande et semblable aux fières chasseresses
Qui passent dans les bois vers le déclin du jour ;
Et le vent bienheureux qui soulève ses tresses
S'y parfume aussitôt de jeunesse et d'amour.

Les pasteurs attentifs, au temps des gerbes mûres,
50 Au seul bruit de sa voix délaissent les moissons,
Car l'abeille Hybléenne a de moins frais murmures
Que sa lèvre au matin n'a de fraîches chansons.

Le lin chaste et flottant qui ceint son corps d'albâtre
Plus qu'un voile du temple est terrible à mes yeux :
55 Si j'en touche les plis mon cœur cesse de battre ;
J'oublie en la voyant la Patrie et les Dieux !

Éros, jeune Immortel, dont les flèches certaines
Font une plaie au cœur que nul ne peut fermer,
Incline au moins son front sur l'onde des fontaines ;
60 Oh ! dis-lui qu'elle est belle et qu'elle doit aimer !

Si rien ne peut fléchir cette vierge cruelle,
Ni la molle syrinx, ni les dons amoureux,
Ni mes longs pleurs versés durant les nuits pour elle,
Éros ! j'irai guérir sur des bords plus heureux.

65 Non ! je consumerai ma jeunesse à lui plaire,
Et, chérissant le joug où m'ont lié les Dieux,
J'irai bientôt l'attendre à l'ombre tutélaire
De tes feuillages noirs, Hadès mystérieux !

Sous les myrtes sacrés s'uniront nos mains vaines ;
70 Tu tomberas, Klytie, en pleurant sur mon cœur...
Mais la mort aura pris le pur sang de nos veines
Et des jeunes baisers la divine liqueur !

VÉNUS DE MILO

Marbre sacré, vêtu de force et de génie,
Déesse irrésistible au port victorieux,
Pure comme un éclair et comme une harmonie,
Ô Vénus, ô beauté, blanche mère des Dieux !

5 Tu n'es pas Aphrodite, au bercement de l'onde,
Sur ta conque d'azur posant un pied neigeux,
Tandis qu'autour de toi, vision rose et blonde,
Volent les Rires d'or avec l'essaim des Jeux.

Tu n'es pas Kythérée, en ta pose assouplie,
10 Parfumant de baisers l'Adônis bienheureux,
Et n'ayant pour témoins sur le rameau qui plie
Que colombes d'albâtre et ramiers amoureux.

Et tu n'es pas la Muse aux lèvres éloquentes,
La pudique Vénus, ni la molle Astarté
15 Qui, le front couronné de roses et d'acanthes,
Sur un lit de lotos se meurt de volupté.

Non ! les Rires, les Jeux, les Grâces enlacées,
Rougissantes d'amour, ne t'accompagnent pas.
Ton cortège est formé d'étoiles cadencées,
20 Et les globes en chœur s'enchaînent sur tes pas.

Du bonheur impassible ô symbole adorable,
Calme comme la Mer en sa sérénité,
Nul sanglot n'a brisé ton sein inaltérable,
Jamais les pleurs humains n'ont terni ta beauté.

25 Salut ! À ton aspect le cœur se précipite.
Un flot marmoréen inonde tes pieds blancs ;
Tu marches, fière et nue, et le monde palpite,
Et le monde est à toi, Déesse aux larges flancs !

Îles, séjour des Dieux ! Hellas, mère sacrée !
30 Oh ! que ne suis-je né dans le saint Archipel,
Aux siècles glorieux où la Terre inspirée
Voyait le Ciel descendre à son premier appel !

Si mon berceau, flottant sur la Thétis antique,
Ne fut point caressé de son tiède cristal ;
35 Si je n'ai point prié sous le fronton attique,
Beauté victorieuse, à ton autel natal ;

Allume dans mon sein la sublime étincelle,
N'enferme point ma gloire au tombeau soucieux ;
Et fais que ma pensée en rythmes d'or ruisselle,
40 Comme un divin métal au moule harmonieux.

LE RÉVEIL D'HÈLIOS

Le Jeune Homme divin, nourrisson de Délos,
Dans sa khlamyde d'or quitte l'azur des flots ;
De leurs baisers d'argent son épaule étincelle
Et sur ses pieds légers l'onde amère ruisselle.
5 À l'essieu plein de force il attache soudain
La roue à jantes d'or, à sept rayons d'airain.
Les moyeux sont d'argent, aussi bien que le siège.
Le Dieu soumet au joug quatre étalons de neige,
Qui, rebelles au frein, mais au timon liés,
10 Hérissés, écumants, sur leurs jarrets ployés,
Hennissent vers les cieux, de leurs naseaux splendides.
Mais, du quadruple effort de ses rênes solides,
Le fils d'Hypériôn courbe leurs cols nerveux ;
Et le vent de la mer agite ses cheveux,
15 Et Sélénè pâlit, et les Heures divines
Font descendre l'Aurore aux lointaines collines.
Le Dieu s'écrie ! Il part, et dans l'ampleur du ciel
Il pousse, étincelant, le quadrige immortel.
L'air sonore s'emplit de flamme et d'harmonie ;
20 L'Océan qui palpite, en sa plainte infinie,
Pour saluer le Dieu murmure un chant plus doux ;
Et, semblable à la vierge en face de l'époux,
La Terre, au bord brumeux des ondes apaisées,
S'éveille en rougissant sur son lit de rosées.

LA SOURCE

Une eau vive étincelle en la forêt muette,
      Dérobée aux ardeurs du jour ;
Et le roseau s'y ploie, et fleurissent autour
      L'hyacinthe et la violette.

5 Ni les chèvres paissant les cytises amers
      Aux pentes des proches collines,
Ni les pasteurs chantant sur les flûtes divines,
      N'ont troublé la source aux flots clairs.

Les noirs chênes, aimés des abeilles fidèles,
10   En ce beau lieu versent la paix,
Et les ramiers, blottis dans le feuillage épais,
      Ont ployé leur col sous leurs ailes.

Les grands cerfs indolents, par les halliers mousseux,
      Hument les tardives rosées ;
15 Sous le dais lumineux des feuilles reposées
      Dorment les Sylvains paresseux.

Et la blanche Naïs dans la source sacrée
      Mollement ferme ses beaux yeux ;
Elle songe, endormie ; un rire harmonieux
20   Flotte sur sa bouche pourprée.

Nul œil étincelant d'un amoureux désir
      N'a vu sous ces voiles limpides
La Nymphe au corps de neige, aux longs cheveux fluides,
      Sur le sable argenté dormir.

25 Et nul n'a contemplé la joue adolescente,
      L'ivoire du col, ou l'éclat
Du jeune sein, l'épaule au contour délicat,
      Les bras blancs, la lèvre innocente.

Mais l'Aigipan lascif, sur le prochain rameau,
30   Entr'ouvre la feuillée épaisse
Et voit, tout enlacé d'une humide caresse,
      Ce corps souple briller sous l'eau.

Aussitôt il rit d'aise en sa joie inhumaine ;
      Son rire émeut le frais réduit ;
35 Et la Vierge s'éveille, et, pâlissant au bruit,
      Disparaît comme une ombre vaine.

Telle que la Naïade, en ce bois écarté,
      Dormant sous l'onde diaphane,
Fuis toujours l'œil impur et la main du profane,
40   Lumière de l'âme, ô Beauté !

NIOBÉ

Ville au bouclier d'or, favorite des Dieux,
Toi que bâtit la Lyre aux sons mélodieux,
Toi que baigne Dirkè d'une onde inspiratrice,
D'Hèraclès justicier magnanime nourrice,
5 Thèbes ! — Toi qui contins entre tes murs sacrés
Le Dieu né de la foudre, aux longs cheveux dorés,
Ceint de pampre, Iakkhos, qui, la lèvre rougie,
Danse, le thyrse en main, aux monts de la Phrygie !
Ville illustre, où l'éclair féconda Sémélé,
10 Un peuple immense en toi murmure amoncelé.

Au lever du soleil, doucement agitée,
Telle chante la Mer, quand Inô-Leucothée,
La fille de Kadmos, Déesse à qui tu plais,
Abandonne en riant son humide palais,
15 Et déroule à longs plis le voile tutélaire
Qui du sombre Notos fait tomber la colère.
Les Nymphes aux beaux yeux, habitantes des eaux,
Ont couronné leurs fronts d'algues et de roseaux,
Et, s'élançant du sein des grottes de Nérée,
20 Suivent la belle Inô, compagne vénérée.
Pareilles sur les mers à des cygnes neigeux,
Elles nagent ! Les flots s'apaisent sous leurs jeux,
Et le puissant soupir des ondes maternelles
Monte par intervalle aux voûtes éternelles.
25 Tel ton peuple murmure et court de toutes parts !

De joyeuses clameurs ébranlent tes remparts ;
Tes temples animés de marbres prophétiques
Ouvrent aux longs regards leurs radieux portiques ;
Au pied des grands autels qu'un sang épais rougit,
30 Sous le couteau sacré l'hécatombe mugit,
Et vers le ciel propice une brise embaumée
Emporte des trépieds la pieuse fumée.
L'ardent Lykoréen, l'œil mi-clos de sommeil,
De la blonde Thétis touche le sein vermeil.
35 La Nuit tranquille couvre, en déployant ses ailes,
La terre de Pélops d'ombres universelles.
Les jeux Isménéens, source de nobles prix,
Finissent, et font place aux banquets de Kypris ;
L'olivier cher aux Dieux ceint les fronts héroïques ;
40 Et tous, avec des chants, vers les remparts lyriques
Reviennent à grand bruit comme des flots nombreux,
Par les plaines, les monts et les chemins poudreux.
Leur rumeur les devance, et son écho sonore
Jusqu'aux monts Phocéens roule et murmure encore.
45 Mille étalons légers, impatients du frein,
Liés aux chars roulant sur les axes d'airain,
Superbes, contenus dans leur fougue domptée,
Mâchent le mors blanchi d'une écume argentée.
Qu'ils sont beaux, asservis mais fiers sous l'aiguillon,
50 Et creusant dans la poudre un palpitant sillon !
Les uns, aux crins touffus, aux naseaux intrépides,
De l'amoureux Alphée ont bu les eaux rapides ;
Ceux-ci, remplis encor de sauvages élans,
Sous le hardi Lapithe assouplissent leurs flancs,
55 Et, rêvant, dans leur vol, la libre Thessalie,
Hennissent tout joyeux sous le joug qui les lie ;
Ceux-là, par Zéphyros sur le sable enfantés,
Nourris d'algue marine et sans cesse irrités,
S'abandonnant au feu d'un sang irrésistible,
60 Ont du Dieu paternel gardé l'aile invisible,
Et, toujours ruisselants de rage et de sueur,

Jettent de leurs grands yeux une ardente lueur.
Ils entraînent, fumants d'une brûlante haleine,
Les grands vieillards drapés dans la pourpre ou la laine,
65 Graves, majestueux, couronnés de respect,
Et les jeunes vainqueurs au belliqueux aspect,
Qui, fiers du noble poids de leur gloire première,
Sur leurs casques polis font jouer la lumière.
Les enfants de Kadmos à leur trace attachés
70 S'agitent derrière eux, haletants et penchés ;
Et dans Thèbes bientôt les coursiers qui frémissent
Déposent les guerriers sous qui les chars gémissent.
Le palais d'Amphiôn, aux portiques sculptés,
S'entr'ouvre aux lourds essieux l'un par l'autre heurtés.
75 Chaque héros s'élance, et les fortes armures
Ont glacé tous les cœurs par d'effrayants murmures.
Les serviteurs du Roi, sur le seuil assemblés,
Servent l'orge et l'avoine aux coursiers dételés ;
Et les chars, recouverts de laines protectrices,
80 S'inclinent lentement contre les murs propices.

Sous des voûtes de marbre, abri mystérieux,
Loin des bruits du palais, de l'oreille et des yeux,
En de limpides bains nourris de sources vives,
De larges conques d'or reçoivent les convives.
85 L'huile baigne à doux flots leurs membres assouplis ;
De longs tissus de lin les couvrent de leurs plis ;
Puis, aux sons amoureux des lyres ioniques,
Ils entrent, revêtus d'éclatantes tuniques.
Ô surprise ! en la salle aux contours spacieux,
90 L'argent, l'ambre et l'ivoire éblouissent les yeux.
Dix Nymphes d'or massif, qu'on dirait animées,
Tendent d'un bras brillant dix torches enflammées ;
Mille flambeaux encore, aux voûtes suspendus,
Font jaillir tour à tour leurs feux inattendus ;
95 Et la flamme, inondant l'enceinte rayonnante,
Semant d'ardents reflets la pourpre environnante,

Irradie en éclairs aux lambris de métal.
Comme un Dieu que supporte un riche piédestal,
Le divin Amphiôn, semblable au fils de Rhée,
100 D'un sceptre étincelant charge sa main sacrée,
Et soutient, le front haut, de ses larges genoux,
Sa lyre créatrice, aux accents forts et doux.
La paix et la bonté, la gloire et le génie
Couronnent à la fois ce roi de l'harmonie.
105 Dans sa robe de pourpre, immobile et songeur,
Il suit auprès des Dieux son esprit voyageur ;
Il règne, il chante, il rêve. Il est heureux et sage.
Sa barbe, à longs flocons déjà blanchis par l'âge,
Sur sa grande poitrine avec lenteur descend,
110 Et le bandeau royal serre son front puissant.
Assise à ses côtés sur la pourpre natale,
La fière Niobé, la fille de Tantale,
Droite dans son orgueil, avec félicité
Contemple les beaux fruits de sa fécondité :
115 Sept filles et sept fils, richesse maternelle
Qu'elle réchauffe encore à l'abri de son aile.
Auprès d'elle, à ses pieds, actives, et roulant
La quenouille d'ivoire au gré de leur doigt blanc,
Vingt femmes de Lydie aux riches bandelettes
120 Ourdissent finement les laines violettes.
Telles, près de Thétis, sous les grottes d'azur
Que baigne incessamment un flot tranquille et pur,
En un lit de corail les blanches Néréides
Tournent en souriant leurs quenouilles humides.

125 Pourtant, les serviteurs font d'un bras diligent
Couler les vins dorés des kratères d'argent ;
Le miel tombe en rayons des profondes amphores ;
Aux convives royaux les jeunes Kanéphores
Offrent les fruits vermeils. Sous le festin fumant
130 La table aux ais nombreux a gémi longuement.

LE CHŒUR

Les héros sont assis, ceints d'un rameau de lierre.
Le tranquille repos rit sur leurs fronts joyeux ;
Et, pour charmer encor la table hospitalière,
L'Aède aux chants aimés va célébrer les Dieux.
135 Le divin Amphiôn, roi que l'Olympe honore,
Calme les bruits épars, de son sceptre incliné :
Et vers la voûte immense, éclatante et sonore,
Sur le mode éolien la lyre a résonné.

L'AÈDE

Toi qui règnes au sein de la voûte azurée,
140 Aithèr, dominateur de tout, flamme sacrée,
Aliment éternel des astres radieux,
De la terre et des flots, des hommes et des Dieux !
Ardeur vivante ! Aithèr ! Source immense, invisible,
Qui, pareil en ton cours au torrent invincible,
145 Dispenses, te frayant mille chemins divers,
La chaleur et la vie au multiple univers,
Salut, Aithèr divin, ô Substance première !
Et vous, Signaux du ciel, flamboyante lumière,
Compagnons de la Nuit, toujours jeunes et beaux,
150 Salut, du vieux Kronos impassibles flambeaux !
Et toi, Nature, habile et sachant toutes choses,
Ceinte d'éclairs, d'épis, d'étoiles et de roses,
Épouse de l'Aithèr ! toi qui sur nous étends,
Comme pour nous bénir, tes deux bras éclatants ;
155 Nature, ô Vierge-mère, ô Nourrice éternelle,
La vie à flots profonds coule de ta mamelle,
Et les Dieux, adorant ta puissante beauté,
Te partagent leur gloire et leur éternité !
Salut, vieil Ouranos, agitateur des mondes,

160 Qui guides dans l'azur leurs courses vagabondes,
Dieu caché, Dieu visible, indomptable et changeant,
Qui ceins les vastes cieux de ton vol diligent !
Salut, Zeus, Roi du Feu, sous qui le Ciel palpite,
Dont le courroux subtil gronde et se précipite !
165 Ô Zeus au noir sourcil, éclatant Voyageur,
Salut, fils de Kronos ! salut, ô Dieu vengeur !

LE CHŒUR

Il chante. En son repos la mer aux flots mobiles
D'un concert moins sublime émeut ses bords charmés.
Les héros suspendus à ses lèvres habiles
170 Ont délaissé la coupe et les mets parfumés.
Cédant aux voluptés de leur joie infinie,
Tels, oubliant la terre et l'encens des autels,
Aux accents d'Apollôn, les calmes Immortels
S'abreuvent à longs traits d'une immense harmonie.

L'AÈDE

175 Ô race d'Ouranos, ô Titans monstrueux,
Ô Rois découronnés par le Dompteur des crimes,
Pleurez et gémissez dans les anciens abîmes,
Du Monde aux larges flancs captifs tumultueux !
Atteste Zeus vainqueur, Dieu terrible aux cent têtes,
180 Dernier-né de la Terre, immense Typhoé
À la bouche fumante, ô Père des tempêtes,
De l'immobile Hadès habitant foudroyé !

Chantez l'immortel Zeus, jeunes Okéanides
Qui vous jouez en rond sur les perles humides,
185 Kéto, Kallirhoé, Klymène aux pieds charmants,
Kymathoé, Thétis, Glaucé, Kymatolège,

Élektre au cou d'albâtre, Eunice aux bras de neige,
Reine des bleus palais sous les flots écumants !

Saliens vagabonds, retentissants Kurètes,
190 Qui gardiez son enfance en d'obscures retraites,
Du choc des boucliers faites trembler les cieux !
Générateurs des fruits, Dieux aux robes tombantes,
Chantez en chœur sa gloire, ô sacrés Korybantes,
Indomptables danseurs aux bonds prodigieux !

195 Et toi, qu'il fit jaillir de sa tête infinie,
Déesse au casque d'or, Pallas Tritogénie,
Enseigne sa prudence aux ignorants mortels !
Viens ! dis-nous ses amours, blanche fille de l'onde,
Aphrodite au sein rose, ô Reine à tête blonde,
200 Volupté, dont le rire a conquis des autels !

Vous tous, du divin Zeus, salut, enfants sans nombre,
De l'Olympe éthéré jusqu'à l'Érèbe sombre,
Fruits de ses mille hymens, monarques étoilés
Qui régnez à ses pieds et brillez à son ombre !
205 Vous ne descendez point aux tombeaux désolés :
Vous êtes sa pensée aux formes innombrables,
Vous êtes son courroux, sa force et sa grandeur.
Salut, Déesses, Dieux ! Soyez-nous favorables !
Salut, Rayons vivants tombés de sa splendeur !

LE CHŒUR

210 Quel nuage a couvert de son ombre fatale
Ton front majestueux, ô fille de Tantale ?
Ton noir sourcil s'abaisse ; un éclair soucieux,
Précurseur de l'orage, a jailli de tes yeux,
Et de ton sein royal la blancheur palpitante
215 Se gonfle sous les plis de ta robe flottante.

L'AÈDE

Il en est un pourtant, plus illustre et plus beau,
C'est le Dieu de Sminthée et de la Maionie :
De l'antique Ouranos il porte le flambeau,
Il verse dans son vol la flamme et l'harmonie.

220 C'est le roi de Pythô, de Milet, de Klaros ;
C'est le Lykoréen, meurtrier de Tityė,
Qui sourit, plein d'orgueil, quand sa flèche est partie :
Le Dieu certain du but, protecteur des héros.

Sur l'ombreux Parnèsos, filles de Mnémosyne,
225 Vous unissez vos voix à sa lyre divine ;
Et, délaissant son char à la cime des cieux,
Il marche environné d'un chœur harmonieux.

Il est jeune, il est fier ! Les brises vagabondes
Glissent avec amour sur ses cheveux dorés,
230 Ô Muses ! Et pour vous, de ses lèvres fécondes
Tombent les rythmes purs et les chants inspirés ;
Puis, il suspend sa lyre aux temples préférés
Et plonge étincelant aux lumineuses ondes.

Dès qu'aux bords de Délos ses yeux furent ouverts,
235 Un arc d'argent frémit dans ses mains magnanimes ;
Et, foulant le sommet des montagnes sublimes,
D'un regard lumineux il baigna l'Univers !

Salut ! je te salue, Apollôn, qui, sans cesse,
As guidé sur les monts ma timide jeunesse.
240 Daigne inspirer ma voix, Dieu que j'aime, et permets
Que ma lyre et mes chants ne t'offensent jamais.

Et toi, sœur d'Apollôn, ô mâle Chasseresse,
Ô Vierge aux flèches d'or ! Intrépide Déesse,

Tu hantes les sommets battus des sombres vents ;
245 Sous la pluie et la neige, et de sang altérée,
Tu poursuis sans repos de ta flèche acérée
Les grands lions couchés au fond des bois mouvants.

Nul n'échappe à tes coups, ô Reine d'Ortygie !
La source des forêts lave ta main rougie,
250 Et quand Apollôn passe en dardant ses éclairs,
Tu livres ton beau corps aux baisers des flots clairs.

Malheur à qui t'a vue aux sources d'Érymanthe !
En vain il supplîra son immortelle amante :
Ô Vierge inexorable ! Ô chasseur insensé !
255 Il ne pressera plus le sein qui l'a bercé ;
Et les blancs lévriers, que ses yeux ont vus naître,
Oublieux de sa voix, déchireront leur maître !

Salut, belle Cynthie aux redoutables mains,
Qui, parfois, délaissant les belliqueuses chasses,
260 Danses aux bords Delphiens, mêlée aux jeux des Grâces,
Ô fille du grand Zeus, Nourrice des humains !

Et toi, Lètô ! Salut, mère pleine de gloire !
Tu n'auras point brillé d'un éclat illusoire :
Deux illustres enfants entre tous te sont nés.
265 Par delà les cités, les monts, la mer profonde,
Vénérable Déesse aux destins fortunés,
Ils ont porté ta gloire aux limites du monde.

LE CHŒUR

Ô Reine, ô Niobé, Pythie en proie au Dieu,
Tu te lèves, superbe, et les regards en feu,
270 Et, d'un geste apaisant l'assemblée éperdue,
Vers l'Aède inspiré ta main s'est étendue.

Tu parles ! Ô terreur ! quels discours insensés
De tes lèvres sans frein tombent à flots pressés ?
Ainsi du froid Hémos les neiges ébranlées
275 S'écroulent avec bruit dans les blanches vallées ;
L'écho gronde en fuyant, et les tristes pasteurs
Hâtent les bœufs tardifs vers les toits protecteurs.
Ton souffle a fait pâlir le divin Interprète ;
Sur la lyre aux trois voix le plectre d'or s'arrête,
280 Et quelques sons épars, soupirs harmonieux,
S'exhalent en mourant comme une plainte aux Dieux.

NIOBÉ

Silence ! — Un chant funeste a frappé mon oreille.
Tout mon cœur s'est troublé d'une audace pareille.
Un mortel, las de vivre, insulta-t-il jamais
285 La fille de Tantale assise en son palais ?
Mieux vaudrait qu'au berceau son implacable mère
Eût arrêté le cours de sa vie éphémère,
Que d'attirer ainsi sur son front insensé
L'orage qui dormait dans mon cœur offensé.
290 Tais-toi ! — Je veux t'offrir un retour tutélaire.
Les louanges de Zeus irritent ma colère...
Et c'est assez, sans doute, au Tartare cruel
Qu'il attache à mon père un supplice éternel !
Il était d'autres Dieux que les tiens, — race auguste,
295 Dont le sang était pur, dont l'empire était juste,
Fils de la Terre immense et du vieil Ouranos.
Ces monarques régnaient dans les cieux en repos.
Propices aux mortels, tout remplis de largesse,
Ils dispensaient la paix, le bonheur, la sagesse ;
300 Et la Terre, bercée en leurs bras caressants,
Vantait la piété de ses fils tout puissants.
Chante ces Dieux déchus des voûtes éthérées,
Qui, frappés dans le sein des batailles sacrées,

Sous les doubles assauts de la foudre et du temps,
305 Gisent au noir Hadès ; chante les Dieux Titans :
Hypériôn, Atlas et l'Époux de Klymène,
Et celui d'où sortit toute science humaine,
L'illustre Prométhée aux yeux perçants, celui
Pour qui seul entre tous l'avenir avait lui,
310 Le Ravisseur du feu, cher aux mortels sublimes,
Qui, longtemps, enchaîné sur de sauvages cimes,
Bâtissait un grand rêve aux serres du vautour ;
Sur qui, durant les nuits, pleuraient, pleines d'amour,
Les filles d'Océan aux invisibles ailes ;
315 Qui sera délivré par des mains immortelles,
Et qui fera jaillir de son sein indompté
Le jour de la justice et de la liberté.
Chante ces Dieux ! Ceux-là furent heureux et sages :
Leur culte au fond des cœurs survit au cours des âges.
320 Dans les flancs maternels de la Terre couchés,
Sur le jeune avenir leurs yeux sont attachés,
Certains qu'au jour fatal, écroulé de la nue,
Zeus s'évanouira dans la Nuit inconnue ;
Qu'un autre Dieu plus fort, sur l'Olympe désert
325 Régnant, enveloppé d'un éternel concert,
Et d'un songe inutile entretenant la Terre,
Refusera la coupe aux lèvres qu'il altère ;
Que lui-même, vaincu par de hardis mortels,
Verra le feu sacré mourir sur ses autels ;
330 Que les déshérités gisant dans l'ombre avare
Franchiront glorieux les fleuves du Tartare,
Et que les Dieux humains, apaisant nos sanglots,
Réuniront la Terre à l'antique Ouranos !

Ô stupide vainqueur du divin Prométhée,
335 Puisse, du ciel, ta race avec toi rejetée,
De ton règne aboli comptant les mornes jours,
Au gouffre originel descendre pour toujours !
J'ai honte de ton sang qui coule dans mes veines...

Mais toi-même as brisé ces détestables chaînes,
340 Ô Zeus! toi que je hais! Dieu jaloux, Dieu pervers,
Implacable fardeau de l'immense Univers!
Quand mon père tomba sous ta force usurpée,
Impuissant ennemi, que ne m'as-tu frappée?
Mais ta colère est vaine à troubler mes destins :
345 Je règne sans terreur assise en mes festins,
Mon époux me vénère, et mon peuple m'honore!
Sept filles et sept fils, à leur brillante aurore,
Plus beaux, plus courageux, meilleurs que tes enfants,
Croissent, chers à mon cœur, sous mes yeux triomphants!
350 Qui pourrait égaler ma gloire sur la terre?
Est-ce toi, du Titan fille errante, adultère,
Oublieuse du sang généreux dont tu sors,
Toi qui ternis la fleur de tes jeunes trésors,
Et dans l'âpre Délos, par Hèrè poursuivie,
355 À deux enfants furtifs vins accorder la vie?
Je brave ces enfants d'une impure union,
Ce fils usurpateur du char d'Hypériôn,
Cette fille imposée à nos forêts paisibles!
Je défie à la fois leurs colères risibles,
360 J'appelle à moi leurs traits fatals aux cerfs des bois...
Et toi, mère orgueilleuse, aux échos de ma voix
Irrite tes enfants jaloux! Ô lâche esclave,
Ô Lèto, Niobé te défie et te brave!

LE CHŒUR

Comme, à l'heure où le vent passe au noir firmament,
365 Les grands arbres émus se plaignent sourdement,
À ce défi mortel, la craintive assemblée
Fait entendre une voix de mille voix mêlée,
Mais confuse et pareille à ces lointains sanglots
Que poussent dans la nuit les lamentables flots.
370 L'Aède est tourmenté d'une ardente pensée :

Pâle, les yeux hagards, la tête hérissée,
Depuis que sans retour, ô fière Niobé,
Le blasphème divin de ta lèvre est tombé,
Comme la Pythonisse errante dans le temple,
375 Il sent venir les Dieux, et son œil les contemple,
Et sa voix les annonce, et ses bras étendus
Semblent guider leurs coups sur nos fronts suspendus !
La voûte du palais flamboie et se disperse
Comme la foudre fait du ciel noir qu'elle perce...
380 Les lambris de métal tombent étincelants
Sur les mets renversés et les hôtes tremblants...
Chacun fuit au hasard, et la foule mouvante
Se heurte avec des cris de suprême épouvante.
Un Immortel, un Dieu, l'œil sombre, l'arc en main,
385 Sur les murs vacillants pose un pied surhumain ;
Et la mâle Artémis, ardente à la vengeance,
Au fraternel Archer sourit d'intelligence.
L'arc du Dieu retentit sous le trait assassin ;
Il vole, et de Tantale il va percer le sein.
390 Comme un jeune arbrisseau dans sa saison première,
La flèche d'Apollôn t'arrache à la lumière :
Tu regardes ta mère, ô jeune infortuné,
Et tu meurs ! — Mieux valait ne jamais être né !
Artémis tend son arc, et la flèche altérée
395 Boit le sang de Néère à la tête dorée.
Elle tombe, et gémit. L'Archer au carquois d'or
Attache Illionée à son frère Agénor :
Le fer divin, guidé par une main trop sûre,
Les unit dans la mort par la même blessure.
400 Kallirhoé, tremblante et pâle de terreur,
Veut éviter des Dieux l'implacable fureur :
Elle fuit, et sa mère en son sein la protège ;
Mais Artémis rougit son épaule de neige :
Jusques au cœur glacé le trait mortel l'atteint,
405 Et la vierge aux doux yeux dans un soupir s'éteint.
Sipyle a réuni tout son jeune courage :

Debout, et l'œil tranquille, il contemple l'orage ;
L'arc sacré frappe en vain son front audacieux,
Le fier adolescent meurt sans baisser les yeux :
410 Du Dieu de Maionie innocente victime,
Il révèle en mourant sa race magnanime.
Ismène et Kléodos, Phédime et Pélopis
Chancellent tour à tour, pareils à des épis
Que le gai moissonneur, l'âme de plaisir pleine,
415 Ainsi qu'un blond trésor, amasse dans la plaine.
Ils sont tous là sanglants, vierges, jeunes guerriers,
La tête ceinte encor de myrte ou de lauriers,
Belles et beaux, couchés dans leur blanche khlamyde
Que le sang par endroits teint de sa pourpre humide.
420 L'une garde en tombant le sourire amoureux
Dont ses lèvres brillaient en des jours plus heureux ;
L'autre, calme, et dormant dans sa pose amollie,
Couvre de ses cheveux son jeune flanc qui plie...
Leurs frères, à leurs pieds, par la Moire surpris,
425 Gisent amoncelés au milieu des débris.
Amphiôn, à l'aspect de sa famille éteinte,
Dans l'ardente douleur dont son âme est atteinte,
Ouvre son sein royal, et, sous un coup mortel,
Presse le front des siens de son front paternel.
430 Niobé les contemple, immobile et muette ;
Et, de son désespoir comprimant la tempête,
Seule vivante au sein de ces morts qu'elle aimait,
Elle dresse ce front que nul coup ne soumet.

Comme un grand corps taillé par une main habile,
435 Le marbre te saisit d'une étreinte immobile :
Des pleurs marmoréens ruissellent de tes yeux ;
La neige du Paros ceint ton front soucieux ;
En flots pétrifiés ta chevelure épaisse
Arrête sur ton cou l'ombre de chaque tresse ;
440 Et tes vagues regards où s'est éteint le jour,
Ton épaule superbe au sévère contour,

Tes larges flancs, si beaux dans leur splendeur royale
Qu'ils brillaient à travers la pourpre orientale,
Et tes seins jaillissants, ces futurs nourriciers
445 Des vengeurs de leur mère et des Dieux justiciers,
Tout est marbre ! La foudre a consumé ta robe,
Et plus rien désormais aux yeux ne te dérobe.

Que ta douleur est belle, ô marbre sans pareil !
Non, jamais corps divins dorés par le soleil,
450 Dans les cités d'Hellas jamais blanches statues
De grâce et de jeunesse et d'amour revêtues,
Du sculpteur inspiré songes harmonieux,
Muets à notre oreille et qui chantent aux yeux ;
Jamais fronts doux et fiers où la joie étincelle,
455 N'ont valu ce regard et ce col qui chancelle,
Ces bras majestueux dans leur geste brisés,
Ces flancs si pleins de vie et d'efforts épuisés,
Ce corps où la beauté, cette flamme éternelle,
Triomphe de la mort et resplendit en elle !

460 On dirait, à te voir, ô marbre désolé,
Que du ciseau sculpteur des larmes ont coulé.
Tu vis, tu vis encor ! Sous ta robe insensible
Ton cœur est dévoré d'un songe indestructible.
Tu vois de tes grands yeux, vides comme la nuit,
465 Tes enfants bien aimés que la haine poursuit.
Ô pâle Tantalide, ô mère de détresse,
Leur regard défaillant t'appelle et te caresse...
Ils meurent tour à tour, et, renaissant plus beaux
Pour disparaître encor dans leurs sanglants tombeaux,
470 Ils lacèrent ton cœur mieux que les Euménides
Ne flagellent les Morts aux demeures livides !
Oh ! qui soulèvera le fardeau de tes jours ?
Niobé, Niobé ! Souffriras-tu toujours ?

HYLAS

C'était l'heure où l'oiseau, sous les vertes feuillées,
Repose, où tout s'endort, les hommes et les Dieux.
Du tranquille Sommeil les ailes déployées
    Pâlissaient le ciel radieux.

5 Sur les algues du bord, liée au câble rude,
Argô ne lavait plus sa proue aux flots amers,
Et les guerriers épars, rompus de lassitude,
    Songeaient, sur le sable des mers.

Non loin, au pied du mont où croît le pin sonore,
10 Au creux de la vallée inconnue aux mortels,
Jeunes Reines des eaux que Kyanée honore,
    Poursuivant leurs jeux immortels,

Molis et Nikhéa, les belles Hydriades,
Dans la source natale aux reflets de saphir,
15 Folâtraient au doux bruit des prochaines cascades,
    Loin de Borée et de Zéphyr.

L'eau faisait ruisseler sur leurs blanches épaules
Le trésor abondant de leurs cheveux dorés,
Comme, au déclin du jour, le feuillage des saules
20   S'épanche en rameaux éplorés.

Parfois, dans les roseaux, jeunes enchanteresses,
Sous l'avide regard des amoureux Sylvains,
De nacre et de corail enchâssés dans leurs tresses
          Elles ornaient leurs fronts divins.

25 Tantôt, se défiant, et d'un essor rapide
   Troublant le flot marbré d'une écume d'argent,
   Elles ridaient l'azur de leur palais limpide
          De leur corps souple et diligent.

   Sous l'onde étincelante on sentait leur cœur battre,
30 De leurs yeux jaillissait une humide clarté,
   Le plaisir rougissait leur jeune sein d'albâtre
          Et caressait leur nudité.

   Mais voici, dans la brume errante de la plaine,
   Beau comme Endymion, l'urne d'argile en main,
35 Qu'Hylas aux blonds cheveux ceints d'un bandeau de laine
          Paraît au détour du chemin.

   Nikhéa l'aperçoit : — Ô ma sœur, vois, dit-elle,
   De son urne chargé, ce bel adolescent ;
   N'est-ce point, revêtu d'une grâce immortelle,
40   De l'Olympe un Dieu qui descend ?

                    MOLIS

   Des cheveux ondoyants où la brise soupire
   Ornent son col d'ivoire ; ignorant du danger,
   Sur les fleurs et la mousse, avec un doux sourire,
          Il approche d'un pied léger.

NIKHÉA

45 Beau jeune homme, salut ! Sans doute une Déesse
Est ta mère. — Kypris de ses dons t'a comblé.

MOLIS

Salut, bel étranger, tout brillant de jeunesse !
Heureux cet humble bord d'être par toi foulé !

NIKHÉA

Quel propice destin t'a poussé sur nos rives ?
50 Quel soleil a doré tes membres assouplis ?
Viens ! nous consolerons tes tristesses naïves,
Et nous te bercerons sur nos genoux polis.

MOLIS

Reste, enfant ! ne va plus par les mers vagabondes :
Éole outragerait ta sereine blancheur.
55 Viens, rouge de baisers, dans nos grottes profondes,
        Puiser l'amour et la fraîcheur. —

Mais Hylas, oubliant son urne demi-pleine,
Et penché sur la source aux mortelles douceurs,
Écoutait, attentif, suspendant son haleine,
60   Parler les invisibles Sœurs.

Riant, il regardait dans la claire fontaine...
Soudain par son cou blanc deux bras l'ont attiré ;
Il tombe, et, murmurant une plainte incertaine,
        Plonge sous le flot azuré.

65 Là, sur le sable d'or et la perle argentée
   Molis et Nikhéa le couchent mollement,
   Mêlant à des baisers sur leur lèvre agitée
                Le doux nom de leur jeune amant.

   Il s'éveille, il sourit, et, tout surpris encore,
70 De la grotte nacrée admirant le contour,
   Sur les fluides Sœurs que la grâce décore
                Son œil s'arrête avec amour.

   Adieu le toit natal et la verte prairie
   Où, paissant les grands bœufs, jeune et déjà pasteur,
75 Pieux, il suspendait la couronne fleurie
                À l'autel du Dieu protecteur !

   Adieu sa mère en pleurs dont l'œil le suit sur l'onde,
   Et de qui le Destin à son sort est lié,
   Et le grand Hèraklès et Kolkhos et le monde !...
80   Il aime, et tout est oublié !

ODES ANACRÉONTIQUES

I

LES LIBATIONS

Sur le myrte frais et l'herbe des bois,
Au rythme amoureux du mode Ionique,
Mollement couché, j'assouplis ma voix.
Éros, sur son cou nouant sa tunique,
5 Emplit en riant, échanson joyeux,
Ma coupe d'onyx d'un flot de vin vieux.
La vie est d'un jour sous le ciel antique ;
C'est un char qui roule au stade olympique.
Buvons, couronnés d'hyacinthe en fleurs !
10 À quoi bon verser les liqueurs divines
Sur le marbre inerte où sont nos ruines,
Ce peu de poussière insensible aux pleurs ?
Assez tôt viendront les heures cruelles,
Ô ma bien-aimée, et la grande Nuit
15 Où nous conduirons, dans l'Hadès, sans bruit,
La danse des Morts sur les asphodèles !

II

LA COUPE

Prends ce bloc d'argent, adroit ciseleur.
N'en fais point surtout d'arme belliqueuse,

Mais bien une coupe élargie et creuse
Où le vin ruisselle et semble meilleur.
5 Ne grave à l'entour Bouvier ni Pléiades,
Mais le chœur joyeux des belles Mainades,
Et l'or des raisins chers à l'œil ravi,
Et la verte vigne, et la cuve ronde
Où les vendangeurs foulent à l'envi,
10 De leurs pieds pourprés, la grappe féconde.
Que j'y voie encore Évoé vainqueur,
Aphrodite, Éros et les Hyménées,
Et sous les grands bois les vierges menées
La verveine au front et l'amour au cœur !

III

LA TIGE D'ŒILLET

Éros m'a frappé d'une tige molle
D'œillets odorants récemment cueillis :
Il fuit à travers les sombres taillis,
À travers les prés il m'entraîne et vole.
5 Sans une onde vive où me ranimer,
Je le suis, je cours dès l'aube vermeille ;
Mes yeux sont déjà près de se fermer,
Je meurs ; mais le Dieu me dit à l'oreille :
— Oh ! le faible cœur qui ne peut aimer ! —

IV

LE SOUHAIT

Du roi Phrygien la fille rebelle
Fut en noir rocher changée autrefois ;
La fière Prokné devint hirondelle,

Et d'un vol léger s'enfuit dans les bois.
5 Pour moi, que ne suis-je, ô chère maîtresse,
Le miroir heureux de te contempler,
Le lin qui te voile et qui te caresse,
L'eau que sur ton corps le bain fait couler,
Le réseau charmant qui contient et presse
10 Le ferme contour de ton jeune sein,
La perle, ornement de ton col que j'aime,
Ton parfum choisi, ta sandale même,
Pour être foulé de ton pied divin !

V

LA CAVALE

Ô jeune cavale, au regard farouche,
Qui cours dans les prés d'herbe grasse emplis,
L'écume de neige argente ta bouche,
La sueur ruisselle à tes flancs polis.
5 Vigoureuse enfant des plaines de Thrace,
Tu hennis au bord du fleuve mouvant,
Tu fuis, tu bondis, la crinière au vent :
Les daims auraient peine à suivre ta trace.
Mais bientôt, ployant sur tes jarrets forts,
10 Au hardi dompteur vainement rebelle,
Tu te soumettras, humble et non moins belle,
Et tes blanches dents rongeront le mors !

VI

LE PORTRAIT

Toi que Rhode entière a couronné roi
Du bel art de peindre, Artiste, entends-moi.

Fais ma bien-aimée et sa tresse noire
Où la violette a mis son parfum,
5 Et l'arc délié de ce sourcil brun
Qui se courbe et fuit sous un front d'ivoire.
Surtout, Rhodien, que son œil soit bleu
Comme l'onde amère et profond comme elle,
Qu'il charme à la fois et qu'il étincelle,
10 Plein de volupté, de grâce et de feu !
Fais sa joue en fleur et sa bouche rose,
Et que le désir y vole et s'y pose !
Pour mieux soutenir le carquois d'Éros,
Que le cou soit ferme et l'épaule ronde !
15 Qu'une pourpre fine, agrafée au dos,
Flottante, et parfois entr'ouverte, inonde
Son beau corps plus blanc que le pur Paros !
Et sur ses pieds nus aux lignes si belles,
Adroit Rhodien, entrelace encor
20 Les nœuds assouplis du cothurne d'or,
Comme tu ferais pour les Immortelles !

VII

L'ABEILLE

Sur le vert Hymette, Éros, un matin,
Dérobait du miel à la ruche attique,
Mais, voyant le Dieu faire son butin,
Une prompte abeille accourt et le pique.
5 L'enfant tout en pleurs, le Dieu maladroit,
S'enfuit aussitôt, souffle sur son doigt,
Et jusqu'à Kypris vole à tire d'aile,
Oubliant son arc, rouge et courroucé :
— Ma mère, un petit serpent m'a blessé
10 Méchamment, dit-il, de sa dent cruelle. —
Tel se plaint Éros, et Kypris en rit :
— Tu blesses aussi, mais nul n'en guérit ! —

VIII

LA CIGALE

Ô Cigale, née avec les beaux jours,
Sur les verts rameaux dès l'aube posée,
Contente de boire un peu de rosée,
Et telle qu'un roi, tu chantes toujours !
5 Innocente à tous, paisible et sans ruses,
Le gai laboureur, du chêne abrité,
T'écoute de loin annoncer l'été ;
Apollôn t'honore autant que les Muses,
Et Zeus t'a donné l'Immortalité !
10 Salut, sage enfant de la Terre antique,
Dont le chant invite à clore les yeux,
Et qui, sous l'ardeur du soleil Attique,
N'ayant chair ni sang, vis semblable aux Dieux !

IX

LA ROSE

Je dirai la rose aux plis gracieux.
La rose est le souffle embaumé des Dieux,
Le plus cher souci des Muses divines.
Je dirai ta gloire, ô charme des yeux,
5 Ô fleur de Kypris, reine des collines !
Tu t'épanouis entre les beaux doigts
De l'Aube écartant les ombres moroses ;
L'air bleu devient rose, et roses les bois ;
La bouche et le sein des Nymphes sont roses !
10 Heureuse la vierge aux bras arrondis
Qui dans les halliers humides te cueille !
Heureux le front jeune où tu resplendis !
Heureuse la coupe où nage ta feuille !

Ruisselante encor du flot paternel,
15 Quand de la mer bleue Aphrodite éclose
Étincela nue aux clartés du ciel,
La Terre jalouse enfanta la rose ;
Et l'Olympe entier, d'amour transporté,
Salua la fleur avec la Beauté !

LE VASE

Reçois, pasteur des boucs et des chèvres frugales,
Ce vase enduit de cire, aux deux anses égales.
Avec l'odeur du bois récemment ciselé,
Le long du bord serpente un lierre entremêlé
5 D'hélichryse aux fruits d'or. Une main ferme et fine
A sculpté ce beau corps de femme, œuvre divine,
Qui, du péplos ornée et le front ceint de fleurs,
Se rit du vain amour des amants querelleurs.
Sur ce roc, où le pied parmi les algues glisse,
10 Traînant un long filet vers la mer glauque et lisse,
Un pêcheur vient en hâte ; et, bien que vieux et lent,
Ses muscles sont gonflés d'un effort violent.
Une vigne, non loin, lourde de grappes mûres,
Ploie ; un jeune garçon, assis sous les ramures,
15 La garde ; deux renards arrivent de côté
Et mangent le raisin par le pampre abrité,
Tandis que l'enfant tresse, avec deux pailles frêles
Et des brins de jonc vert, un piège à sauterelles.
Enfin, autour du vase et du socle Dorien
20 Se déploie en tous sens l'acanthe Korinthien.

J'ai reçu ce chef-d'œuvre, au prix, et non sans peine,
D'un grand fromage frais et d'une chèvre pleine.
Il est à toi, Berger, dont les chants sont plus doux
Qu'une figue d'Aigile, et rendent Pan jaloux.

LES PLAINTES DU CYCLOPE

Certes, il n'aimait pas à la façon des hommes,
Avec des tresses d'or, des roses ou des pommes,
Depuis que t'ayant vue, ô fille de la Mer,
Le désir le mordit au cœur d'un trait amer.
5 Il t'aimait, Galatée, avec des fureurs vraies ;
Laissant le lait s'aigrir et sécher dans les claies,
Oubliant les brebis laineuses aux prés verts,
Et se souciant peu de l'immense Univers.
Sans trêve ni repos, sur les algues des rives,
10 Il consumait sa vie en des plaintes naïves,
Interrogeait des flots les volutes d'azur,
Et suppliait la Nymphe au cœur frivole et dur,
Tandis que sur sa tête, à tout vent exposée,
Le jour versait sa flamme et la nuit sa rosée,
15 Et qu'énorme, couché sur un roc écarté,
Il disait de son mal la cuisante âcreté :

— Plus vive que la chèvre ou la fière génisse,
Plus blanche que le lait qui caille dans l'éclisse,
Ô Galatée, ô toi dont la joue et le sein
20 Sont fermes et luisants comme le vert raisin !
Si je viens à dormir aux cimes de ces roches,
À la pointe du pied, furtive, tu m'approches ;
Mais, sitôt que mon œil s'entr'ouvre, en quelques bonds,
Tu m'échappes, cruelle, et fuis aux flots profonds !
25 Hélas ! je sais pourquoi tu ris de ma prière :
Je n'ai qu'un seul sourcil sur ma large paupière,

Je suis noir et velu comme un ours des forêts,
Et plus haut que les pins ! Mais, tel que je parais,
J'ai des brebis par mille, et je les trais moi-même :
30 En automne, en été, je bois leur belle crème ;
Et leur laine moelleuse, en flocons chauds et doux,
Me revêt tout l'hiver, de l'épaule aux genoux.
Je sais jouer encore, ô Pomme bien aimée,
De la claire syrinx, par mon souffle animée :
35 Nul Cyclope, habitant l'Île aux riches moissons,
N'a tenté jusqu'ici d'en égaler les sons.
Veux-tu m'entendre, ô Nymphe, en ma grotte prochaine ?
Viens, laisse-toi charmer, et renonce à ta haine :
Viens ! Je nourris pour toi, depuis bientôt neuf jours,
40 Onze chevreaux tout blancs et quatre petits ours !
J'ai des lauriers en fleur avec des cyprès grêles,
Une vigne, une eau vive et des figues nouvelles ;
Tout cela t'appartient, si tu ne me fuis plus !
Et si j'ai le visage et les bras trop velus,
45 Eh bien ! je plongerai tout mon corps dans la flamme,
Je brûlerai mon œil qui m'est cher, et mon âme !

Si je savais nager, du moins ! Au sein des flots
J'irais t'offrir des lys et de rouges pavots.
Mais, vains souhaits ! J'en veux à ma mère : c'est elle
50 Qui, me voyant en proie à cette amour mortelle,
D'un récit éloquent n'a pas su te toucher.
Vos cœurs à toutes deux sont durs comme un rocher !
Cyclope, que fais-tu ? Tresse en paix tes corbeilles,
Recueille en leur saison le miel de tes abeilles,
55 Coupe pour tes brebis les feuillages nouveaux,
Et le temps, qui peut tout, emportera tes maux ! —

C'est ainsi que chantait l'antique Polyphème ;
Et son amour s'enfuit avec sa chanson même,
Car les Muses, par qui se tarissent les pleurs,
60 Sont le remède unique à toutes nos douleurs.

L'ENFANCE D'HÈRAKLÈS

Oriôn, tout couvert de la neige du pôle,
Auprès du Chien sanglant montrait sa rude épaule ;
L'ombre silencieuse au loin se déroulait.
Alkmène ayant lavé ses fils, gorgés de lait,
5 En un creux bouclier à la bordure haute,
Héroïque berceau, les coucha côte à côte,
Et, souriant, leur dit : — Dormez, mes bien-aimés.
Beaux et pleins de santé, mes chers petits, dormez.
Que la Nuit bienveillante et les Heures divines
10 Charment d'un rêve d'or vos âmes enfantines ! —
Elle dit, caressa d'une légère main
L'un et l'autre enlacés dans leur couche d'airain,
Et la fit osciller, baisant leurs frais visages,
Et conjurant pour eux les sinistres présages.
15 Alors, le doux Sommeil, en effleurant leurs yeux,
Les berça d'un repos innocent et joyeux.

Ceinte d'astres, la Nuit, au milieu de sa course,
Vers l'occident plus noir poussait le char de l'Ourse.
Tout se taisait, les monts, les villes et les bois,
20 Les cris du misérable et le souci des rois.
Les Dieux dormaient, rêvant l'odeur des sacrifices ;
Mais, veillant seule, Hèra, féconde en artifices,
Suscita deux dragons écaillés, deux serpents
Horribles, aux replis azurés et rampants,
25 Qui devaient étouffer, messagers de sa haine,
Dans son berceau guerrier l'Enfant de la Thébaine.

Ils franchissent le seuil et son double pilier,
Et dardent leur œil glauque au fond du bouclier.
Iphiklès, en sursaut, à l'aspect des deux bêtes,
30 De la langue qui siffle et des dents toutes prêtes,
Tremble, et son jeune cœur se glace, et, pâlissant,
Dans sa terreur soudaine il jette un cri perçant,
Se débat, et veut fuir le danger qui le presse ;
Mais Hèraklès, debout, dans ses langes se dresse,
35 S'attache aux deux serpents, rive à leurs cous visqueux
Ses doigts divins, et fait, en jouant avec eux,
Leurs globes élargis sous l'étreinte subite
Jaillir comme une braise au delà de l'orbite.
Ils fouettent en vain l'air, musculeux et gonflés ;
40 L'Enfant sacré les tient, les secoue étranglés,
Et rit en les voyant, pleins de rage et de bave,
Se tordre tout autour du bouclier concave.
Puis, il les jette morts le long des marbres blancs,
Et croise pour dormir ses petits bras sanglants.

45 Dors, Justicier futur, dompteur des anciens crimes,
Dans l'attente et l'orgueil de tes faits magnanimes ;
Toi que les pins d'Oita verront, bûcher sacré,
La chair vive, et l'esprit par l'angoisse épuré,
Laisser, pour être un Dieu, sur la cime enflammée,
50 Ta cendre et ta massue et la peau de Némée !

LA MORT DE PENTHÉE

Agavé, dont la joue est rose, Antonoé
Avec la belle Inô, ceintes de verts acanthes,
Menaient trois chœurs dansants d'ascétiques Bacchantes
Sur l'âpre Kythairôn aux Mystères voué.
5 Elles allaient, cueillant les bourgeons des vieux chênes,
L'asphodèle, et le lierre aux ceps noirs enroulé,
Et bâtissaient, unis par ces légères chaînes,
Neuf autels pour Bakkhos et trois pour Sémélé.
Puis elles y plaçaient, selon l'ordre et le rite,
10 Le Grain générateur et le mystique Van,
Du Dieu qu'elles aimaient la coupe favorite,
La peau du léopard et le thyrse d'Évan.

Dans un lentisque épais, par l'étroit orifice
Du feuillage, Penthée observait tout cela.
15 Antonoé le vit la première, et hurla,
Bouleversant du pied l'apprêt du sacrifice.
Le profane aussitôt s'enfuit épouvanté ;
Mais les femmes, nouant leurs longues draperies,
Bondissaient après lui, pareilles aux Furies,
20 La chevelure éparse et l'œil ensanglanté.
   — D'où vient que la fureur en vos regards éclate,
Ô femmes ? criait-il ; pourquoi me suivre ainsi ? —
Et de l'ongle et des dents toutes trois l'ont saisi :
L'une arrache du coup l'épaule et l'omoplate ;
25 Agavé frappe au cœur le fils qui lui fut cher ;

Inô coupe la tête ; et, vers le soir, dans Thèbe,
Ayant chassé cette Âme au plus noir de l'Érèbe,
Elles rentraient, traînant quelques lambeaux de chair.

Malheur à l'insensé que le désir consume
30 De toucher à l'autel de la main ou des yeux !
Qu'il soit comme un bouc vil sous le couteau qui fume,
Étant né pour ramper, non pour chanter les Dieux !

HÈRAKLÈS AU TAUREAU

Le soleil déclinait vers l'écume des flots,
Et les grasses brebis revenaient aux enclos ;
Et les vaches suivaient, semblables aux nuées
Qui roulent sans relâche, à la file entraînées,
5 Lorsque le vent d'automne, au travers du ciel noir,
Les chasse à grands coups d'aile, et qu'elles vont pleuvoir.
Derrière les brebis, toutes lourdes de laine,
Telles s'amoncelaient les vaches dans la plaine.
La campagne n'était qu'un seul mugissement,
10 Et les grands chiens d'Élis aboyaient bruyamment.
Puis, succédaient trois cents taureaux aux larges cuisses,
Puis deux cents au poil rouge, inquiets des génisses,
Puis douze, les plus beaux et parfaitement blancs,
Qui de leurs fouets velus rafraîchissaient leurs flancs,
15 Hauts de taille, vêtus de force et de courage,
Et paissant d'habitude au meilleur pâturage.
Plus noble encor, plus fier, plus brave, plus grand qu'eux,
En avant, isolé comme un chef belliqueux,
Phaétôn les guidait, lui, l'orgueil de l'étable,
20 Que les anciens bouviers disaient à Zeus semblable,
Quand le Dieu triomphant, ceint d'écume et de fleurs,
Nageait dans la mer glauque avec Europe en pleurs.
Or, dardant ses yeux prompts sur la peau léonine
Dont Hèraklès couvrait son épaule divine,
25 Irritable, il voulut heurter d'un brusque choc
Contre cet étranger son front dur comme un roc ;

Mais, ferme sur ses pieds, tel qu'une antique borne,
Le héros d'une main le saisit par la corne,
Et, sans rompre d'un pas, il lui ploya le col,
30 Meurtrissant ses naseaux furieux dans le sol.
Et les bergers en foule, autour du fils d'Alkmène,
Stupéfaits, admiraient sa vigueur surhumaine,
Tandis que, blancs dompteurs de ce soudain péril,
De grands muscles roidis gonflaient son bras viril.

KHIRÔN

I

Hèlios, désertant la campagne infinie,
S'incline plein de gloire aux plaines d'Haimonie ;
Sa pourpre flotte encor sur la cime des monts.
Le grand fleuve Océan apaise ses poumons,
5 Et l'invincible Nuit de silence chargée
Déjà d'un voile épais couvre les flots d'Aigée ;
Mais, sur le Boibéis, aux rougissantes eaux,
Où l'étalon Lapithe humecte ses naseaux,
Sur la divine Hellas et la mer de Pagase
10 La robe d'Hèlios se déploie et s'embrase.

Non loin du Péliôn couronné de grands pins,
Par les sentiers touffus, par les vagues chemins,
Les pasteurs, beaux enfants à la robe grossière,
Qui d'un agile élan courent dans la poussière,
15 Ramènent tour à tour et les bœufs indolents
Dont la lance hâtive aiguillonne les flancs,
Les chèvres aux pieds sûrs, dédaigneuses des plaines,
Et les blanches brebis aux florissantes laines.
Sur de rustiques chars, les vierges aux bras nus
20 Jettent au vent du soir leurs rires ingénus,
Et tantôt, de narcisse et d'épis couronnées,
Célèbrent Dèmètèr en chansons alternées.
Durant l'éclat du jour, au milieu des joncs verts,

En d'agrestes cours d'eau, de platanes couverts,
25 Les unes ont lavé les toiles transparentes,
Les autres ont coupé les moissons odorantes,
Et toutes, délaissant la fontaine ou les champs,
Charment au loin l'écho du doux bruit de leurs chants.

L'heure fuit, le ciel roule et la flamme recule.
30 La splendide vapeur du flottant crépuscule
S'épanche autour des chars, baignant d'un pur reflet
Ces bras où le sang luit sous la blancheur du lait,
Ces chastes seins, enclos sous le lin diaphane,
Qui jamais n'ont bondi sous une main profane,
35 Ces cheveux dénoués, beau voile, heureux trésor,
Que le vent amoureux déroule en boucles d'or.
Sur les blés, les tissus, l'une près de l'autre assises,
Elles vont unissant leurs chansons indécises,
Leurs rires éclatants ! Et les jeunes pasteurs
40 S'empressent pour les voir, et par des mots flatteurs
Caressent en passant leur vanité cachée.
Tels, quittant la montagne en son repos couchée,
Ces beaux enfants d'Hellas aux immortels échos
Poussent troupeaux et chars vers les murs d'Iolkos.

45 Mais voici qu'au détour de la route poudreuse
Un étranger s'avance ; et cette foule heureuse
Le regarde et s'étonne, et du geste et des yeux
S'interroge aussitôt. Il approche. Les Dieux
D'un sceau majestueux ont empreint son visage.
50 Dans ses regards profonds règne la paix du sage.
Il marche avec fierté. Sur ses membres nerveux
Flotte le lin d'Égypte aux longs plis. Ses cheveux
Couvrent sa vaste épaule, et dans sa main guerrière
Brille aux yeux des pasteurs la lance meurtrière.
55 Silencieux, il passe, et les adolescents
Écoutent résonner au loin ses pas puissants.
C'est un Dieu ! pensent-ils ; et les vierges troublées

S'entretiennent tout bas en groupes rassemblées.
Mais, semblable au lion, le divin Voyageur
60 S'éloigne sans les voir, pacifique et songeur.

La nuit emplit les cieux ; le Péliôn énorme
Aux lueurs d'Hékata projette au loin sa forme ;
Et sur la cime altière où dorment les forêts
Les astres immortels dardent leurs divins traits.

65 Il marche. Il a franchi les roches dispersées,
Formidables témoins des querelles passées,
Alors que les Géants, de leurs solides mains,
Bâtissaient vers les cieux d'impossibles chemins,
Et que Zeus, ébranlant l'escalier granitique,
70 De ces monts fracassés couvrit la Terre antique.
Entre deux vastes blocs, au creux d'un noir vallon,
Non loin d'un bois épais que chérit Apollôn,
Un antre offre aux regards sa cavité sonore.
Le seuil en est ouvert ; car tout mortel honore
75 Cet asile d'un sage, et l'on dit que les Dieux
De leur présence auguste ont consacré ces lieux.
Deux torches d'olivier, de leur flamme géante,
Rougissent les parois de la grotte béante.
Là, comme un habitant de l'Olympe éthéré,
80 Mais par le vol des ans fugitifs effleuré,
Khirôn aux quatre pieds, roi de la solitude,
Sur la peau d'un lion, couche nocturne et rude,
Est assis, et le jeune Aiakide, au beau corps,
Charme le grand Vieillard d'harmonieux accords.
85 La lyre entre ses doigts chante comme l'haleine
De l'Euros au matin sur l'écumante plaine.
À ce bruit, l'Étranger marche d'un pas hâtif,
Et sur le seuil de pierre il s'arrête attentif.
Mais Khirôn l'aperçoit ; il délaisse sa couche ;
90 Un rire bienveillant illumine sa bouche ;

Il interrompt l'enfant à ses pieds interdit,
Et, saluant son hôte, il l'embrasse et lui dit :

— Orphée aux chants divins, que conçut Kalliope,
En une heure sacrée, aux vallons du Rhodope
95 Que baigne le Strymôn d'un cours aventureux !
Ô magnanime Roi des Kylones heureux !
Dieu mortel de l'Hémos, qui vis le noir rivage,
Ta présence m'honore, et mon antre sauvage
N'a contenu jamais, entre tous les humains,
100 Un hôte tel que toi, Chanteur aux belles mains !
Ta gloire a retenti des plaines Helléniques
Jusqu'aux fertiles bords où les Géants antiques
Gémissent, et souvent mon oreille écouta,
De la Thrace glacée aux cimes de l'Oita,
105 Les sons mélodieux de ta lyre honorée
Voler dans l'air ému sur l'aile de Borée.
Déjà par l'âge éteints, jamais mes faibles yeux
Ne t'avaient contemplé, mortel semblable aux Dieux !
J'en atteste l'Olympe et la splendeur nocturne,
110 Ta vue a réjoui ma grotte taciturne.
Entre ! repose-toi sur ces peaux de lion.
Dans les vertes forêts du sombre Péliôn,
Jadis, en mes beaux jours de force et de courage,
J'immolai de mes mains ces lions pleins de rage.
115 Maintenant leur poil fauve est propice au repos,
Plus que la toison blanche arrachée aux troupeaux.
Et toi, fils de Thétis, enfant au pied agile,
Verse l'onde qui fume en cette urne d'argile,
Et de mon hôte illustre, aux accents inspirés,
120 D'une pieuse main lave les pieds sacrés. —

Il dit, et le jeune homme, à sa voix vénérée,
Saisit l'urne, d'acanthe et de lierre entourée.
Une eau pure et brûlante y coule ; et, gracieux,
Il s'approche d'Orphée aux chants harmonieux :

125 — Ô Roi ! mortel issu d'une race divine,
Permets que je te serve. — Et son genou s'incline,
Et ses cheveux dorés, au Sperkhios voués,
Sur son front qui rougit s'épandent dénoués.
Le sage lui sourit, l'admire et le caresse :
130 — Que le grand Zeus, mon fils, à ton sort s'intéresse ! —
Le Péléide alors lave ses pieds fumants,
Agrafe le cothurne aux simples ornements,
Puis écoute, appuyé sur sa pique de hêtre,
L'harmonieuse voix qui répond à son maître.
135 Tel, le jeune Bakkhos, dans les divins conseils,
S'accoude sur le thyrse aux longs pampres vermeils.

— Interdit devant toi, fils de Kronos, ô sage,
À peine j'ose encor contempler ton visage ;
Et je doute en mon cœur que les Destins amis
140 Aient vers le grand Khirôn guidé mes pas soumis.
Salut, divin Vieillard, plein d'un esprit céleste !
Que jamais Erinnys, dans sa course funeste,
Ne trouble le repos de tes glorieux jours !
Ô sage, vis sans cesse, et sois heureux toujours !
145 La vérité, mon père, a parlé par ta bouche :
Kalliope reçut Oiagre dans sa couche.
Je suis né sur l'Hémos de leurs embrassements.
Pour braver Poseidôn et les flots écumants,
J'ai quitté sans regrets la verte Bistonie
150 Où des rythmes sacrés j'enchaînais l'harmonie ;
Et la riche Iolkos m'a reçu dans son sein.
Là, sur le bord des mers, comme un bruyant essaim,
Cinquante Rois couverts de brillantes armures,
Poussant jusques aux cieux de belliqueux murmures,
155 Autour d'une nef noire aux destins hasardeux
Attendent que ma voix te conduise auprès d'eux.
Sur la plage marine où j'ai dressé ma tente,
Environnant mon seuil de leur foule éclatante,
Tous m'ont dit : — Noble Orphée aux paroles de miel,

160 De qui la lyre enchante et la terre et le ciel,
Va ! sois de nos désirs le puissant interprète ;
Que le sage Centaure à te suivre s'apprête,
Puisque des Minyens les héros assemblés,
Au delà des flots noirs par l'orage troublés,
165 Las d'un lâche repos et d'une obscure vie,
Vont chercher la Toison qu'un Dieu nous a ravie.
Rappelle-lui Phryxos avec la blonde Hellé,
Rejetons d'Athamas, que conçut Néphélé,
Alors qu'abandonnant les rives d'Orkhomène
170 Ils fuyaient vers Aia leur marâtre inhumaine.
Et le Bélier divin les portait sur les mers.
La jeune Hellé tomba dans les gouffres amers ;
Et Phryxos, pour calmer son ombre fraternelle,
Immola dans Kolkhos ce nageur infidèle.
175 Il suspendit lui-même, au milieu des forêts,
La brillante Toison dans le temple d'Arès ;
Et depuis, un Dragon aux Dieux mêmes terrible
Veille sur ce trésor, gardien incorruptible.
Immense, vomissant la fumée et le feu,
180 De ses mouvants anneaux il entoure ce lieu.
Il n'a dormi jamais, et tout son corps flamboie ;
Il rugit en lion, en molosse il aboie ;
Comme l'aigle, habitant d'Athos aux pics déserts,
Il vole, hérissé d'écailles, dans les airs !
185 Il rampe, il se redresse, il bondit dans la plaine
Mieux qu'un jeune étalon à la puissante haleine ;
Et dans la sombre nuit, comme aux clartés du ciel,
Il darde incessamment un regard éternel.
Va donc, cher compagnon, harmonieux Orphée ;
190 Présente à ses regards cet immortel trophée ;
Va ! Qu'il cède à nos vœux et qu'il règne sur nous !
Ses disciples anciens embrassent ses genoux :
Aux luttes des héros il forma leur jeunesse,
Et leur âge viril implore sa sagesse. —

195 Vieillard ! tels m'ont parlé ces pasteurs des humains
    Nourris de ton esprit, élevés par tes mains :
    Le puissant Hèraklès, fils de Zeus et d'Alkmène,
    Qui déploie en tous lieux sa force surhumaine,
    Et qui naquit dans Thèbe, alors que le soleil
200 Cacha durant trois jours son éclat sans pareil ;
    Tiphys, le nautonier, qui de ses mains habiles
    Conduit les noires nefs sur les ondes mobiles ;
    Kastôr le Tyndaride et dompteur de coursiers ;
    Et Celui qu'Eurotas, en ses roses lauriers,
205 Vit naître avec Hélène au berceau renommée,
    Sous les baisers du Dieu dont Léda fut aimée ;
    Le léger Méléagre, appui de Kalydon ;
    Boutès à qui Pallas d'un glaive d'or fit don ;
    Pélée et Télamôn, Amphiôn de Pallène,
210 Et le bel Eurotos cher au Dieu de Kyllène ;
    Le cavalier Nestôr, et Lyncée aux grands yeux
    Qui du regard pénètre et la terre et les cieux,
    Et les profondes mers, et les abîmes sombres
    Où l'implacable Aidès règne au milieu des Ombres ;
215 Et vingt autres héros, avec le fils bien né
    D'Aisôn, brave, prudent et fier comme Athèné.
    Je supplie avec eux ta sagesse profonde.
    Sur leur respect pour toi tout leur espoir se fonde.
    Parle ! que répondrai-je à ces Rois belliqueux ?
220 Ils n'attendent qu'un chef, mais Argô n'attend qu'eux.
    J'écoute, car, demain, dès l'aurore naissante,
    Il me faut retourner vers la mer mugissante.

    — Les Dieux, dit le Centaure, ont habité parfois
    Les bruyantes cités, et les monts et les bois,
225 Alors que de l'Olympe abandonnant l'enceinte
    Ils dérobaient l'éclat de leur majesté sainte.
    Ainsi, Roi de la Thrace, à tes augustes traits,
    Je me souviens du Dieu qui lance au loin les traits.

Tel, exilé des cieux, pasteur de Thessalie,
230 Je le vis s'avancer dans la plaine embellie ;
Son port majestueux, ses chants le trahissaient,
Et les Nymphes des bois sur ses pas s'empressaient.
Ta parole, mon hôte, est douce à mon oreille,
Nulle voix à la tienne ici-bas n'est pareille ;
235 Mais, comme un roi puissant à des enfants épars
Dispense ses trésors en d'équitables parts,
L'impassible Destin, obéi des Dieux mêmes,
Ordonne l'Univers de ses décrets suprêmes.
Le Destin sait, voit, juge ! Et tous lui sont soumis,
240 Et jamais il ne tient que ce qu'il a promis.
Repose-toi, mon hôte, et daigne en ma retraite
Calmer la sombre faim. Cher Péléide, apprête
Et le miel et le vin et nos agrestes mets.
Bientôt, Roi de la Thrace, ô Chanteur, qui soumets
245 Au joug mélodieux les forêts animées,
Les sources des vallons de tes accents charmées,
Et les rochers émus et les bêtes des bois,
Bientôt le noir Destin parlera par ma voix.
Le Destin dévorant, sourd comme l'onde amère,
250 Engloutit à son jour toute chose éphémère,
Ô fils d'Oiagre ! Et moi, par Kronos engendré,
Qui dus être immortel, dont l'âge immesuré
De générations embrasse un vaste nombre,
Moi qui de l'avenir perce le voile sombre...
255 Il me semble qu'hier j'ai vu les premiers cieux !
Que Phyllire, ma mère, en son amour joyeux,
Hier en ses doux bras abritait ma faiblesse !
Ne touché-je donc pas à l'aride vieillesse ?
N'ai-je pas sur la terre usé de mes pieds durs
260 La tombe des héros tombés comme fruits mûrs ?
Et cet âge éternel qu'on daigna me promettre,
Est-ce un rapide jour qui semble toujours naître ?
Sombre Destin, pensée où tout est résolu,
Ô Destin, tout mourra quand tu l'auras voulu ! —

265 Et durant ce discours, Orphée aux yeux splendides,
    Lisant sur ce grand front tout sillonné de rides
    La profonde pensée et le secret du Sort,
    Croit voir un Dieu couvert des ombres de la mort.
    Cependant il se tait et respecte le sage ;
270 Nul orgueil de savoir ne luit sur son visage ;
    Il attend que Khirôn, assouvissant sa faim,
    L'invite à l'écouter et lui réponde enfin.
    Le fier adolescent à la tête bouclée,
    Fils de la Néréide et du divin Pélée,
275 Achille au cœur ardent, tel qu'un jeune lion
    Qui joue en son repaire aux flancs du Pélion,
    S'empresse autour d'Orphée et du sage Centaure.
    Souriant, il leur verse un doux vin qui restaure ;
    Puis, sur un disque, il sert un tendre agneau fumant
280 Et des gâteaux de miel avec un pur froment.
    Parfois, le grand Vieillard qui naquit de Phyllire
    Et le Roi de la Thrace à la puissante lyre
    Admirent en secret cet enfant glorieux,
    Le plus beau des mortels issus du sang des Dieux.
285 Déjà sa haute taille avec grâce s'élance
    Comme un pin des forêts que la brise balance ;
    Une flamme jaillit de son œil courageux ;
    Et, soit qu'il s'abandonne aux héroïques jeux,
    Soit qu'il fasse vibrer entre ses mains fécondes
290 La lyre aux chants divins, mélodieuses ondes ;
    Comme un nuage d'or, diaphane et mouvant,
    À voir ses longs cheveux flotter au libre vent
    Et sur son col d'ivoire errer pleins de mollesse ;
    À voir ses reins brillants de force et de souplesse,
295 Son bras blanc et nerveux au geste souverain
    Qui soutient sans ployer un bouclier d'airain,
    Les deux sages déjà, devançant les années,
    Déroulent dans leurs cœurs ses grandes destinées.

Mais le festin s'achève, et sur sa large main
300 Le Centaure pensif pose un front surhumain.
Un long rêve surgit dans son âme profonde.
Son œil semble chercher un invisible monde ;
Son oreille, attentive aux bruits qui ne sont plus,
Entend passer l'essaim des siècles révolus :
305 Il s'enflamme aux reflets de leur antique gloire,
Comme au vivant soleil luit une tombe noire !
Tels qu'un écho lointain qui meurt au fond des bois,
Des sons interrompus expirent dans sa voix,
Et de son cœur troublé l'élan involontaire
310 Fait qu'il frappe soudain des quatre pieds la terre.
Comme pour embrasser des êtres bien aimés,
Il ouvre à son insu des bras accoutumés ;
Il remonte les temps, il s'écrie, il appelle,
Et sur son front la joie à la douleur se mêle.
315 Enfin sa voix résonne et s'exhale en ces mots,
Comme le vent sonore émeut les noirs rameaux :

II

— Oui ! j'ai vécu longtemps sur le sein de Kybèle...
Dans ma jeune saison que la Terre était belle !
Les grandes eaux naguère avaient de leurs limons
320 Reverdi dans l'Aithèr les pics altiers des monts.
Du sein des flots féconds les humides vallées,
De nacre et de corail et de fleurs étoilées,
Sortaient, telles qu'aux yeux avides des humains
De beaux corps ruisselants du frais baiser des bains,
325 Et fumaient au soleil comme des urnes pleines
De parfums d'Ionie aux divines haleines !
Les cieux étaient plus grands ! D'un souffle généreux
L'air subtil emplissait les poumons vigoureux ;

Et plus que tous, baigné des forces éternelles,
330 Des aigles de l'Athos, je dédaignais les ailes !
Sur la neige des mers Aphrodite, en riant,
Comme un rêve enchanté, voguait vers l'Orient...
De sa conque, flottant sur l'onde qui l'arrose,
La nacre aux doux rayons reflétait son corps rose,
335 Et l'Euros caressait ses cheveux déroulés,
Et l'écume baisait ses pieds immaculés ;
Les Kharites en rond sur la Mer murmurante
Emperlaient en nageant leur blancheur transparente,
Et les Rires légers, dans leurs jeunes essors,
340 Guidaient la Conque bleue et ses divins trésors !

Ô vous, plaines d'Hellas ! Ô montagnes sacrées,
De la Terre au grand sein mamelles éthérées !
Ô pourpre des couchants ! ô splendeur des matins !
Ô fleuves immortels, qu'en mes jeux enfantins
345 Je domptais du poitrail, et dont l'onde écumante,
Neige humide, flottait sur ma croupe fumante !
Oui ! j'étais jeune et fort ; rien ne bornait mes vœux :
J'étreignais l'Univers entre mes bras nerveux ;
L'horizon sans limite aiguillonnait ma course,
350 Et j'étais comme un fleuve égaré de sa source,
Qui, du sommet des monts soudain précipité,
Flot sur flot s'amoncelle et roule avec fierté.
Depuis que sur le sable où la Mer vient bruire
Kronos m'eut engendré dans le sein de Phyllire,
355 J'avais erré, sauvage et libre sous les airs,
Emplissant mes poumons du souffle des déserts
Et fuyant des mortels les obscures demeures.
Je laissais s'envoler les innombrables heures :
De leur rapide essor rival impétueux,
360 L'orage de mon cœur au cours tumultueux
Mieux qu'elles, dans l'espace et l'ardente durée,
Entraînait au hasard ma force inaltérée !
Et pourtant, comme au sein des insondables mers,

Tandis que le Notos émeut les flots amers,
365 L'empire de Nérée, à nos yeux invisible,
Ignore la tourmente et demeure impassible ;
Dans l'abîme inconnu de mon cœur troublé, tel
J'étais calme, sachant que j'étais immortel !
Ô jours de ma jeunesse, ô saint délire, ô force !
370 Ô chênes dont mes mains brisaient la rude écorce,
Lions que j'étouffais contre mon sein puissant,
Monts témoins de ma gloire et rougis de mon sang !
Jamais, jamais mes pieds, fatigués de l'espace,
Ne suivront plus d'en bas le grand aigle qui passe ;
375 Et, comme aux premiers jours d'un monde nouveau-né,
Jamais plus, de flots noirs partout environné,
Je ne verrai l'Olympe et ses neiges dorées
Remonter lentement aux cieux hyperborées !

— Ô Khirôn, dit Orphée, éloigne de ton cœur
380 Ces indignes regrets dont le sage est vainqueur.
Ton destin fut si beau parmi nos destins sombres,
Les siècles de la Terre, à nos yeux couverts d'ombres,
Sous ton large regard ont passé si longtemps,
Et ta vie est si pleine, ô fils aîné du Temps,
385 Que l'auguste science en ton sein amassée
Doit calmer pour jamais ta grande âme blessée.
Daigne instruire plutôt mes esprits incertains :
Dis-moi des peuples morts les antiques destins,
Les luttes des héros et la gloire des sages,
390 Et le déroulement fatidique des âges ;
Dis-moi les Dieux armés contre les fils du Ciel,
Asseyant dans l'Olympe un empire éternel,
Et les vaincus tombant sous les monts qui s'écroulent,
Et Zeus précipitant ses triples feux qui roulent,
395 Et la Terre, attentive à ces combats géants,
Engloutissant les morts dans ses gouffres béants.

— La sagesse est en toi, fils d'une noble Muse !
Tu dis vrai, car Kronos à nos vœux se refuse :
Implacable, et toujours avide de son sang,
400 Il m'emporte moi-même en son vol incessant,
Et les larmes jamais, dans sa fuite éternelle,
N'ont fléchi ce Dieu sourd qui nous fauche de l'aile.
Tu sais, tu sais déjà, noble Aède, — tes yeux
Ont lu jusques au fond de mon cœur soucieux, —
405 Que, tel qu'un voyageur errant quand la nuit tombe,
Mon immortalité s'est heurtée à la tombe !
Je mourrai ! Le Destin m'attend au jour prescrit.
Mais ta voix, ô mon fils, a calmé mon esprit.
Les justes Dieux, comblant mon orgueilleuse envie,
410 Bien au delà des temps ont prolongé ma vie,
Et si je dois tomber comme un guerrier vaincu,
Calme je veux mourir, ainsi que j'ai vécu.
Écoute ! des vieux jours je te dirai l'histoire.
Leurs vastes souvenirs dormaient dans ma mémoire.
415 Mais ta voix les réveille, et ces jours glorieux
Vont éclairer encor leur ciel mystérieux.
Ô mon hôte ! aussi loin que mon regard se plonge,
Aux bornes du passé qui flotte comme un songe,
Quand la Terre était jeune et quand je respirais
420 Les souffles primitifs des monts et des forêts ;
Des sereines hauteurs où s'épandait ma vie,
Quand j'abaissais ma vue étonnée et ravie,
À mes pieds répandu, j'ai contemplé d'abord
Un peuple qui des mers couvrait le vaste bord.
425 De noirs cheveux tombaient sur les larges épaules
De ces graves mortels avares de paroles,
Et qui, de Pélasgos, fils de la Terre, issus,
S'abritaient à demi de sauvages tissus.
Au sol qui les vit naître enracinés sans cesse,
430 Ils paissaient leurs troupeaux, pacifique richesse,
Sans que les flots profonds ou les sombres hauteurs

Eussent tenté jamais leurs pas explorateurs.
Arès au casque d'or, aux yeux pleins de courage,
Dans la paix de leur cœur ne jetait point l'orage :
435 Ignorant les combats, ils taillaient au hasard
De leurs grossières mains de noirs abris, sans art ;
Et du sein de ces blocs où paissaient les cavales
D'inhabiles clameurs montaient par intervalles,
Cris des peuples enfants qui, simples et pieux,
440 Sentaient bondir leurs cœurs en présence des cieux.
Car les temples sacrés, les cités sans pareilles,
Les hymnes qui des Dieux enchantent les oreilles,
Dans le sein de la Terre et des mortels futurs
Dormaient prédestinés à des siècles plus mûrs.
445 Sur la haute montagne où s'allumait l'aurore,
Interrogeant les Dieux, qui se taisaient encore
Et dans mon jeune esprit prêt à le contenir
Déposaient par éclairs le splendide Avenir,
Souvent je méditais, dans le repos de l'âme,
450 Sur ces peuples pieux, purs de crime ou de blâme,
Et je tournais parfois mes regards réfléchis
Vers les noirs horizons que le Nord a blanchis.

Cependant, Artémis, la Vierge aux longues tresses,
Menant le chœur léger des fières chasseresses,
455 Sur la cime des monts à mes pas familiers
Poursuivait les grands cerfs à travers les halliers.
Je rencontrai bientôt la Déesse virile
Qui d'un chaste tissu couvre son flanc stérile.
L'arc d'ivoire à la main et les yeux animés,
460 Excitant de la voix ses lévriers aimés,
Et parfois confiant aux échos des montagnes
Les noms mélodieux de ses belles compagnes,
Elle marchait, rapide, et sa robe de lin
Par une agrafe d'or à son genou divin
465 Se nouait, et les bois, respectant la Déesse,
S'écartaient au devant de sa mâle vitesse.

Je reposais au pied d'un chêne aux noirs rameaux,
Les mains teintes encor du sang des animaux ;
Car depuis qu'Hèlios dont le monde s'éclaire
470 Avait poussé son char dans l'azur circulaire,
Par les taillis épais d'arbustes enlacés,
Sur les rochers abrupts de mousses tapissés,
Sans relâche, j'avais de mes mains meurtrières
Percé les cerfs légers errant dans les clairières,
475 Et, des fauves lions suivant les pas empreints,
D'un olivier noueux brisé leurs souples reins.
Artémis s'arrêta sous le chêne au tronc rude,
Et d'une voix divine emplit la solitude :

— Khirôn, fils de Kronos, habitant des forêts,
480 Dont la main est habile à disposer les rets,
Et qui, sur le sommet de mes vastes domaines,
Coules des jours sereins loin des rumeurs humaines,
Centaure, lève-toi ! les Dieux te sont amis.
Sois le cher compagnon que leurs voix m'ont promis !
485 Et sur le vert Kynthios ou l'Érymanthe sombre,
Sur le haut Péliôn noirci de pins sans nombre,
Aux crêtes des rochers où l'aigle fait son nid,
Viens fouler sur mes pas la mousse et le granit.
Viens ! Que toujours ta flèche, à ton regard fidèle,
490 Atteigne aux cieux l'oiseau qui fuit à tire-d'aile ;
Que jamais dans sa rage un hardi sanglier
Ne baigne de ton sang les ronces du hallier !
Compagnon d'Artémis, invincible comme elle,
Viens illustrer ton nom d'une gloire immortelle ! —

495 Et je dis : — Ô Déesse intrépide des bois,
Qui te plais aux soupirs des cerfs, aux longs abois
Des lévriers lancés sur la trace odorante ;
Vierge au cœur implacable, et qui, toujours errante,
Tantôt pousses des cris féroces, l'arc en main,

500 L'œil brillant, et tantôt, au détour du chemin,
Sous les rameaux touffus et les branches fleuries,
Entrelaces le chœur de tes Nymphes chéries,
Artémis ! je suivrai tes pas toujours changeants,
J'atteindrai pour te plaire, en mes bonds diligents,
505 Les biches aux pieds prompts et les taureaux sauvages
Qui troublent, mugissants, les bois et les rivages,
Si tu daignes, Déesse, accorder à mes vœux
La blanche Kharikhlô, la Nymphe aux blonds cheveux,
Qui s'élève, au milieu de ses sœurs effacées,
510 Comme un peuplier vert aux cimes élancées ! —

La Déesse sourit ; et, chasseur courageux,
Depuis dans les forêts je partageai ses jeux.
Mais quand, pour d'autres bords, la Vierge Latoïde,
Lasse de la vallée ou de la cime aride,
515 De ses Nymphes suivie, à l'horizon des flots
Volait vers Ortygie ou la sainte Délos,
Je déposais mon arc et mes flèches sanglantes,
Et, le front incliné sur les divines plantes,
Je méditais Kybèle au sein mystérieux,
520 Vénérable à l'esprit, éblouissante aux yeux.

Tels étaient mes loisirs, ô Chanteur magnanime !
Tel je vivais heureux sur la Terre sublime,
Toujours l'oreille ouverte aux bruits universels,
Souffles des cieux, échos des parvis immortels,
525 Voix humaines, soupirs des forêts murmurantes,
Chansons de l'Hydriade au sein des eaux courantes ;
Et formant, sans remords, le tissu de mes jours
De force et de sagesse et de chastes amours.
Oui, tel j'étais, mon hôte, en ma saison superbe !
530 Je buvais l'eau du ciel et je dormais sur l'herbe,
Et parfois, à l'abri des bois mystérieux,
Comme fait un ami, j'entretenais les Dieux !
En ce temps, sur l'Ossa ceint d'éclatants orages

J'errais, et sous mes pieds flottaient les lourds nuages,
535 Quand au large horizon par ma vue embrassé,
Où sommeille Borée en son antre glacé,
Je vis, couvrant les monts et noircissant les plaines,
Attiédissant les airs d'innombrables haleines,
Incessant, et pareil aux épais bataillons
540 Des avides fourmis dans le creux des sillons,
Un peuple armé surgir ! Des chevelures blondes,
Sur leurs dos blancs et nus, en boucles vagabondes
Flottaient, et les échos des monts qui s'ébranlaient
De leurs chants belliqueux s'emplissaient et roulaient.
545 Telle, la vieille mer aux forces formidables
Amasse un noir courroux dans ses flots insondables,
Se gonfle, se déroule, et, sous l'effort des vents,
A l'assaut des grands caps pousse ses flots mouvants :
L'Olympe tremble au bruit, et la rive pressée
550 Palpite sous le poids, d'écume hérissée.
Ainsi ce peuple fier, aux combats sans égaux,
Heurte dans son essor l'antique Pélasgos ;
Et sur ces bords bercés d'un repos séculaire,
Pour la première fois a rugi la Colère.

555 Les troupeaux éperdus, au hasard dispersés,
Mugissent dans la flamme et palpitent percés ;
Comme au vent orageux volent les feuilles sèches,
Les airs sont obscurcis d'un nuage de flèches...
Superbe et furieux, l'étalon hennissant
560 Traîne les chars d'airain dans un fleuve de sang ;
Et la clameur féroce, aux lèvres écumantes,
Les suprêmes soupirs, les poitrines fumantes,
Les têtes bondissant loin du tronc palpitant,
Le brave, aimé des Dieux, qui tombe en combattant,
565 Le lâche qui s'enfuit, la vieillesse, l'enfance,
Et la vierge au corps blanc qu'un fer cruel offense,
Tout ! cris, soupirs, courage, ardeur, efforts virils,
Tout proclame l'instant des suprêmes périls,

L'heure sombre où l'Érèbe en ses parois profondes
570 Engloutit par essaims les races vagabondes,
Jusqu'au jour éternel où leurs restes épars
Dans le repos premier rentrent de toutes parts,
Et, d'une vie antique effaçant le vestige,
Unissent dans la mort les rameaux à la tige.

575 Les Pasteurs, refoulés par ces torrents humains,
Se frayaient, gémissants, d'inhabiles chemins.
Emportant de leurs Dieux les géantes images,
Les uns par grands troupeaux fuyaient sur les rivages ;
Les autres, unissant les chênes aux troncs verts,
580 Allaient chercher sur l'onde un meilleur univers...
Et quand tout disparut, race morte ou vivante,
Moissonnée en monceaux ou prise d'épouvante,
Je vis, sur les débris de ce monde effacé,
Un nouveau monde croître, et, vers les cieux poussé,
585 Comme un chêne noueux aux racines sans nombre,
Épancher sur le sol sa fraîcheur et son ombre ;
Tandis que du Destin l'oracle originel,
Parlant une autre langue aux abîmes du ciel,
Sous mes yeux éblouis déroulait à cette heure
590 Le sort plus glorieux d'une race meilleure.
Alors, je descendis du mont accoutumé
Chez ce peuple aux beaux corps des Immortels aimé.
Ainsi l'aigle, lassé de la nue éternelle,
Dans l'ombre des vallons vient reposer son aile.
595 Roi de l'Hémos ! ma voix aux superbes dédains
N'avait jamais frappé l'oreille des humains ;
Jamais encor mes bras n'avaient de leur étreinte
Dans un cœur ennemi fait palpiter la crainte ;
J'ignorais la colère et les combats sanglants ;
600 Et, fier de quatre pieds aux rapides élans,
De ma force éprouvée aux lions redoutable,
J'irritai dans sa gloire une race indomptable.
L'insensée ignorait que le fer ni l'airain

Ne pouvaient entamer mon corps pur et serein,
605 Semblable, sous sa forme apparente, à l'essence
Des impalpables Dieux. Ma céleste naissance,
Le sentiment profond de ma force, ou plutôt
L'inexorable Arès qui m'enflammait d'en haut,
Excitant mon courage à la lutte guerrière,
610 Rougit d'un sang mortel ma flèche meurtrière.
Que de héros anciens dignes de mes regrets,
Sur la rive des mers, dans l'ombre des forêts,
Race hardie, en proie à ma fureur première,
J'arrachai, noble Orphée, à la douce lumière !
615 Peut-être que, vengeant le divin Pélasgos,
J'allais d'un peuple entier déshériter Argos,
Si la grande Athènè, Déesse tutélaire,
N'eût brisé le torrent d'une aveugle colère.
J'ensevelis les morts que j'avais immolés,
620 J'honorai leur courage et leurs mânes troublés ;
Et la Paix souriante, aux mains toujours fleuries,
Apaisa pour jamais nos âmes aguerries.

Mais, à peine échappée aux combats dévorants,
La Terre tressaillit sous des efforts plus grands ;
625 Et, comme aux jours anciens où tomba Prométhée,
L'Aithèr devint semblable à la Mer agitée.
Les astres vacillaient dans l'écume des cieux,
Et la nue au flanc d'or, voile mystérieux,
En des lambeaux de feu déchirée et flottante,
630 Montrait des pâles Dieux la foule palpitante !
La clameur des mortels roulait, les flots grondaient
Et d'eux-mêmes, au loin, en sanglots s'épandaient,
Comme de noirs captifs qui, dans l'ombre nocturne,
Redemandent la vie à l'écho taciturne
635 Et désespérément se heurtent front sur front.
Or, la Terre vengeait enfin l'antique affront
Du Dieu source des Dieux, que de sa faux cruelle
Mon père mutila dans la Voûte éternelle,

Alors que, débordant comme un fleuve irrité,
640 Le Sang subtil coula du ciel épouvanté,
Et qu'en flots clandestins la divine Semence
Féconda lentement la Terre au sein immense !

Donc, du Crime infini formidables vengeurs,
Naquirent tout armés les Géants voyageurs,
645 Monstres de qui la tête était ceinte de nues,
Dont le bras ébranlait les montagnes chenues,
Et qui, toujours marchant, secouaient d'un pied lourd
Les entrailles du Monde et jusqu'à l'Hadès sourd !
De leurs soixante voix l'injure irrésistible
650 Retentit tout à coup dans l'Olympe paisible…
Mais ne pouvant porter au sein des larges cieux,
Terreur des Immortels, leurs fronts audacieux,
Les premiers, Diophore et l'informe Encelade
De l'Empire céleste ont tenté l'escalade !
655 L'Hémos déraciné sur l'Ossa s'est dressé,
Puis tous deux sur Athos, qui rugit, crevassé,
Quand le noir Péliôn sur tous trois s'amoncelle !
L'échelle monstrueuse en sa hauteur chancelle ;
Mais, franchissant d'un bond ses immenses degrés,
660 Les Géants vont heurter les palais éthérés.
Tout tremble ! En vain la foudre au bras de Zeus s'embrase ;
Sous leurs blocs meurtriers dont la lourdeur écrase,
Les enfants d'Ouranos vont briser de leurs mains
L'Olympe éblouissant vénéré des humains.
665 Des Dieux inférieurs la foule vagabonde
Par les sentiers du ciel fuit aux confins du monde ;
Et peut-être en ce jour, dispersant leurs autels,
L'Érèbe dans son sein eût pris les Immortels,
Si, changeant d'un seul coup la défaite mobile,
670 Athènè n'eût percé Pallas d'un trait habile.

Alors, du Péliôn soudain précipité,
Encelade recule, et, d'un front indompté,

Il brave encor des Dieux la colère implacable ;
Mais le fumant Aitna de tout son poids l'accable :
675 Il tombe enseveli. Vainement foudroyé,
Diophore a saisi Pallas pétrifié ;
À la fille de Zeus, de son bras athlétique,
Il le lance, et le corps du Géant granitique
Retombe en tournoyant et brise son front dur
680 Comme le pied distrait écrase le fruit mûr.
Polybote éperdu fuit dans la Mer profonde,
Et ses reins monstrueux dominent au loin l'onde,
Et de ses larges pas, mieux que les lourds vaisseaux,
Il franchit sans tarder l'immensité des eaux ;
685 Poseidôn l'aperçoit ; de ses bras formidables
Il enlève Nysire et ses grèves de sables
Et ses rochers moussus ; il la dresse dans l'air :
Et l'île aux noirs contours vole comme l'éclair,
Gronde, frappe ; et les os du Géant qui succombe
690 Blanchissent les parvis de son humide tombe.
Tous croulent dans l'Hadès, où neuf fois, de ses flots,
La Styx qui les étreint étouffe leurs sanglots ;
Et les Dieux, oubliant les discordes funestes,
Goûtent d'un long repos les voluptés célestes.

695 Et moi, contemporain de jours prodigieux,
En plaignant les vaincus j'applaudissais aux Dieux,
Certain de leur justice, et pourtant dans mon âme
Roulant un noir secret brûlant comme la flamme,
Et je laissais flotter, au bord des flots assis,
700 Dans le doute et l'effroi mes esprits indécis ;
Songeur, je me disais : — Sur les cimes neigeuses
L'aigle peut déployer ses ailes orageuses,
Et, l'œil vers Hèlios incessamment tendu,
Briser l'effort des vents dans l'espace éperdu ;
705 Car sa force est cachée en sa lutte éternelle ;
Il se complaît, s'admire, et s'agrandit en elle.
Avide de lumière, altéré de combats,

Le sol est toujours noir, les cieux sont toujours bas ;
Il vole, il monte, il lutte, et sa serre hardie
710 Saisit le triple éclair dont le feu l'incendie !
Les sereines forêts aux silences épais,
Chères au divin Pan, ruisselantes de paix,
Les sereines forêts, immobiles naguères,
Peuvent s'écheveler comme des fronts vulgaires ;
715 L'ouragan qui se rue en bonds tumultueux
Peut des chênes sacrés briser les troncs noueux ;
L'astre peut resplendir dans la nue azurée
Et brusquement s'éteindre au sein de l'Empyrée ;
L'Océan peut rugir, la Terre s'ébranler ;
720 Les races dans l'Hadès peuvent s'amonceler ;
L'aveugle Mouvement, de ses forces profondes,
Faire osciller toujours les mortels et les mondes...
Mais d'où vient que les Dieux qui ne mourront jamais
Et qui du large Aithèr habitent les sommets,
725 Les Dieux générateurs des astres et des êtres,
Les Rois de l'Infini, les implacables Maîtres,
En des combats pareils aux luttes des héros,
De leur éternité troublent le sûr repos ?
Est-il donc par delà leur sphère éblouissante
730 Une Force impassible, et plus qu'eux tous puissante ;
D'inaltérables Dieux, sourds aux cris insulteurs,
Du mobile Destin augustes spectateurs,
Qui n'ont jamais connu, se contemplant eux-mêmes,
Que l'éternelle paix de leurs songes suprêmes ?

735 Répondez, répondez, ô Terre, ô Flots, ô Cieux !
Que n'ai-je, ô Roi d'Athos, ton vol audacieux !
Que ne puis-je, ô Borée, à tes souffles terribles
Confier mon essor vers ces Dieux invisibles !
Oh ! sans doute, à leurs pieds, pâles Olympiens,
740 Vous rampez ! Faibles Dieux, vous n'êtes plus les miens !
Comme toi, blond Phoibos, qu'honore Lykorée,
Je darde un trait aigu d'une main assurée :

Pythôn eût succombé sous mes coups affermis !
J'ai devancé ta course, ô légère Artémis !
745 Comme vous immortel, ma force me protège ;
Les Dieux des bois souvent ont formé mon cortège ;
J'ai porté des lions dans mes bras étouffants,
Et mon père Kronos est votre aïeul, enfants !
Ô Zeus ! les noirs Géants ont balancé ta gloire...
750 C'est aux Dieux inconnus qu'appartient la victoire,
Et mon culte, trop fier pour tes autels troublés,
Veut monter vers ceux-ci, de la crainte isolés,
Qui n'ont point combattu, qui, baignés de lumière,
Dans le sein de la Force éternelle et première
755 Règnent calmes, heureux, immobiles, sans nom !
Irrésistibles Dieux à qui nul n'a dit : Non !
Qui contiennent le Monde en leurs seins impalpables
Et qui vous jugeront, hommes et Dieux coupables ! —

Hélas ! tel je songeais, Chanteur mélodieux !
760 J'osais délibérer sur le Destin des Dieux !
Ils m'ont puni. Bientôt les Kères indignées
Trancheront le tissu de mes longues années ;
La flèche d'Hèraklès finira mes remords ;
J'irai mêler mon ombre au vain peuple des Morts,
765 Et l'antique Chasseur des forêts centenaires
Poursuivra dans l'Hadès les cerfs imaginaires !
Et depuis, j'ai vécu, mais dans mon sein gardant
Ce souvenir lointain comme un remords ardent.
Pour adoucir les Dieux, pour expier ma faute,
770 J'ai creusé cette grotte où tu sièges, mon hôte ;
Et là, durant le cours des âges, j'ai nourri
De sagesse et d'amour tout un peuple chéri,
Peuple d'adolescents sacrés, race immortelle
Que le lion sauvage engraissait de sa moelle,
775 Et que l'antique Hellas, en des tombeaux pieux,
Tour à tour a couchés auprès de leurs aïeux.

Viens ! ô toi, le dernier des nourrissons sublimes
Que mes bras paternels berceront sur ces cimes,
Ô rejeton des Dieux, ô mon fils bien aimé !
780 Toi qu'aux mâles vertus tout enfant j'ai formé,
Et qui, de mes vieux jours consolant la tristesse,
Fais mon plus doux orgueil et ma seule richesse !
Fils du brave Pélée, Achille au pied léger,
Puisse ton cœur grandir et ne jamais changer !
785 Ô mon enfant si cher, Hellas est dans l'attente.
Quels feux éclipseront ton aurore éclatante !
Le plus grand des guerriers, embrassant tes genoux,
Au pied des murs d'Ilos expire sous tes coups...
Un Dieu te percera de sa flèche assassine ;
790 Mais comme un chêne altier que l'éclair déracine
Et qui, régnant parmi les hêtres et les pins,
Émoussa la cognée à ses rameaux divins !
Sous le couteau sacré la vierge Pélasgique
Baignera de son sang ta dépouille héroïque ;
795 Et sur le bord des mers j'entends Hellas en pleurs
Troubler les vastes cieux du cri de ses douleurs !
Tu tombes, jeune encor ; mais ta rapide vie
D'une gloire immortelle, ô mon fils, est suivie ;
L'avenir tout entier en sonores échos
800 Fait retentir ton nom dans l'âme des héros,
Et l'aride Troade, où tous viendront descendre,
Les verra tour à tour inclinés sur ta cendre. —

Le Centaure se tait. Dans ses bras vénérés
S'élance le jeune homme aux longs cheveux dorés ;
805 De son cœur généreux la fibre est agitée.
Il baise de Khirôn la face respectée ;
Et, gracieux soutien du Vieillard abattu,
Il le réchauffe au feu de sa jeune vertu.

III

— Mon hôte, dit Khirôn, dès qu'aux voûtes profondes
810 La fille de Thia, l'Aurore aux tresses blondes,
Montera sur son char de perles et d'argent,
Presse vers Iolkos un retour diligent ;
Mais la divine Nuit, ceinte d'astres, balance
La Terre encor plongée en un vaste silence,
815 Et seul, le doux Sommeil, le frère d'Atropos,
Plane d'un vol muet dans les cieux en repos.
Je ne foulerai point Argô chargé de gloire,
Noble Aède ! J'attends le jour expiatoire ;
Et mon dernier regard, de tristesse incliné,
820 Contemple pour jamais la terre où je suis né.
L'Euros aux ailes d'or, d'une haleine attendrie,
Confiera ma poussière à la douce Patrie
Où fleurit ma jeunesse, où se cloront mes yeux !
Porte au grand Hèraklès mes suprêmes adieux :
825 Dis-lui que, résigné, soumis à des lois justes,
Je vois errer ma mort entre ses mains augustes,
Et que nulle colère, en mon cœur paternel,
Ne brûle contre lui pour ce jour solennel.
Mais Hèlios encor, dans le sein de Nérée,
830 N'entr'ouvre point des cieux la barrière dorée ;
Tout repose, l'Olympe, et la Terre au sein dur.
Tandis que Sélènè s'incline dans l'azur,
Daigne, harmonieux Roi qu'Apollôn même envie,
Charmer d'un chant sacré notre oreille ravie,
835 Tel que le noir Hadès l'entendit autrefois
En rythmes cadencés s'élancer de ta voix,
Quand le triple Gardien du Fleuve aux eaux livides
Referma de plaisir ses trois gueules avides,
Et que des pâles Morts la foule suspendit
840 Dans l'abîme sans fond son tourbillon maudit ! —

Comme au faîte des monts Apollôn Musagète,
Le fils de Kalliope est debout ! Il rejette
Sur son dos large et blanc, exercé dans les jeux,
Ses cheveux éclatants, sa robe aux plis neigeux ;
845 Il regarde l'Olympe où ses yeux savent lire,
Et du fils de Pélée il a saisi la lyre.
Sous ses doigts surhumains les cordes ont frémi
Et s'emplissent d'un souffle en leur sein endormi,
Souffle immense, pareil aux plaintes magnanimes
850 De la Mer murmurante aux sonores abîmes.
Tel, le faible instrument gémit sous ses grands doigts
Et roule en chants divins pour la première fois !
Un Dieu du grand Aède élargit la poitrine ;
D'une ardente lueur son regard s'illumine...
855 Il va chanter, il chante ! Et l'Olympe charmé
S'abaisse de plaisir sur le mont enflammé !
Kybèle aux épis d'or, sereine, inépuisable,
Des grèves où les flots expirent sur le sable
Jusqu'aux âpres sommets où dorment les hivers,
860 D'allégresse a senti tressaillir ses flancs verts !
L'étalon hennissant de volupté palpite ;
De son nid tout sanglant l'aigle se précipite ;
Le lion étonné, battant ses flancs velus,
S'élance du repaire en bonds irrésolus ;
865 Et les timides cerfs et les biches agiles,
Les Dryades perçant les écorces fragiles,
Les Satyres guetteurs des Nymphes au sein nu,
Tous se sentent poussés par un souffle inconnu ;
Et vers l'antre, où la lyre en chantant les rassemble,
870 Des plaines et des monts ils accourent ensemble !

Ainsi, divin Orphée, ô Chanteur inspiré,
Tu déroules ton cœur sur un mode sacré.
Comme un écroulement de foudres rugissantes,
La colère descend de tes lèvres puissantes ;

875 Puis le calme succède à l'orage du ciel :
    Un chant majestueux, qu'on dirait éternel,
    Enveloppe la lyre entre tes bras vibrante ;
    Et l'oreille, attachée à cette âme mourante,
    Poursuit dans un écho décroissant et perdu
880 Le chant qui n'étant plus est toujours entendu.
    Le Péléide écoute, et la lyre est muette !
    Altéré d'harmonie, il incline la tête :
    Sous l'or de ses cheveux, d'une noble rougeur
    L'enthousiasme saint brûle son front songeur ;
885 Une ardente pensée, en son cœur étouffée,
    L'oppresse de sanglots ; mais il contemple Orphée,
    Et dans un cri sublime il tend ses bras joyeux
    Vers cette face auguste et ces splendides yeux
    Où du céleste éclair que ravit Prométhée
890 Jaillit, impérissable, une flamme restée ;
    Comme si le Destin eût voulu confier
    La flamme où tous vont boire et se vivifier
    Au fils de Kalliope, au Chanteur solitaire
    Que chérissent les Dieux et qu'honore la Terre.

895 Mais le sombre horizon des cieux, les monts dormants
    Qui baignent leurs pieds lourds dans les flots écumants,
    Les forêts dont l'Euros fait osciller les branches,
    Tout s'éveille, s'argente à des clartés plus blanches ;
    Et déjà, de la Nuit illuminant les pleurs,
900 L'Aurore monte au sein d'un nuage de fleurs.
    Orphée a vu le jour : — Ô toi que je révère,
    Ô grand Vieillard, dit-il, dont le Destin sévère
    D'un voile de tristesse obscurcit le déclin,
    Je te quitte, ô mon père ! Et, comme un orphelin
905 Baigne, au départ, de pleurs des cendres précieuses,
    Je t'offre le tribut de mes larmes pieuses.
    Contemporain sacré des âges révolus,
    Adieu, Centaure, adieu ! je ne te verrai plus...
    Fils de Pélée, adieu ! puissent les Dieux permettre

910 Qu'un jour ton cœur atteigne aux vertus de ton Maître :
Sois le plus généreux, le plus beau des mortels,
Le plus brave ; et des Dieux honore les autels.
Salut, divin asile, ô grotte hospitalière !
Salut, lyre docile, à ma main familière !
915 Dépouilles des lions qu'ici foula mon corps,
Montagnes, bois, vallons, tout pleins de mes accords,
Cieux propices, salut ! Ma tâche est terminée. —

Il dit. Et de Khirôn la langue est enchaînée ;
Il semble qu'un Dieu gronde en son sein agité ;
920 Des pleurs baignent sa face : — Ô mon fils regretté,
Divin Orphée, adieu ! Mon cœur suivra ta trace
Des rives de Pagase aux fleuves de la Thrace.
Je vois le noir Argô sur les flots furieux
S'élancer comme l'aigle à son but glorieux,
925 Et dans le sein des mers les blanches Kyanées
Abaisser à ta voix leurs têtes mutinées.
Et Kolkhos est vaincue ! Et remontant aux lieux
Où luit l'Ourse glacée à la borne des cieux,
De contrée en contrée, Argô, qu'un Dieu seconde,
930 D'un cours aventureux enveloppe le monde !
Mais, ô crime, ô douleur éternelle en sanglots !
Quelle tête sacrée errant au gré des flots,
Harmonieuse encore et d'un sang pur trempée,
Roule et gémit, du thyrse indignement frappée ?
935 Iakkhos, Iakkhos ! Dieu bienveillant, traîné
Par la fauve panthère ! Iakkhos, couronné
Des pampres et de lierre et de vendanges mûres !
Dieu jeune, qui te plais aux furieux murmures
Des femmes de l'Édôn et du Mimas ! ô toi
940 Qui déchaînes, la nuit, sur les monts pleins d'effroi,
Comme un torrent de feu l'ardente Sabasie...
De quels regrets ton âme, Évan, sera saisie
Quand ce divin Chanteur égorgé dans tes jeux

Rougira de son sang le Strymôn orageux !
945 Ô mon fils ! — Mais sa voix expire dans les larmes.

— Centaure ! dit Orphée, apaise tes alarmes.
Les pleurs me sont sacrés qui tombent de tes yeux,
Mais la vie et la mort sont dans la main des Dieux ! —

Il marche, et, reprenant le sentier de la veille,
950 S'éloigne. Le ciel luit, le Péliôn s'éveille,
Tout frais de la rosée attachée à ses flancs.
Au souffle du matin les pins étincelants
S'entretiennent au fond de la montagne immense ;
Le bruit universel des Êtres recommence.
955 Les grands troupeaux, suivis des agrestes pasteurs,
Regagnent la vallée humide ou les hauteurs
Verdoyantes. Voici les vierges au doux rire
Où rayonne la joie, où la candeur respire,
Qui retournent, avec leurs naïves chansons,
960 Les unes aux cours d'eau, les autres aux moissons.
Mais, ô jeune trésor de la Terre divine,
Quelle crainte soudaine en vos yeux se devine ?
D'où vient que votre sein s'émeuve et que vos pas
S'arrêtent, et qu'ainsi vous vous parliez tout bas,
965 Montrant de vos bras nus, où le Désir se pose,
Une apparition dans le lointain éclose ?
Ô vierges, ô pasteurs, de quel trouble assiégés,
Restez-vous, beaux corps nus, en marbre blanc changés ?
Serait-ce qu'un lion, désertant la montagne,
970 Bondisse, l'œil ardent, suivi de sa compagne,
Dévorés de famine et déjà réjouis ?
Un éclair menaçant vous a-t-il éblouis ?
Non ! D'un respect pieux votre âme s'est remplie :
C'est ce même Étranger que jamais nul n'oublie,
975 Et qui marche semblable aux Dieux ! — Son front serein
Est tourné vers l'Olympe, et d'un pied souverain
Il foule sans le voir le sentier qui serpente.

Déjà du Péliôn il a franchi la pente.
Les vierges, les pasteurs l'ont vu passer près d'eux ;
980 Mais il s'arrête et dit : — Enfants, soyez heureux !
Pasteurs adolescents, vierges chastes et belles,
Salut ! Puissent vos cœurs être forts et fidèles !
Bienheureux vos parents ! Honneur de leurs vieux jours,
Entourez-les, enfants, de pieuses amours !
985 Et que les Dieux, contents de vos vertus naissantes,
Vous prodiguent longtemps leurs faveurs caressantes ! —

Il dit, et disparaît. Mais la sublime Voix,
Dans le cours de leur vie entendue une fois,
Ne quitte plus jamais leurs âmes enchaînées ;
990 Et quand l'âge jaloux a fini leurs années,
Des maux et de l'oubli ce souvenir vainqueur
Fait descendre la paix divine dans leur cœur.

THESTYLIS

Aux pentes du coteau, sous les roches moussues,
L'eau vive en murmurant filtre par mille issues,
Croît, déborde, et remue en son cours diligent
La mélisse odorante et les cailloux d'argent.
5 Le soir monte : on entend s'épandre dans les plaines
De flottantes rumeurs et de vagues haleines,
Le doux mugissement des grands bœufs fatigués
Qui s'arrêtent pour boire en traversant les gués,
Et sous les rougeurs d'or du soleil qui décline
10 Le bruit grêle des pins au front de la colline.
Dans les sentiers pierreux qui mènent à la mer,
Rassasié de thym et de cytise amer,
L'indocile troupeau des chèvres aux poils lisses
De son lait parfumé va remplir les éclisses ;
15 Le tintement aigu des agrestes grelots
S'unit par intervalle à la plainte des flots,
Tandis que, prolongeant d'harmonieuses luttes,
Les jeunes chevriers soufflent aux doubles flûtes.

Tout s'apaise : l'oiseau rentre dans son nid frais ;
20 Au sortir des joncs verts, les Nymphes des marais,
Le sein humide encor, ceintes d'herbes fleuries,
Les bras entrelacés, dansent dans les prairies.
C'est l'heure où Thestylis, la vierge de l'Aitna,
Aux yeux étincelants comme ceux d'Athana,
25 En un noir diadème a renoué sa tresse,

Et sur son genou ferme et nu de chasseresse,
À la hâte, agrafant la robe aux souples plis,
Par les âpres chemins de sa grâce embellis,
Rapide et blanche, avec son amphore d'argile,
30 Vers cette source claire accourt d'un pied agile,
Et s'assied sur le bord tapissé de gazon,
D'où le regard s'envole à l'immense horizon.

Ni la riche Milet qu'habitent les Iônes,
Ni Syracuse où croît l'hélichryse aux fruits jaunes,
35 Ni Korinthe où le marbre a la blancheur du lys,
N'ont vu fleurir au jour d'égale à Thestylis.
Grande comme Artémis et comme elle farouche,
Nul baiser n'a jamais brûlé sa belle bouche ;
Jamais, dans le vallon, autour de l'oranger,
40 Elle n'a, les pieds nus, conduit un chœur léger,
Ou, le front couronné de myrtes et de rose,
Au furtif hyménée ouvert sa porte close ;
Mais quand la Nuit divine allume l'astre aux cieux,
Il lui plaît de hanter le mont silencieux,
45 Et de mêler au bruit de l'onde qui murmure
D'un cœur blessé la plainte harmonieuse et pure :

— Jeune Immortel, que j'aime et que j'attends toujours,
Chère image entrevue à l'aube de mes jours !
Si, d'un désir sublime en secret consumée,
50 J'ai dédaigné les pleurs de ceux qui m'ont aimée,
Et si je n'ai versé, dans l'attente du ciel,
Les parfums de mon cœur qu'au pied de ton autel ;
Soit que ton arc résonne au sein des halliers sombres ;
Soit que, réglant aux cieux le rythme d'or des nombres,
55 D'un mouvement égal ton archet inspiré
Des Muses aux neuf voix guide le chœur sacré ;
Soit qu'à l'heure riante où, sous la glauque Aurore,
L'aile du vent joyeux trouble la Mer sonore,
Des baisers de l'écume argentant tes cheveux,

60 Tu fendes le flot clair avec tes bras nerveux ;
   Oh ! quel que soit ton nom, Dieu charmant de mes rêves,
   Entends-moi ! viens ! je t'aime, et les heures sont brèves !
   Viens ! sauve par l'amour et l'immortalité,
   Ravis au Temps jaloux la fleur de ma beauté ;
65 Ou, si tu dois un jour m'oublier sur la terre,
   Que ma cendre repose en ce lieu solitaire,
   Et qu'une main amie y grave pour adieu :
   — Ici dort Thestylis, celle qu'aimait un Dieu ! —

   Elle se tait, écoute, et dans l'ombre nocturne,
70 Accoudant son beau bras sur la rondeur de l'urne,
   Le sein ému, le front à demi soulevé,
   Inquiète, elle attend celui qu'elle a rêvé.
   Et le vent monotone endort les noirs feuillages ;
   La Mer en gémissant berce les coquillages ;
75 La montagne muette, au loin, de toutes parts,
   Des coteaux aux vallons, brille de feux épars ;
   Et la source elle-même, au travers de la mousse,
   S'agite et fuit avec une chanson plus douce.

   Mais le jeune Immortel, le céleste Inconnu,
80 L'Amant mystérieux et cher n'est pas venu !
   Il faut partir, hélas ! et regagner la plaine.
   Thestylis sur son front pose l'amphore pleine,
   S'éloigne, hésite encore, et sent couler ses pleurs ;
   De la joue et du col s'effacent les couleurs ;
85 Son corps charmant, Éros, frissonne de tes fièvres !
   Mais bientôt, l'œil brillant, un fier sourire aux lèvres,
   Elle songe tout bas, reprenant son chemin :
   — Je l'aime et je suis belle ! Il m'entendra demain ! —

MÉDAILLES ANTIQUES

I

Celui-ci vivra, vainqueur de l'oubli,
Par les Dieux heureux ! Sa main sûre et fine
A fait onduler sur l'onyx poli
      L'écume marine.

5 Avec le soleil, douce, aux yeux surpris,
Telle qu'une jeune et joyeuse reine,
On voit émerger mollement Kypris
      De la mer sereine.

La Déesse est nue et pousse en nageant
10 De ses roses seins l'onde devant elle ;
Et l'onde a brodé de franges d'argent
      Sa gorge immortelle.

Ses cheveux dorés aux flots embellis
Roulent sans guirlande et sans bandelettes ;
15 Tout son corps charmant brille comme un lys
      Dans les violettes.

Elle joue et rit ; et les gais dauphins,
Agitant autour nageoires et queues,
Pour mieux réjouir ses regards divins
20   Troublent les eaux bleues.

II

Les belles filles aux pressoirs
Portent sur leur tête qui ploie,
À pleins paniers, les raisins noirs ;
Les jeunes hommes sont en joie.
5 Ils font jaillir avec vigueur
Le vin nouveau des grappes mûres ;
Et les rires et les murmures
Et les chansons montent en chœur.

Ivres de subtiles fumées,
10 Les vendangeurs aux cheveux blancs
Dansent avec des pieds tremblants
Autour des cuves parfumées ;
Et non loin, cherchant un lit frais,
Éros, qui fait nos destinées,
15 À l'ombre des arbres épais
Devance les lents Hyménées.

III

Ni sanglants autels, ni rites barbares.
Les cheveux noués d'un lien de fleurs,
Une Ionienne aux belles couleurs
Danse sur la mousse, au son des kithares.
5 Ni sanglants autels, ni rites barbares :
Des hymnes joyeux, des rires, des fleurs !

Satyres ni Pans ne troublent les danses.
Un jeune homme ceint d'un myrte embaumé
Conduit de la voix le chœur animé ;
10 Éros et Kypris règlent les cadences.
Satyres ni Pans ne troublent les danses :
Des pieds délicats, un sol embaumé !

Ni foudres ni vents dont l'âme s'effraie.
Dans le bleu du ciel volent les chansons ;
15 Et de beaux enfants servent d'échansons
Aux vieillards assis sous la verte haie.
Ni foudres ni vents dont l'âme s'effraie :
Un ciel diaphane et plein de chansons !

IV

Sur la montagne aux sombres gorges
Où nul vivant ne pénétra,
Dans les antres de Lipara
Hèphaistos allume ses forges.

5 Il lève, l'illustre Ouvrier,
Ses bras dans la rouge fumée,
Et bat sur l'enclume enflammée
Le fer souple et le dur acier.

Les tridents, les dards, les épées,
10 Sortent en foule de sa main ;
Il forge des lances d'airain,
Des flèches aux pointes trempées.

Et Kypris, assise à l'écart,
Rit de ces armes meurtrières,

15 Moins puissantes que ses prières,
   Moins terribles que son regard.

V

Le divin Berger des monts de Phrygie
Goûte, les yeux clos, l'éternel sommeil ;
Et de son beau corps, dans l'herbe rougie,
   Coule un sang vermeil.

5 En boucles de lin, sur la pâle joue
  Qu'enviaient les fruits honneur des vergers,
  Tombent, du réseau pourpré qui les noue,
     Ses cheveux légers.

Voici Kythèrè, l'Amante immortelle,
10 Qui gémit et pleure auprès du Bouvier.
   Les Éros chasseurs tiennent devant elle
      Le noir Sanglier ;

Lui, pour expier d'amères offenses,
D'un autel qui fume attisant le feu,
15 Consume et punit ses blanches défenses
      D'avoir fait un Dieu.

PÉRISTÈRIS

Kastalides ! chantez l'enfant aux brunes tresses,
Dont la peau lisse et ferme a la couleur du miel,
Car vous embellissez la louange, ô Déesses !

Autour de l'onde où croît le laurier immortel
5 Chantez Péristèris née au rocher d'Égine :
Moins chère est à mes yeux la lumière du ciel !

Dites son rire frais, plus doux que l'aubergine,
Le rayon d'or qui nage en ses yeux violets
Et qui m'a traversé d'une flèche divine.

10 Sur le sable marin où sèchent ses filets
Elle bondit pareille aux glauques Néréides,
Et ses pieds sont luisants comme des osselets.

Chantez Péristèris, ô Nymphes Kastalides,
Quand les fucus amers à ses cheveux mêlés
15 Effleurent son beau cou de leurs grappes humides.

Il faut aimer. Le thon aime les flots salés,
L'air plaît à l'hirondelle, et le cytise aux chèvres,
Et l'abeille camuse aime la fleur des blés.

Pour moi, rien n'est meilleur qu'un baiser de ses lèvres.

PAYSAGE

À travers les massifs des pâles oliviers
L'Archer resplendissant darde ses belles flèches
Qui, par endroits, plongeant au fond des sources fraîches,
Brisent leurs pointes d'or contre les durs graviers.

5 Dans l'air silencieux ni souffles ni bruits d'ailes,
Si ce n'est, enivré d'arome et de chaleur,
Autour de l'églantier et du cytise en fleur,
Le murmure léger des abeilles fidèles.

Laissant pendre sa flûte au bout de son bras nu,
10 L'Aigipan, renversé sur le rameau qui ploie,
Rêve, les yeux mi-clos, avec un air de joie,
Qu'il surprend l'Oréade en son antre inconnu.

Sous le feuillage lourd dont l'ombre le protège,
Tandis qu'il sourit d'aise et qu'il se croit heureux,
15 Un large papillon sur ses rudes cheveux
Se pose en palpitant comme un flocon de neige.

Quelques nobles béliers aux luisantes toisons,
Grandis sur les coteaux fertiles d'Agrigente,
Auprès du roc moussu que l'onde vive argente,
20 Dorment dans la moiteur tiède des noirs gazons.

Des chèvres, çà et là, le long des verts arbustes,
Se dressent pour atteindre au bourgeon nourricier,
Et deux boucs, au poil ras, dans un élan guerrier,
En se heurtant du front courbent leurs cols robustes.

25 Par delà les blés mûrs alourdis de sommeil
Et les sentiers poudreux où croît le térébinthe,
Semblable au clair métal de la riche Korinthe,
Au loin, la mer tranquille étincelle au soleil.

Mais sur le thym sauvage et l'épaisse mélisse
30 Le pasteur accoudé repose, jeune et beau ;
Le reflet lumineux qui rejaillit de l'eau
Jette un fauve rayon sur son épaule lisse ;

De la rumeur humaine et du monde oublieux,
Il regarde la mer, les bois et les collines,
35 Laissant couler sa vie et les heures divines
Et savourant en paix la lumière des cieux.

LES BUCOLIASTES

I

Sources claires ! et toi, venu des Dieux, ô fleuve
Qui, du Tymbris moussu, verses tes belles eaux !
Je ferai soupirer, couché dans vos roseaux,
Ma syrinx à neuf tons enduits de cire neuve :
5 Apaisez la cigale et les jeunes oiseaux.

II

Vents joyeux qui riez à travers les feuillages,
Abeilles qui rôdez sur la fleur des buissons,
De ma syrinx aussi vous entendrez les sons ;
Mais de même qu'Éros, les Muses sont volages :
10 Hâtez-vous ! d'un coup d'aile emportez mes chansons.

I

Tout est beau, tout est bien, si Theugénis que j'aime
Foule de son pied nu l'herbe molle des bois !
Vers midi, l'eau courante est plus fraîche où je bois,
Et mes vases sont pleins d'une meilleure crème.
15 Absente, tout est mal, tout languit à la fois !

II

Dieux heureux ! que le lait abonde en mes éclisses !
Et quand le chaud soleil dans l'herbe a rayonné,
Du creux de ce rocher d'un lierre couronné,
Que j'entende mugir mes bœufs et mes génisses :
20 Tout est beau, tout est bien, il est doux d'être né !

I

Si l'hiver est un mal pour l'arbre qu'il émonde,
Pour les cours d'eau taris la flamme de l'été,
Il souffre aussi, celui qu'une vierge a dompté,
Du mal que fait Éros, le plus amer du monde,
25 Et d'une soif rebelle à tes flots, ô Léthé !

II

Souvent, au seuil de l'antre où la rouge verveine
Croît auprès d'un lentisque et d'un vieil olivier,
La fille au noir sourcil parut me convier.
Par la rude Artémis ! son attente était vaine ;
30 Car les bœufs sont la joie et l'honneur du bouvier.

I

Quand, aux feux du matin, s'envole l'alouette
Du milieu des sillons de rosée emperlés,
Je ne l'écoute plus ; mes esprits sont troublés ;
Mais pour te ranimer, ô nature muette,
35 Il suffit d'une voix qui chante dans les blés !

II

Rire de femme et chant d'alouette à l'aurore,
Gazouillements des nids sur les rameaux dorés,
Sont bruits doux à l'oreille et souvent désirés ;
Mais rien ne vaut la voix amoureuse et sonore
40 D'un taureau de trois ans qui beugle par les prés !

I

Bélier, pais l'herbe en fleur ; et toi, chèvre indocile,
Broute l'amer cytise aux pentes du coteau ;
Lampuros, mon bon chien, veille sur le troupeau.
Pour moi, tel que Daphnis, le bouvier de Sicile,
45 Je meurs ! et Theugénis a creusé mon tombeau.

II

Ô pasteur des béliers, gardien des noires chèvres,
Jamais chanson pareille ici ne résonna !
Et la plainte est plus gaie, oui ! par Perséphona !
Que la glauque Amphitrite exhale de ses lèvres
50 Et que le vent d'Épire apporte au vieil Aitna.

I

Ami, prends ma syrinx, si légère et si douce,
Dont la cire a gardé l'odeur du miel récent :
Brûle-la comme moi qui meurs en gémissant ;
Et sur un humble autel d'asphodèle et de mousse
55 Du plus noir de mes boucs fais ruisseler le sang.

II

C'est bien. Le soleil monte et l'ombre nous convie ;
On n'entend plus frémir la cime des forêts :
Viens savourer encor ce vase de lait frais ;
Et si le morne Hadès fait toujours ton envie,
60 Ô pâle chevrier, tu mourras mieux après !

KLÉARISTA

Kléarista s'en vient par les blés onduleux
Avec ses noirs sourcils arqués sur ses yeux bleus,
Son front étroit coupé de fines bandelettes,
Et, sur son cou flexible et blanc comme le lait,
5 Ses tresses où, parmi les roses de Milet,
      On voit fleurir les violettes.

L'Aube divine baigne au loin l'horizon clair ;
L'alouette sonore et joyeuse, dans l'air,
D'un coup d'aile s'envole au sifflement des merles ;
10 Les lièvres, dans le creux des verts sillons tapis,
D'un bond inattendu remuant les épis,
      Font pleuvoir la rosée en perles.

Sous le ciel jeune et frais, qui rayonne le mieux,
De la Sicilienne au doux rire, aux longs yeux,
15 Ou de l'Aube qui sort de l'écume marine ?
Qui le dira ? Qui sait, ô lumière, ô beauté,
Si vous ne tombez pas du même astre enchanté
      Par qui tout aime et s'illumine ?

Du faîte où ses béliers touffus sont assemblés,
20 Le berger de l'Hybla voit venir par les blés
Dans le rose brouillard la forme de son rêve.
Il dit : — C'était la nuit, et voici le matin ! —
Et plus brillant que l'Aube à l'horizon lointain
      Dans son cœur le soleil se lève !

SYMPHONIE

Ô chevrier ! ce bois est cher aux Piérides.
Point de houx épineux ni de ronces arides ;
À travers l'hyacinthe et le souchet épais
Une source sacrée y germe et coule en paix.
5 Midi brûle là-bas où, sur les herbes grêles,
On voit au grand soleil bondir les sauterelles ;
Mais, du hêtre au platane et du myrte au rosier,
Ici, le merle vole et siffle à plein gosier.
Au nom des Muses ! viens sous l'ombre fraîche et noire !
10 Voici ta double flûte et mon pektis d'ivoire.
Daphnis fera sonner sa voix claire, et tous trois,
Près du roc dont la mousse a verdi les parois,
D'où Naïs nous écoute, un doigt blanc sur la lèvre,
Empêchons de dormir Pan aux deux pieds de chèvre.

LE RETOUR D'ADÔNIS

Maîtresse de la haute Éryx, toi qui te joues
    Dans Golgos, sous les myrtes verts,
Ô blanche Aphrodita, charme de l'Univers,
    Dionaiade aux belles joues !
5 Après douze longs mois Adônis t'est rendu,
    Et, dans leurs bras charmants, les Heures,
L'ayant ramené jeune en tes riches demeures,
    Sur un lit d'or l'ont étendu.
À l'abri du feuillage et des fleurs et des herbes,
10   D'huile Syrienne embaumé,
Il repose, le Dieu brillant, le Bien-Aimé,
    Le jeune Homme aux lèvres imberbes.
Autour de lui, sur des trépieds étincelants,
    Vainqueurs des nocturnes Puissances,
15 Brûlent des feux mêlés à de vives essences,
    Qui colorent ses membres blancs ;
Et sous l'anis flexible et le safran sauvage,
    Des Éros, au vol diligent,
Dont le corps est d'ébène et la plume d'argent,
20   Rafraîchissent son clair visage.
Sois heureuse, ô Kypris, puisqu'il est revenu,
    Celui qui dore les nuées !
Et vous, Vierges, chantez, ceintures dénouées,
    Cheveux épars et le sein nu.
25 Près de la Mer stérile, et dès l'Aube première,
    Joyeuses et dansant en rond,
Chantez l'Enfant divin qui sort de l'Akhérôn,
    Vêtu de gloire et de lumière !

HÈRAKLÈS SOLAIRE

Dompteur à peine né, qui tuais dans tes langes
Les Dragons de la Nuit ! Cœur-de-Lion ! Guerrier,
Qui perças l'Hydre antique au souffle meurtrier
Dans la livide horreur des brumes et des fanges,
5 Et qui, sous ton œil clair, vis jadis tournoyer
Les Centaures cabrés au bord des précipices !
Le plus beau, le meilleur, l'aîné des Dieux propices !
Roi purificateur, qui faisais en marchant
Jaillir sur les sommets le feu des sacrifices,
10 Comme autant de flambeaux, d'orient au couchant !
Ton carquois d'or est vide, et l'Ombre te réclame.
Salut, Gloire-de-l'Air ! Tu déchires en vain,
De tes poings convulsifs d'où ruisselle la flamme,
Les nuages sanglants de ton bûcher divin,
15 Et dans un tourbillon de pourpre tu rends l'âme !

ÉGLOGUE

Chanteurs mélodieux, habitants des buissons,
Le ciel pâlit, Vénus à l'horizon s'éveille ;
Cynthia vous écoute, enivrez son oreille :
Versez-lui le flot d'or de vos belles chansons.

CYNTHIA

5 La nuit sereine monte, et roule sans secousse
Le chœur éblouissant des astres au ciel bleu ;
Moi, de mon bien-aimé, jeune et beau comme un Dieu,
J'ai l'image en mon âme et j'entends la voix douce.

GALLUS

Ô Cynthia, sais-tu mon rêve et mon désir ?
10 Phœbé laisse tomber sa lueur la plus belle,
Et l'amoureux ramier gémit et bat de l'aile,
Et dans les bois songeurs passe un divin soupir.

CYNTHIA

La source s'assoupit et murmure apaisée,
Et de molles clartés baignent les noirs gazons.

15 Qu'ils sont doux à mes yeux, vos calmes horizons,
   Ô bois chers à Gallus, tout brillants de rosée !

GALLUS

Que ton sommeil soit pur, fleur du beau sol Latin !
Oh ! bien mieux que ce myrte et bien mieux que ces roses,
Puissé-je parfumer ton seuil et tes pieds roses
20 De nocturnes baisers, jusques au frais matin !

CYNTHIA

Enfant, Roi de Paphos, remplis ma longue attente !
Une voix s'est mêlée aux hymnes de la nuit...
Ô Gallus, ô bras chers qui m'emportez sans bruit
Dans l'épaisseur des bois, confuse et palpitante !

GALLUS

25 Dans le hêtre immobile où rêvent les oiseaux
   On entend expirer toute voix incertaine ;
   Viens ! un Dieu nous convie ! En sa claire fontaine
   La Naïade s'endort au sein des verts roseaux.

CYNTHIA

Voile ton front divin, Phœbé ! Sombres feuillages,
30 Faites chanter l'oiseau qui dort au nid mousseux ;
   Agitez les rameaux, ô Sylvains paresseux !
   Naïade, éveille-toi dans les roseaux sauvages !

GALLUS

Dormez, dormez plutôt, Dieux et Nymphes des bois,
Dormez ! Ne troublez point notre ivresse secrète.
35 Reposez, ô pasteurs ! Ô brise, sois muette !
Les Immortels jaloux n'entendront point nos voix.

CYNTHIA

Vénus ! ralentis donc les heures infinies !
Ne sois pas, ô bonheur, quelque jour regretté !
Dure à jamais, nuit chère ! Et porte, ô Volupté,
40 Dans l'Olympe éternel nos âmes réunies !

ÉTUDES LATINES

I

LYDIE

La Jeunesse nous quitte, et les Grâces aussi.
Les Désirs amoureux s'envolent avec elles,
Et le sommeil facile. À quoi bon le souci
    Des espérances éternelles ?

5 L'aile du vieux Saturne emporte nos beaux jours,
Et la fleur inclinée au vent du soir se fane ;
Viens à l'ombre des pins ou sous l'épais platane
    Goûter les tardives amours.

Ceignons nos cheveux blancs de couronnes de roses ;
10 Buvons, il en est temps encore, hâtons-nous !
Ta liqueur, ô Bacchus, des tristesses moroses
    Est le remède le plus doux.

Enfant, trempe les vins dans la source prochaine,
Et fais venir Lydie aux rires enjoués,
15 Avec sa blanche lyre et ses cheveux noués
    À la mode Laconienne.

II

LICYMNIE

Tu ne sais point chanter, ô cithare Ionique,
En ton mode amolli doux à la volupté,
Les flots Siciliens rougis du sang Punique,
    Numance et son mur indompté.

5 Ô lyre, tu ne sais chanter que Licymnie,
Et ses jeunes amours, ses yeux étincelants,
L'enjoûment de sa voix si pleine d'harmonie,
    Ses pieds si légers et si blancs.

Toujours prompte, elle accourt aux fêtes de Diane ;
10 Aux bras nus de ses sœurs ses bras sont enlacés ;
Elle noue en riant sa robe diaphane,
    Et conduit les chœurs cadencés.

Pour tout l'or de Phrygie et les biens d'Achémène,
Qui voudrait échanger ces caresses sans prix,
15 Et sur ce col si frais, ces baisers, ô Mécène,
    Refusés, donnés ou surpris ?

III

THALIARQUE

Ne crains pas de puiser aux réduits du cellier
Le vin scellé quatre ans dans l'amphore rustique ;
Laisse aux Dieux d'apaiser la mer et l'orme antique,
Thaliarque ! Qu'un beau feu s'égaye en ton foyer ;

5 Pour toi, mets à profit la vieillesse tardive :
Il est plus d'une rose aux buissons du chemin.
Cueille ton jour fleuri sans croire au lendemain ;
Prends en souci l'amour et l'heure fugitive.

Les entretiens sont doux sous le portique ami ;
10 Dans les bois où Phœbé glisse ses lueurs pures,
Il est doux d'effleurer les flottantes ceintures
Et de baiser des mains rebelles à demi.

IV

LYDÉ

Viens ! c'est le jour d'un Dieu. Puisons avec largesse
    Le Cécube clos au cellier.
Fière Lydé, permets au plaisir familier
    D'amollir un peu ta sagesse.

5 L'heure fuit, l'horizon rougit sous le soleil,
    Hâte-toi. L'amphore remplie
Sous Bibulus consul, repose ensevelie :
    Trouble son antique sommeil.

Je chanterai les flots amers, la verte tresse
10   Des Néréides ; toi, Lydé,
Sur ta lyre enlacée à ton bras accoudé
    Chante Diane chasseresse.

Puis nous dirons Vénus et son char attelé
    De cygnes qu'un lien d'or guide,
15 Les Cyclades, Paphos, et tes rives, ô Gnide !
    Puis un hymne au ciel étoilé.

V

PHYLLIS

Depuis neuf ans et plus dans l'amphore scellée
Mon vin des coteaux d'Albe a lentement mûri ;
Il faut ceindre d'acanthe et de myrte fleuri,
    Phyllis, ta tresse déroulée.

5 L'anis brûle à l'autel, et d'un pied diligent
Tous viennent couronnés de verveine pieuse ;
Et mon humble maison étincelle joyeuse
    Aux reflets des coupes d'argent.

Ô Phyllis, c'est le jour de Vénus, et je t'aime !
10 Entends-moi ! Téléphus brûle et soupire ailleurs ;
Il t'oublie, et je t'aime, et nos jours les meilleurs
    Vont rentrer dans la nuit suprême.

C'est toi qui fleuriras en mes derniers beaux jours :
Je ne changerai plus, voici la saison mûre.
15 Chante ! les vers sont doux quand ta voix les murmure,
    Ô belle fin de mes amours !

VI

VILE POTABIS

En mes coupes d'un prix modique
Veux-tu tenter mon humble vin ?
Je l'ai scellé dans l'urne Attique
Au sortir du pressoir Sabin.
5 Il est un peu rude et moderne ;
Cécube, Calès ni Falerne

Ne mûrissent dans mon cellier ;
Mais les Muses me sont amies,
Et les Muses font oublier
10 Ta vigne dorée, ô Formies !

VII

GLYCÈRE

Enfant, pour la lune prochaine,
Pour le convive inattendu !
Votre amant, Muses, peut sans peine
Tarir la coupe neuf fois pleine ;
5 Mais les Grâces l'ont défendu.

Inclinez les lourdes amphores,
Effeuillez la rose des bois !
Anime tes flûtes sonores,
Ô Bérécinthe, et ce hautbois !
10 C'est à Glycère que je bois !

Téléphus, ta tresse si noire,
Tes yeux, ton épaule d'ivoire,
Font pâlir Rhodé de langueur ;
Mais Glycère brûle en mon cœur ;
15 Je t'aime, ô Glycère, et veux boire !

VIII

HYMNE

Vierges, louez Diane, et vous, adolescents,
Apollôn Cynthien aux cheveux florissants ;
Louez Latone en chœur, cette amante si chère ;

Vous, celle qui se plaît aux feuillages épais
5 D'Érymanthe, aux grands cours d'eau vive, ou qui préfère
La verdeur du Cragus ou l'Algide plus frais ;

Vous, le carquois sacré, l'épaule, la cithare
Fraternelle, et Tempé, l'honneur Thessalien,
Et la Mer murmurante et le bord Délien.

10 Louez ces jeunes Dieux. Sur le Dace barbare
Qu'ils détournent, émus de vos chants alternés,
La fortune incertaine et les maux destinés !

IX

NÉÈRE

Il me faut retourner aux anciennes amours :
L'Immortel qui naquit de la Vierge Thébaine,
Et les jeunes Désirs et leur Mère inhumaine
          Me commandent d'aimer toujours.

5 Blanche comme un beau marbre avec ses roses joues,
Je brûle pour Néère aux yeux pleins de langueur ;
Vénus se précipite et consume mon cœur :
          Tu ris, ô Néère, et te joues !

Pour apaiser les Dieux et pour finir mes maux,
10 D'un vin mûri deux ans versez vos coupes pleines ;
Et sur l'autel rougi du sang pur des agneaux
          Posez l'encens et les verveines.

X

PHIDYLÉ

Offre un encens modeste aux Lares familiers,
Phidylé, fruits récents, bandelettes fleuries ;
Et tu verras ployer tes riches espaliers
      Sous le faix des grappes mûries.

5 Laisse, aux pentes d'Algide, au vert pays Albain,
La brebis, qui promet une toison prochaine,
Paître cytise et thym sous l'yeuse et le chêne ;
      Ne rougis pas ta blanche main.

Unis au romarin le myrte pour tes Lares.
10 Offerts d'une main pure aux angles de l'autel,
Souvent, ô Phidylé, mieux que les dons plus rares,
      Les Dieux aiment l'orge et le sel.

XI

Plus de neiges aux prés. La Nymphe nue et belle
Danse sur le gazon humide et parfumé ;
Mais la mort est prochaine ; et, nous touchant de l'aile,
      L'heure emporte ce jour aimé.

5 Un vent frais amollit l'air aigu de l'espace ;
L'été brûle ; et voici, de ses beaux fruits chargé,
L'Automne au front pourpré ; puis l'Hiver, et tout passe
      Pour renaître, et rien n'est changé.

Tout se répare et chante et fleurit sur la terre ;
10 Mais quand tu dormiras de l'éternel sommeil,

Ô fier patricien, tes vertus en poussière
        Ne te rendront pas le soleil !

XII

SALINUM

Le Souci, plus léger que les vents de l'Épire,
Poursuivra sur la mer les carènes d'airain ;
L'heure présente est douce : égayons d'un sourire
        L'amertume du lendemain.

5 La pourpre par deux fois rougit tes laines fines ;
Ton troupeau de Sicile est immense ; et j'ai mieux :
Les Muses de la Grèce et leurs leçons divines,
        Et l'héritage des aïeux.

XIII

HYMNE

Une âme nouvelle m'entraîne
Dans les antres sacrés, dans l'épaisseur des bois ;
        Et les monts entendront ma voix,
Les vents l'emporteront vers l'étoile prochaine.

5   Évan ! ta prêtresse au réveil
Imprime ses pieds nus dans la neige éternelle.
        Évan ! j'aime les monts comme elle,
Et les halliers divins ignorés du Soleil.

        Dieu des Naïades, des Bacchantes,
10 Qui brises en riant les frênes élevés,
        Loin de moi les chants énervés !
Les cœurs forts sont à toi, Dieu couronné d'acanthes !

Évohé ! noirs soucis, adieu !
Que votre écume d'or, bons vins, neuf fois ruisselle !
15   Et le monde enivré chancelle,
Et je grandis, sentant que je deviens un Dieu !

XIV

PHOLOÉ

Oublie, ô Pholoé, la lyre et les festins,
Les Dieux heureux, les nuits si brèves, les bons vins
Et les jeunes Désirs volant aux lèvres roses.
L'âge vient : il t'effleure en son vol diligent,
5 Et mêle en tes cheveux semés de fils d'argent
       La pâle asphodèle à tes roses.

XV

TYNDARIS

Ô blanche Tyndaris, les Dieux me sont amis :
       Ils aiment les Muses Latines ;
Et l'aneth, et le myrte et le thym des collines
       Croissent aux prés qu'ils m'ont soumis.

5 Viens ! mes ramiers chéris, aux voluptés plaintives,
       Ici se plaisent à gémir ;
Et sous l'épais feuillage il est doux de dormir
       Au bruit des sources fugitives.

XVI

PYRRHA

Non loin du cours d'eau vive échappé des forêts,
Quel beau jeune homme, ceint de molles bandelettes,
Pyrrha, te tient pressée au fond de l'antre frais,
    Sur la rose et les violettes ?

5 Ah ! ton cœur est semblable aux flots si tôt troublés ;
Et ce crédule enfant enlacé de tes chaînes
Vous connaîtra bientôt, serments vite envolés,
    Dieux trahis et larmes prochaines !

XVII

LYDIA

Lydia, sur tes roses joues,
Et sur ton col frais et plus blanc
Que le lait, coule étincelant
L'or fluide que tu dénoues.

5 Le jour qui luit est le meilleur :
Oublions l'éternelle tombe.
Laisse tes baisers de colombe
Chanter sur tes lèvres en fleur.

Un lys caché répand sans cesse
10 Une odeur divine en ton sein :
Les délices, comme un essaim,
Sortent de toi, jeune Déesse !

Je t'aime et meurs, ô mes amours !
Mon âme en baisers m'est ravie.
15 Ô Lydia, rends-moi la vie,
Que je puisse mourir toujours !

XVIII

ENVOI

Je n'ai ni trépieds grecs, ni coupes de Sicile,
Ni bronze d'Étrurie aux contours élégants ;
Pour mon étroit foyer tous les Dieux sont trop grands
Que modelait Scopas dans le Paros docile.

5 De ces trésors, Gallus, je ne puis t'offrir rien.
Mais j'ai des mètres chers à la Muse natale ;
La lyre en assouplit la cadence inégale.
Je te les donne, ami ! c'est mon unique bien.

LES ÉOLIDES

Ô brises flottantes des cieux,
Du beau Printemps douces haleines,
Qui de baisers capricieux
Caressez les monts et les plaines !

5 Vierges, filles d'Éole, amantes de la paix,
La Nature éternelle à vos chansons s'éveille ;
Et la Dryade assise aux feuillages épais
Verse aux mousses les pleurs de l'Aurore vermeille.

Effleurant le cristal des eaux
10 Comme un vif essaim d'hirondelles,
De l'Eurotas aux verts roseaux
Revenez-vous, Vierges fidèles ?

Quand les cygnes sacrés y nageaient beaux et blancs,
Et qu'un Dieu palpitait sur les fleurs de la rive,
15 Vous gonfliez d'amour la neige de ses flancs
Sous le regard charmé de l'Épouse pensive.

L'air où murmure votre essor
S'emplit d'arome et d'harmonie :
Revenez-vous de l'Ionie,
20 Ou du vert Hymette au miel d'or ?

Éolides, salut ! Ô fraîches messagères,
C'est bien vous qui chantiez sur le berceau des Dieux ;
Et le clair Ilissos d'un flot mélodieux
A baigné le duvet de vos ailes légères.

25   Quand Theugénis au col de lait
        Dansait le soir auprès de l'onde,
        Vous avez sur sa tête blonde
        Semé les roses de Milet.

Nymphes aux pieds ailés, loin du fleuve d'Homère,
30 Plus tard prenant la route où l'Alphée aux flots bleus
Suit Aréthuse au sein de l'étendue amère,
Dans l'Île nourricière aux épis onduleux,

        Sous le platane où l'on s'abrite
        Des flèches vermeilles du jour,
35   Vous avez soupiré d'amour
        Sur les lèvres de Théocrite.

Zéphyros, Iapyx, Euros au vol si frais,
Rires des Immortels dont s'embellit la Terre,
C'est vous qui fîtes don au pasteur solitaire
40 Des loisirs souhaités à l'ombre des forêts.

        Au temps où l'abeille murmure
        Et vole à la coupe des lys,
        Le Mantouan, sous la ramure,
        Vous a parlé d'Amaryllis.

45 Vous avez écouté, dans les feuilles blotties,
Les beaux adolescents de myrtes couronnés,
Enchaînant avec art les molles reparties,
Ouvrir en rougissant les combats alternés,

        Tandis que drapés dans la toge,
50   Debout à l'ombre du hallier,

Les vieillards décernaient l'éloge,
La coupe ornée ou le bélier.

Vous agitiez le saule où sourit Galatée,
Et, des Nymphes baisant les yeux chargés de pleurs,
55 Vous berçâtes Daphnis, en leur grotte écartée,
Sur le linceul agreste, étincelant de fleurs.

Quand les vierges au corps d'albâtre,
Qu'aimaient les Dieux et les humains,
Portaient des colombes aux mains,
60   Et d'amour sentaient leurs cœurs battre,

Vous leur chantiez tout bas en un songe charmant
Les hymnes de Vénus, la volupté divine,
Et tendiez leur oreille aux plaintes de l'amant
Qui pleure au seuil nocturne et que le cœur devine.

65   Oh ! combien vous avez baisé
De bras, d'épaules adorées,
Au bord des fontaines sacrées,
Sur la colline au flanc boisé !

Dans les vallons d'Hellas, dans les champs Italiques,
70 Dans les Îles d'azur que baigne un flot vermeil,
Ouvrez-vous toujours l'aile, Éolides antiques ?
Souriez-vous toujours au pays du Soleil ?

Ô vous que le thym et l'égile
Ont parfumés, secrets liens
75   Des douces flûtes de Virgile
Et des roseaux Siciliens,

Vous qui flottiez jadis aux lèvres du génie,
Brises des mois divins, visitez-nous encor !
Versez-nous en passant, avec vos urnes d'or,
80 Le repos et l'amour, la grâce et l'harmonie !

FULTUS HYACINTHO

C'est le roi de la plaine et des gras pâturages.
Plein d'une force lente, à travers les herbages
Il guide en mugissant ses compagnons pourprés
Et s'enivre à loisir de la verdeur des prés.
5 Tel que Zeus, sur les mers portant la vierge Europe,
Une blancheur sans tache en entier l'enveloppe.
Sa corne est fine, aux bouts recourbés et polis,
Ses fanons florissants abondent à grands plis,
Une écume d'argent tombe à flots de sa bouche,
10 Et de longs poils épars couvrent son œil farouche.
Il paît jusques à l'heure où, du Zénith brûlant,
Midi plane, immobile, et lui chauffe le flanc.
Alors des saules verts l'ombre discrète et douce
Lui fait un large lit d'hyacinthe et de mousse,
15 Et, couché comme un Dieu près du fleuve endormi,
Pacifique, il rumine, et clôt l'œil à demi.

PHIDYLÉ

L'herbe est molle au soleil sous les frais peupliers,
Aux pentes des sources moussues
Qui, dans les prés en fleurs germant par mille issues,
Se perdent sous les noirs halliers.

5 Repose, ô Phidylé ! Midi sur les feuillages
Rayonne, et t'invite au sommeil.
Par le trèfle et le thym, seules, en plein soleil,
Chantent les abeilles volages.

Un chaud parfum circule aux détours des sentiers ;
10 La rouge fleur des blés s'incline ;
Et les oiseaux, rasant de l'aile la colline,
Cherchent l'ombre des églantiers.

Les taillis sont muets ; le daim, par les clairières,
Devant les meutes aux abois
15 Ne bondit plus ; Diane, assise au fond des bois,
Polit ses flèches meurtrières.

Dors en paix, belle enfant aux rires ingénus,
Aux Nymphes agrestes pareille !
De ta bouche au miel pur j'écarterai l'abeille,
20 Je garantirai tes pieds nus.

Laisse sur ton épaule et ses formes divines,
        Comme un or fluide et léger,
Sous mon souffle amoureux courir et voltiger
        L'épaisseur de tes tresses fines !

25 Sans troubler ton repos, sur ton front transparent,
        Libre des souples bandelettes,
J'unirai l'hyacinthe aux pâles violettes,
        Et la rose au myrte odorant.

Belle comme Érycine aux jardins de Sicile,
30   Et plus chère à mon cœur jaloux,
Repose ! Et j'emplirai du souffle le plus doux
        La flûte à mes lèvres docile.

Je charmerai les bois, ô blanche Phidylé,
        De ta louange familière ;
35 Et les Nymphes, au seuil de leurs grottes de lierre,
        En pâliront, le cœur troublé.

Mais quand l'Astre, incliné sur sa courbe éclatante,
        Verra ses ardeurs s'apaiser,
Que ton plus beau sourire et ton meilleur baiser
40   Me récompensent de l'attente !

CHANT ALTERNÉ

I

Déesse Athénienne aux tissus diaphanes,
Ton peuple, ô blanche Hellas, me créa de ses mains.
J'ai convié les Dieux à mes baisers profanes ;
D'un immortel amour j'ai brûlé les humains.

II

5 Dans ma robe aux longs plis, humble vierge voilée,
Les bras en croix, je viens du mystique Orient.
J'ai fleuri sur ton sable, ô lac de Galilée !
Sous les larmes d'un Dieu je suis née en priant.

I

Sur mon front plein d'ivresse éclate un divin rire,
10 Un trouble rayonnant s'épanche de mes yeux ;
Ton miel, ô Volupté, sur mes lèvres respire,
Et ta flamme a doré mon corps harmonieux.

II

La tristesse pieuse où s'écoule ma vie
Est comme une ombre douce aux cœurs déjà blessés ;

15 Quand vers l'Époux divin vole l'âme ravie,
J'allège pour le ciel le poids des jours passés.

I

Jamais le papyrus n'a noué ma tunique :
Mon sein libre jaillit, blanc trésor de Paros !
Et je chante Kypris sur le mode Ionique,
20 Foulant d'un pied d'ivoire hyacinthe et lotos.

II

Heureux qui se réchauffe à mon pieux délire !
Heureux qui s'agenouille à mon autel sacré !
Les cieux sont comme un livre où tout homme peut lire,
Pourvu qu'il ait aimé, pourvu qu'il ait pleuré.

I

25 Éros aux traits aigus, d'une atteinte assurée,
Dès le berceau récent m'a blessée en ses jeux ;
Et depuis, le Désir, cette flèche dorée,
Étincelle et frémit dans mon cœur orageux.

II

Les roses de Schârôn, le muguet des collines,
30 N'ont jamais de mon front couronné la pâleur ;
Mais j'ai la tige d'or et les odeurs divines
Et le mystique éclat de l'éternelle Fleur.

I

Plus belle qu'Artémis aux forêts d'Ortygie,
Rejetant le cothurne en dansant dénoué,
35 Sur les monts florissants de la sainte Phrygie
J'ai bu les vins sacrés en chantant Évohé !

II

Un esprit lumineux m'a saluée en Reine.
Pâle comme le lys à l'abri du soleil,
Je parfume les cœurs ; et la vierge sereine
40 Se voile de mon ombre à l'heure du sommeil.

I

Dans l'Attique sacrée aux sonores rivages,
Aux abords Ioniens où rit la Volupté,
J'ai vu s'épanouir sur mes traces volages
Ta fleur étincelante et féconde, ô Beauté !

II

45 Les sages hésitaient ; l'âme fermait son aile ;
L'homme disait au ciel un triste et morne adieu :
J'ai fait germer en lui l'Espérance éternelle,
Et j'ai guidé la Terre au-devant de son Dieu !

I

Ô coupe aux flots de miel où s'abreuvait la Terre,
50 Volupté ! Monde heureux plein de chants immortels !

Ta fille bien aimée, errante et solitaire,
Voit l'herbe de l'oubli croître sur ses autels.

II

Amour, Amour sans tache, impérissable flamme !
L'homme a fermé son cœur, le monde est orphelin.
55 Ne renaîtras-tu pas dans la nuit de son âme,
Aurore du seul jour qui n'ait pas de déclin ?

LES OISEAUX DE PROIE

Je m'étais assis sur la cime antique
Et la vierge neige, en face des Dieux ;
Je voyais monter dans l'air pacifique
La procession des Morts glorieux.
5 La Terre exhalait le divin cantique
Que n'écoute plus le siècle oublieux,
Et la chaîne d'or du Zeus homérique
D'anneaux en anneaux l'unissait aux cieux.
Mais, ô Passions, noirs oiseaux de proie,
10 Vous avez troublé mon rêve et ma joie :
Je tombe du ciel, et n'en puis mourir !
Vos ongles sanglants ont dans mes chairs vives
Enfoncé l'angoisse avec le désir,
Et vous m'avez dit : — Il faut que tu vives. —

HYPATIE ET CYRILLE

HYPATIE, LA NOURRICE

LA NOURRICE

Ô mon enfant, un trouble immense est dans la ville.
De toute part, roulant comme une écume vile,
Sous leur barbe hideuse et leur robe en lambeaux,
Les hommes du désert sortent de leurs tombeaux.
5 Hachés de coups de fouet, saignants, fangeux, farouches,
Pleins de haine, ton nom, ma fille, est dans leurs bouches.
Reste ! ne quitte pas la tranquille maison
Où mes bras t'ont bercée en ta jeune saison,
Où mon lait bienheureux t'a sauvée et nourrie,
10 Où j'ai vu croître au jour ton enfance fleurie,
Où ton père, ô chère âme, éloquent et pieux,
Dans un dernier baiser t'a confiée aux Dieux !

HYPATIE

Nourrice, calme-toi. Cette terreur est vaine :
Je n'ai point mérité la colère et la haine.
15 Quel mal ai-je donc fait ? Ma vie est sans remord.

Les Moines du désert, dis-tu, veulent ma mort ?
Je ne les connais point, ils m'ignorent de même,
Et de fausses rumeurs troublent ton cœur qui m'aime.

LA NOURRICE

Non ! j'ai trop entendu leurs cris barbares ! Non,
20 Je ne m'abuse point. Tous maudissent ton nom.
Leur âme est furieuse, et leur face enflammée.
Ils te déchireront, ma fille bien aimée,
Ces monstres en haillons, pareils aux animaux
Impurs, qui vont toujours prophétisant les maux,
25 Qui, rongés de désirs et consumés d'envie,
Blasphèment la beauté, la lumière et la vie !
Demeure, saine et sauve, à l'ombre du foyer.

HYPATIE

J'ai dans ma conscience un plus sûr bouclier.
Le peuple bienveillant m'attend sous le portique
30 Où ma voix le rappelle à la sagesse antique.
J'irai, chère nourrice ; et, bien avant le soir,
Tu reverras ta fille ayant fait son devoir.

LA NOURRICE

Je te supplie, enfant, par ta vie et la mienne !

SCÈNE II

HYPATIE, LA NOURRICE, L'ACOLYTE

L'ACOLYTE

Femme, Cyrille, évêque, est sur ton seuil.

HYPATIE

Qu'il vienne !

SCÈNE III

LES MÊMES, CYRILLE

CYRILLE

35 J'ai voulu te parler, t'entendre sans témoins ;
Tes propres intérêts ne demandaient pas moins.
On vante tes vertus ; s'il en est dans les âmes
Que Dieu n'éclaire point encore de ses flammes.
J'y veux croire, et je viens, non comme un ennemi,
40 Dans un esprit de haine, à te nuire affermi,
Mais en père affligé qui conseille sa fille
Et la veut ramener au foyer de famille.
C'est un devoir, non moins qu'un droit ; et j'ai compté
Que tu me répondrais avec sincérité.

45 Par un siècle d'orage et par des temps funestes
   Où le ciel ne rend plus ses signes manifestes,
   J'ai vécu, j'ai blanchi sous mon fardeau sacré ;
   Heureux si, près d'atteindre au terme désiré,
   Je versais dans ton sein la lumière et la vie !
50 Ma fille, éveille-toi, le Seigneur te convie.
   Tes Dieux sont morts, leur culte impur est rejeté :
   Confesse enfin l'unique et sainte vérité.

HYPATIE

   Mon père a bien jugé du respect qui m'anime,
   Et je révère en lui sa fonction sublime ;
55 Mais c'est me témoigner un intérêt trop grand,
   Et ce discours me touche autant qu'il me surprend.
   Par le seul souvenir des divines Idées
   Vers l'unique Idéal les âmes sont guidées :
   Je n'ai point oublié Timée et le Phédon ;
60 Jean n'a-t-il point parlé comme autrefois Platon ?
   Les mots diffèrent peu, le sens est bien le même.
   Nous confessons tous deux l'Espérance suprême,
   Et le Dieu de Cyrille, en mon cœur respecté,
   Comme l'Abeille Attique, a dit la vérité.

CYRILLE

65 Confondre de tels noms est blasphème ou démence :
   Mais tant d'aveuglement est digne de clémence.
   Non ! le Dieu que j'adore et qui d'un sang divin
   De l'antique Péché lava le genre humain,
   Femme, n'a point parlé comme, aux siècles profanes,
70 Les sophistes païens couchés sous les platanes ;
   Et si quelque clarté dans leur nuit sombre a lui,
   L'immuable Lumière éclate seule en lui !

Il est venu ; des voix l'annonçaient d'âge en âge ;
La sagesse et l'amour ont marqué son passage ;
75 Il a vaincu la Mort et, pour de nouveaux cieux,
Purifié le cœur d'un monde déjà vieux,
D'un souffle balayé des siècles de souillures,
Chassé de leurs autels les Puissances impures,
Et rendu sans retour par son oblation
80 La force avec la vie à toute nation !
Parle ! de l'œuvre humaine est-ce le caractère ?
Compare au Christ sauveur les sages de la terre
Et mesure leur gloire à son humilité.

HYPATIE

Ce serait prendre un soin trop plein de vanité.
85 Toute vertu sans doute a droit à nos hommages,
Et c'est toujours un Dieu qui parle dans les sages.
Je rends ce que je dois au Prophète inspiré,
Et comme à toi, mon père, il m'est aussi sacré ;
Mais sache dispenser une justice égale,
90 Et de ton Maître aux miens marque mieux l'intervalle.
Sois équitable enfin. Que nous reproches-tu ?
Ne veillons-nous pas seuls près d'un temple abattu,
Sur des tombeaux divins qu'on brise et qu'on insulte ?
Prêtres d'un ciel muet, naufragés d'un grand culte,
95 Héritiers incertains d'un antique trésor,
Sans force et dispersés, que te faut-il encor ?
Oui, les temps sont mauvais, non pas pour ton Église,
Mon père, mais pour nous que ton orgueil méprise,
Pour nous qui n'enseignons, dans notre abaissement,
100 Que l'étude, la paix et le recueillement.
Tourne au passé tes yeux ; rappelle en ta mémoire
Les destins accomplis aux jours de notre gloire.
Nos Dieux n'étaient-ils donc qu'un rêve ? Ont-ils menti ?
Vois quel monde immortel de leurs mains est sorti,

105 Ce symbole vivant, harmonieux ouvrage
Marqué de leur génie et fait à leur image,
Vénérable à jamais, et qu'ils n'ont enfanté
Que pour s'épanouir dans l'ordre et la clarté !
Quoi ! ce Passé si beau ne serait-il qu'un songe,
110 Un vrai spectre animé d'un esprit de mensonge,
Une erreur séculaire où nous nous complaisons ?
Mais vous en balbutiez la langue et les leçons,
Et j'entends, comme aux jours d'Homère et de Virgile,
Les sons qui m'ont bercée expliquer l'Évangile !
115 Ah ! dans l'écho qui vient du passé glorieux
Écoute-les, Cyrille, et tu comprendras mieux.
Écoute, au bord des mers, au sommet des collines,
Sonner les rythmes d'or sur des lèvres divines,
Et le marbre éloquent, dans les blancs Parthénons,
120 Des artistes pieux éterniser les noms.
Regarde, sous l'azur qu'un seul siècle illumine,
Des îles d'Ionie aux flots de Salamine,
L'amour de la Patrie et de la Liberté
Triompher sur l'autel de la sainte Beauté ;
125 Dans l'austère repos des foyers domestiques
Les grands législateurs régler les Républiques,
Et les sages, du Vrai frayant l'âpre chemin,
De sa propre grandeur saisir l'Esprit humain !
Tu peux nier nos Dieux ou leur jeter l'outrage,
130 Mais de leur livre écrit déchirer cette page,
Coucher notre soleil parmi les astres morts...
Va ! la tâche est sans terme et rit de tes efforts !
Non ! ô Dieux protecteurs, ô Dieux d'Hellas, ma mère,
Que sur le Pavé d'or chanta le vieil Homère,
135 Vous qui vivez toujours, mais qui vous êtes tus,
Je ne vous maudis pas, ô Forces et Vertus,
Qui suffisiez jadis aux races magnanimes,
Et je vous reconnais à vos œuvres sublimes !

CYRILLE

C'est bien ! Reconnais-les aux fruits qu'ils ont portés,
140 Ces Démons de l'Enfer sous d'autres noms chantés,
Qui, d'un poison secret infectant l'âme entière,
Ont voulu l'étouffer dans l'immonde matière,
Et sous la robe d'or d'une vaine beauté
Ont caché le néant de l'impudicité.
145 Quand les peuples nourris en de telles doctrines,
Comme des troncs séchés jusque dans leurs racines,
Florissants au dehors, mais la mort dans le cœur,
Tombent en cendre avant le coup du fer vengeur ;
Quand Rome, succédant à la Grèce asservie,
150 De sang, de voluptés terribles assouvie,
Faisant mentir enfin l'Oracle Sibyllin,
Dans sa propre fureur se déchire le sein,
S'effraie aux mille cris de vengeance et de haine
D'un monde révolté qui va briser sa chaîne,
155 Et, d'un destin fatal précipitant le cours,
Dans ses temples muets blasphème ses Dieux sourds ;
Enfant, prête l'oreille, interroge la nue ;
Dis-moi ce que ta gloire antique est devenue !
Ou plutôt, vois, parmi l'essaim des noirs corbeaux,
160 La torche du Barbare errer sur vos tombeaux ;
Et, repoussant du pied la Bacchante avilie,
Couchée, ivre et banale, au sein de l'Italie,
Le grand César chrétien abriter à la fois
Et l'Empire et Byzance à l'ombre de la Croix !
165 Jours du premier triomphe où, comme une bannière,
Le sacré Labarum flotta dans la lumière !
Puis, quand un voile épais semble obscurcir le ciel
Et qu'il faut boire encore à la coupe de fiel,
Vois Julien, faisant de la pourpre un suaire,
170 Ranimer un instant ses Dieux dans l'ossuaire,
Railler le Christ sauveur, et, comme un insensé,

Refouler l'Avenir débordant le Passé,
Offrir un encens vil aux idoles infâmes,
L'or à l'apostasie et des pièges aux âmes,
175 Mais bientôt, de son crime avorté convaincu,
Crier : — Galiléen ! je meurs et suis vaincu ! —
Et maintenant, regarde, au sein de la tourmente,
L'humanité livrée à la mer écumante ;
Apprends-moi dans quel lit assez profond pour lui
180 Enfermer ce torrent qui déborde aujourd'hui
Et qui, de jour en jour plus furieux sans doute,
Pour trouver son niveau voudra creuser sa route :
Vaste bouillonnement de désirs, d'intérêts,
D'avide convoitise et de sombres regrets ;
185 Peuples vieillis flottant au milieu du naufrage,
Et jeunes nations surgissant d'un orage,
Sans force d'une part et d'autre part sans frein,
Qui roulent au hasard comme un déluge humain.
Comment briseras-tu ce flot irrésistible ?
190 Où marques-tu le terme à sa course terrible ?
Et le mèneras-tu, par des sentiers choisis,
Du jardin de Platon aux parvis d'Éleusis ?
Ma fille, un nouveau lit s'ouvre au courant de l'onde,
Un nouveau jour se lève à l'horizon du monde,
195 Et le sang de mon Dieu cimente parmi nous
Le seul temple assez grand pour nous contenir tous.
Là, dans un même élan d'espérances communes,
L'homme méditera de plus hautes fortunes :
La paix, la liberté, le ciel à conquérir
200 Feront un saint devoir de vivre et de mourir,
Et les siècles verront, pleins de joie infinie,
La famille terrestre à son Dieu réunie !

HYPATIE

Va ! ne mesure point ta force à nos revers :
Je sais à quel désastre assiste l'Univers.

205 Le noble Julien, succombant à la peine,
    M'instruit à confesser son espérance vaine ;
    Ce que César tenta, je ne l'ai point rêvé.
    Contre ses Dieux trahis ce monde est soulevé ;
    Le Présent, l'Avenir, la puissance et la vie
210 Sont à vous, je le sais, et la mort nous convie.
    Mais jusqu'à la fureur pourquoi vous emporter ?
    Jusque dans nos tombeaux pourquoi nous insulter ?
    Que craignez-vous des morts, vous de qui les mains pures
    S'élèvent vers le ciel vierges de nos souillures,
215 Et qui, seuls, dites-vous, êtes prédestinés
    À donner la sagesse aux peuples nouveau-nés ?
    Efforcez-vous, plutôt que nous jeter l'outrage,
    De chasser de vos cœurs la discorde sauvage,
    Et, s'il est vrai qu'un Dieu vous guide, soyez doux,
220 Cléments et fraternels, et valez mieux que nous.
    Regarde ! Tout l'Empire est plein de vos querelles.
    Quel jour ne voit germer quelques sectes nouvelles,
    Depuis que Constantin, voici bientôt cent ans,
    Dans Nicée assembla vos pères triomphants
225 Qui, du peuple nouveau pour mieux asseoir la base,
    Contraignirent le monde à la foi d'Athanase ?
    Vains efforts ! car l'ardeur de vos dissensions
    N'a cessé de troubler le cœur des nations.
    Que la pourpre proscrive ou cache l'hérésie,
230 Portant dans vos débats la même frénésie
    Et par la controverse à la haine poussés,
    Au nom du même Dieu tous vous vous maudissez !
    Où sont la paix, l'amour, qu'enseignent vos églises ?
    Sont-ce là les leçons à l'Univers promises ?
235 Et veux-tu qu'infidèle au culte des aïeux,
    Je prenne aveuglément vos passions pour Dieux ?
    Cyrille, écoute-moi. Demain, dans mille années,
    Dans vingt siècles, — qu'importe au cours des desti-
                             [nées ! —
    L'homme étouffé par vous enfin se dressera ;

240 Le temps vous fera croître et le temps vous tûra :
    Et, comme toute chose humaine et périssable,
    Votre œuvre ira dormir dans l'Ombre irrévocable !

                          CYRILLE

    Qu'en sais-tu ? D'où te vient cette présomption
    D'oser pousser au ciel ta malédiction ?
245 Quoi ! l'Église que Dieu pour sa gloire a fondée,
    Du sang des saints martyrs encor tout inondée,
    Comme un phare éclatant dans le naufrage humain,
    Si tu ne l'applaudis, va s'écrouler demain !
    Tu braves à ce point l'éternelle Justice !
250 Tremble qu'elle n'éclate et ne t'anéantisse...
    Mais je m'oublie ! Et Dieu, qui parle par ma voix,
    Daigne encor t'avertir une dernière fois.
    Femme ! si nous offrons en spectacle à nos frères
    La barque de l'apôtre en proie aux vents contraires,
255 Touchant à peine au port, et, comme aux premiers jours,
    Lancée en haute mer pour y lutter toujours ;
    Si la victoire même a produit un mal pire
    Par la contagion des vices de l'Empire ;
    Si l'hérésie enfin, mensonge renaissant,
260 Souille notre triomphe en nous désunissant,
    Et, germe de colère autant que de ruine,
    Livre au caprice humain la parole divine ;
    Si trop d'ardeur nous pousse à trop de liberté,
    Ne t'en réjouis point dans ta malignité :
265 Nos passions du moins sont d'un ordre sublime !
    Nous combattons en nous les Esprits de l'abîme,
    Et nous voulons forger avec des mains en feu
    La sereine unité de nos âmes en Dieu !
    Qu'importe tout un siècle écoulé dans l'orage,
270 Si l'arche du refuge est intacte et surnage ;
    Si, durant la tempête, un souffle furieux

S'envole au port divin et nous y conduit mieux !
Comme Pierre, jadis, qui s'effraie et chancelle,
Sur les flots soulevés le Seigneur nous appelle ;
275 Mais, si dans sa clémence il nous prend en merci,
Où l'apôtre a marché nous marcherons aussi ;
Et ce miracle saint, quand la foi le contemple,
Du triomphe promis est l'image et l'exemple.
Entends, ouvre les yeux, ma fille, et suis nos pas.
280 C'est le néant qui s'ouvre à qui n'espère pas !
Y dormir à jamais, est-ce là ton envie ?
Adores-tu les morts ? As-tu peur de la vie ?
Tes Dieux sont en poussière aux pieds du Christ vain-
[queur !

HYPATIE

Ne le crois pas, Cyrille ! Ils vivent dans mon cœur,
285 Non tels que tu les vois, vêtus de formes vaines,
Subissant dans le ciel les passions humaines,
Adorés du vulgaire et dignes de mépris ;
Mais tels que les ont vus de sublimes esprits :
Dans l'espace étoilé n'ayant point de demeures,
290 Forces de l'Univers, Vertus intérieures,
De la Terre et du Ciel concours harmonieux
Qui charme la pensée et l'oreille et les yeux,
Et qui donne, idéal aux sages accessible,
À la beauté de l'âme une splendeur visible.
295 Tels sont mes Dieux ! Qu'un siècle ingrat s'écarte d'eux,
Je ne les puis trahir puisqu'ils sont malheureux.
Je le sens, je le sais : voici les heures sombres,
Les jours marqués dans l'ordre impérieux des Nombres.
Aveugle à notre gloire et prodigue d'affronts,
300 Le temps injurieux découronne nos fronts ;
Et, dans l'orgueil récent de sa haute fortune,
L'Avenir n'entend plus la voix qui l'importune.

Ô Rois harmonieux, chefs de l'Esprit humain,
Vous qui portiez la lyre et la balance en main,
305 Il est venu, Celui qu'annonçaient vos présages,
Celui que contenaient les visions des sages,
L'Expiateur promis dont Eschyle a parlé !
Au sortir du sépulcre et de sang maculé,
L'arbre de son supplice à l'épaule, il se lève ;
310 Il offre à l'Univers ou sa croix ou le glaive,
Il venge le Barbare écarté des autels,
Et jonche vos parvis de membres immortels !
Mais je garantirai des atteintes grossières
Jusqu'au dernier soupir vos pieuses poussières,
315 Heureuse si, planant sur les jours à venir,
Votre immortalité sauve mon souvenir.
Salut, ô Rois d'Hellas ! — Adieu, noble Cyrille !

CYRILLE

Abjure tes erreurs, ô malheureuse fille !
Le Dieu jaloux t'écoute ! Ô triste aveuglement !
320 Je m'indigne et gémis en un même moment.
Mais puisque tu ne veux ni croire ni comprendre
Et refuses la main que je venais te tendre,
Que ton cœur s'endurcit dans un esprit mauvais,
C'en est assez ! j'ai fait plus que je ne devais.
325 Un dernier mot encor : — n'enfreins pas ma défense ;
Une ombre de salut te reste : — le silence.
Dieu seul te jugera, s'il ne l'a déjà fait ;
Sa colère est sur toi ; n'en hâte point l'effet.

HYPATIE

Je ne puis oublier, en un silence lâche,
330 Le soin de mon honneur et ma suprême tâche,

Celle de confesser librement sous les cieux
Le beau, le vrai, le bien, qu'ont révélés les Dieux.
Depuis deux jours déjà, comme une écume vile,
Les Moines du désert abondent dans la ville,
335 Pieds nus, la barbe inculte et les cheveux souillés,
Tout maigris par le jeûne, et du soleil brûlés.
On prétend qu'un projet sinistre et fanatique
Amène parmi nous cette horde extatique.
C'est bien. Je sais mourir, et suis fière du choix
340 Dont m'honorent les Dieux une dernière fois.
Cependant je rends grâce à ta sollicitude
Et n'attends plus de toi qu'un peu de solitude.

(Cyrille et l'acolyte sortent.)

SCÈNE IV

HYPATIE, LA NOURRICE

LA NOURRICE

Mon enfant, tu le vois, toi-même en fais l'aveu :
Tu vas mourir !

HYPATIE

Je vais être immortelle. Adieu !

POÉSIES DIVERSES

I

JUIN

Les prés ont une odeur d'herbe verte et mouillée,
Un frais soleil pénètre en l'épaisseur des bois,
Toute chose étincelle, et la jeune feuillée
Et les nids palpitants s'éveillent à la fois.

5 Les cours d'eau diligents aux pentes des collines
Ruissellent, clairs et gais, sur la mousse et le thym ;
Ils chantent au milieu des buissons d'aubépines
Avec le vent rieur et l'oiseau du matin.

Les gazons sont tout pleins de voix harmonieuses,
10 L'aube fait un tapis de perles aux sentiers,
Et l'abeille, quittant les prochaines yeuses,
Suspend son aile d'or aux pâles églantiers.

Sous les saules ployants la vache lente et belle
Paît dans l'herbe abondante au bord des tièdes eaux ;
15 La joug n'a point encor courbé son cou rebelle,
Une rose vapeur emplit ses blonds naseaux.

Et par delà le fleuve aux deux rives fleuries
Qui vers l'horizon bleu coule à travers les prés,

Le taureau mugissant, roi fougueux des prairies,
20 Hume l'air qui l'enivre, et bat ses flancs pourprés.

La Terre rit, confuse, à la vierge pareille
Qui d'un premier baiser frémit languissamment,
Et son œil est humide et sa joue est vermeille,
Et son âme a senti les lèvres de l'amant.

25 Ô rougeur, volupté de la Terre ravie !
Frissonnements des bois, souffles mystérieux !
Parfumez bien le cœur qui va goûter la vie,
Trempez-le dans la paix et la fraîcheur des cieux !

Assez tôt, tout baignés de larmes printanières,
30 Par essaims éperdus ses songes envolés
Iront brûler leur aile aux ardentes lumières
Des étés sans ombrage et des désirs troublés.

Alors inclinez-lui vos coupes de rosée,
Ô fleurs de son Printemps, Aube de ses beaux jours !
35 Et verse un flot de pourpre en son âme épuisée,
Soleil, divin Soleil de ses jeunes amours !

II

MIDI

Midi, Roi des étés, épandu sur la plaine,
Tombe en nappes d'argent des hauteurs du ciel bleu.
Tout se tait. L'air flamboie et brûle sans haleine ;
La Terre est assoupie en sa robe de feu.

5 L'étendue est immense, et les champs n'ont point d'ombre,
Et la source est tarie où buvaient les troupeaux ;

La lointaine forêt, dont la lisière est sombre,
Dort là-bas, immobile, en un pesant repos.

Seuls, les grands blés mûris, tels qu'une mer dorée,
10 Se déroulent au loin, dédaigneux du sommeil ;
Pacifiques enfants de la Terre sacrée,
Ils épuisent sans peur la coupe du Soleil.

Parfois, comme un soupir de leur âme brûlante,
Du sein des épis lourds qui murmurent entre eux,
15 Une ondulation majestueuse et lente
S'éveille, et va mourir à l'horizon poudreux.

Non loin, quelques bœufs blancs, couchés parmi les herbes,
Bavent avec lenteur sur leurs fanons épais,
Et suivent de leurs yeux languissants et superbes
20 Le songe intérieur qu'ils n'achèvent jamais.

Homme, si, le cœur plein de joie ou d'amertume,
Tu passais vers midi dans les champs radieux,
Fuis ! la Nature est vide et le Soleil consume :
Rien n'est vivant ici, rien n'est triste ou joyeux.

25 Mais si, désabusé des larmes et du rire,
Altéré de l'oubli de ce monde agité,
Tu veux, ne sachant plus pardonner ou maudire,
Goûter une suprême et morne volupté,

Viens ! Le Soleil te parle en paroles sublimes ;
30 Dans sa flamme implacable absorbe-toi sans fin ;
Et retourne à pas lents vers les cités infimes,
Le cœur trempé sept fois dans le Néant divin.

III

NOX

Sur la pente des monts les brises apaisées
Inclinent au sommeil les arbres onduleux ;
L'oiseau silencieux s'endort dans les rosées,
Et l'étoile a doré l'écume des flots bleus.

5 Au contour des ravins, sur les hauteurs sauvages,
Une molle vapeur efface les chemins ;
La lune tristement baigne les noirs feuillages ;
L'oreille n'entend plus les murmures humains.

Mais sur le sable au loin chante la Mer divine,
10 Et des hautes forêts gémit la grande voix,
Et l'air sonore, aux cieux que la nuit illumine,
Porte le chant des mers et le soupir des bois.

Montez, saintes rumeurs, paroles surhumaines
Entretien lent et doux de la Terre et du Ciel !
15 Montez, et demandez aux étoiles sereines
S'il est pour les atteindre un chemin éternel.

Ô mers, ô bois songeurs, voix pieuses du monde,
Vous m'avez répondu durant mes jours mauvais ;
Vous avez apaisé ma tristesse inféconde,
20 Et dans mon cœur aussi vous chantez à jamais !

CHANSONS ÉCOSSAISES

I

JANE

Je pâlis et tombe en langueur :
Deux beaux yeux m'ont blessé le cœur.

Rose pourprée et tout humide,
Ce n'était pas sa lèvre en feu ;
5 C'étaient ses yeux d'un si beau bleu
Sous l'or de sa tresse fluide.

Je pâlis et tombe en langueur :
Deux beaux yeux m'ont blessé le cœur.

Toute mon âme fut ravie !
10 Doux étaient son rire et sa voix ;
Mais ses deux yeux bleus, je le vois,
Ont pris mes forces et ma vie !

Je pâlis et tombe en langueur :
Deux beaux yeux m'ont blessé le cœur.

15 Hélas ! la chose est bien certaine :
Si Jane repousse mon vœu,
Dans ses deux yeux d'un si beau bleu
J'aurai puisé ma mort prochaine.

Je pâlis et tombe en langueur :
20 Deux beaux yeux m'ont blessé le cœur.

II

NANNY

Bois chers aux ramiers, pleurez, doux feuillages,
Et toi, source vive, et vous, frais sentiers ;
    Pleurez, ô bruyères sauvages,
    Buissons de houx et d'églantiers !

5 Du courlis siffleur l'aube saluée
Suspend au brin d'herbe une perle en feu ;
    Sur le mont rose est la nuée ;
    La poule d'eau nage au lac bleu.

Pleurez, ô courlis ; pleure, blanche aurore ;
10 Gémissez, lac bleu, poules, coqs pourprés ;
    Vous que la nue argente et dore,
    Ô claires collines, pleurez !

Printemps, Roi fleuri de la verte année,
Ô jeune Dieu, pleure ! Été mûrissant,
15   Coupe ta tresse couronnée ;
    Et pleure, Automne rougissant !

L'angoisse d'aimer brise un cœur fidèle.
Terre et ciel, pleurez ! Oh ! que je l'aimais !
    Cher pays, ne parle plus d'elle :
20   Nanny ne reviendra jamais !

III

NELL

Ta rose de pourpre, à ton clair soleil,
　　Ô Juin, étincelle enivrée ;
Penche aussi vers moi ta coupe dorée :
　　Mon cœur à ta rose est pareil.

5 Sous le mol abri de la feuille ombreuse
　　Monte un soupir de volupté ;
Plus d'un ramier chante au bois écarté,
　　Ô mon cœur, sa plainte amoureuse.

Que ta perle est douce au ciel parfumé,
10　　Étoile de la nuit pensive !
Mais combien plus douce est la clarté vive
　　Qui rayonne en mon cœur charmé !

La chantante mer, le long du rivage,
　　Taira son murmure éternel,
15 Avant qu'en mon cœur, chère amour, ô Nell,
　　Ne fleurisse plus ton image !

IV

LA FILLE AUX CHEVEUX DE LIN

Sur la luzerne en fleur assise,
Qui chante dès le frais matin ?
C'est la fille aux cheveux de lin,
La belle aux lèvres de cerise.

5 L'amour, au clair soleil d'été,
　　Avec l'alouette a chanté.

Ta bouche a des couleurs divines,
Ma chère, et tente le baiser !
Sur l'herbe en fleur veux-tu causer,
10 Fille aux cils longs, aux boucles fines ?

L'amour, au clair soleil d'été,
Avec l'alouette a chanté.

Ne dis pas non, fille cruelle !
Ne dis pas oui ! J'entendrai mieux
15 Le long regard de tes grands yeux
Et ta lèvre rose, ô ma belle !

L'amour, au clair soleil d'été,
Avec l'alouette a chanté.

Adieu les daims, adieu les lièvres
20 Et les rouges perdrix ! Je veux
Baiser le lin de tes cheveux,
Presser la pourpre de tes lèvres !

L'amour, au clair soleil d'été,
Avec l'alouette a chanté.

V

ANNIE

La lune n'était point ternie,
Le ciel était tout étoilé ;
Et moi, j'allai trouver Annie
Dans les sillons d'orge et de blé.
5 Oh ! les sillons d'orge et de blé !

Le cœur de ma chère maîtresse
Était étrangement troublé.
Je baisai le bout de sa tresse,
Dans les sillons d'orge et de blé !
10 Oh ! les sillons d'orge et de blé !

Que sa chevelure était fine !
Qu'un baiser est vite envolé !
Je la pressai sur ma poitrine,
Dans les sillons d'orge et de blé.
15 Oh ! les sillons d'orge et de blé !

Notre ivresse était infinie,
Et nul de nous n'avait parlé...
Oh ! la douce nuit, chère Annie,
Dans les sillons d'orge et de blé !
20 Oh ! les sillons d'orge et de blé !

VI

LA CHANSON DU ROUET

Ô mon cher rouet, ma blanche bobine,
Je vous aime mieux que l'or et l'argent !
Vous me donnez tout, lait, beurre et farine,
Et le gai logis, et le vêtement.
5 Je vous aime mieux que l'or et l'argent,
Ô mon cher rouet, ma blanche bobine !

Ô mon cher rouet, ma blanche bobine,
Vous chantez dès l'aube avec les oiseaux ;
Été comme hiver, chanvre ou laine fine,
10 Par vous, jusqu'au soir, charge les fuseaux.
Vous chantez dès l'aube avec les oiseaux,
Ô mon cher rouet, ma blanche bobine.

Ô mon cher rouet, ma blanche bobine,
Vous me filerez mon suaire étroit,
15 Quand, près de mourir et courbant l'échine,
Je ferai mon lit éternel et froid.
Vous me filerez mon suaire étroit,
Ô mon cher rouet, ma blanche bobine !

SOUVENIR

Le ciel, aux lueurs apaisées,
Rougissait le feuillage épais,
Et d'un soir de mai, doux et frais,
On sentait perler les rosées.

5 Tout le jour, le long des sentiers,
Vous aviez, aux mousses discrètes,
Cueilli les pâles violettes
Et défleuri les églantiers.

Vous aviez fui, vive et charmée,
10 Par les taillis, en plein soleil ;
Un flot de sang jeune et vermeil
Pourprait votre joue animée.

L'écho d'argent de votre voix
Avait sonné sous les yeuses,
15 D'où les fauvettes envieuses
Répondaient toutes à la fois.

Et rien n'était plus doux au monde
Que de voir, sous les bois profonds,
Vos yeux si beaux, sous leurs cils longs,
20 Étinceler, bleus comme l'onde !

Ô jeunesse, innocence, azur !
Aube adorable qui se lève !
Vous étiez comme un premier rêve
Qui fleurit au fond d'un cœur pur !

25 Le souffle des tièdes nuées,
Voyant les roses se fermer,
Effleurait, pour s'y parfumer,
Vos blondes tresses dénouées.

Et déjà vous reconnaissant
30 À votre grâce fraternelle,
L'Étoile du soir, blanche et belle,
S'éveillait à l'Est pâlissant.

C'est alors que, lasse, indécise,
Rose, et le sein tout palpitant,
35 Vous vous blottîtes un instant
Dans le creux d'un vieux chêne assise.

Un rayon, par l'arbre adouci,
Teignait de nuances divines
Votre cou blanc, vos boucles fines.
40 Que vous étiez charmante ainsi !

Autour de vous les rameaux frêles,
En vertes corbeilles tressés,
Enfermaient vos bras enlacés,
Comme un oiseau fermant ses ailes ;

45 Ou comme la Dryade enfant,
Qui dort, s'ignorant elle-même,
Et va rêver d'un Dieu qui l'aime
Sous l'écorce qui la défend !

Nous vous regardions en silence.
50 Vos yeux étaient clos ; dormiez-vous ?
Dans quel monde joyeux et doux
L'emportais-tu, jeune Espérance ?

Lui disais-tu qu'il est un jour
Où, loin de la terre natale,
55 La Vierge, d'une aile idéale,
S'envole au ciel bleu de l'amour ?

Qui sait ? L'oiseau sous la feuillée
Hésite et n'a point pris l'essor,
Et la Dryade rêve encor...
60 Un Dieu ne l'a point éveillée !

LES ÉTOILES MORTELLES

Un soir d'été, dans l'air harmonieux et doux,
        Dorait les épaisses ramures ;
Et vous alliez, les doigts rougis du sang des mûres,
        Le long des frênes et des houx.

5   Ô rêveurs innocents, fiers de vos premiers songes,
        Cœurs d'or rendant le même son,
    Vous écoutiez en vous la divine chanson
        Que la vie emplit de mensonges.

    Ravis, la joue en fleur, l'œil brillant, les pieds nus,
10   Parmi les bruyères mouillées
    Vous alliez, sous l'arome attiédi des feuillées,
        Vers les paradis inconnus.

    Et de riches lueurs, comme des bandelettes,
        Palpitaient sur le brouillard bleu,
15 Et le souffle du soir berçait leurs bouts en feu
        Dans l'arbre aux masses violettes.

    Puis, en un vol muet, sous les bois recueillis,
        Insensiblement la nuit douce
    Enveloppa, vêtus de leur gaine de mousse,
20   Les chênes au fond des taillis.

Hormis cette rumeur confuse et familière
            Qui monte de l'herbe et de l'eau,
Tout s'endormit, le vent, le feuillage, l'oiseau,
            Le ciel, le vallon, la clairière.

25 Dans le calme des bois, comme un collier divin
            Qui se rompt, les étoiles blanches,
Du faîte de l'azur, entre les lourdes branches,
            Glissaient, fluides et sans fin.

Un étang solitaire, en sa nappe profonde
30   Et noire, amoncelait sans bruit
Ce trésor ruisselant des perles de la nuit
            Qui se posaient, claires, sous l'onde.

Mais un souffle furtif, troublant ces feux épars
            Dans leur ondulation lente,
35 Fit pétiller comme une averse étincelante
            Autour des sombres nénuphars.

Chaque jet s'épandit en courbes radieuses,
            Dont les orbes multipliés
Allumaient dans les joncs d'un cercle d'or liés
40   Des prunelles mystérieuses.

Le désir vous plongea dans l'abîme enchanté
            Vers ces yeux pleins de douces flammes ;
Et le bois entendit les ailes de vos âmes
            Frémir au ciel des nuits d'été !

DIES IRÆ

Il est un jour, une heure, où dans le chemin rude,
Courbé sous le fardeau des ans multipliés,
L'Esprit humain s'arrête, et, pris de lassitude,
Se retourne pensif vers les jours oubliés.

5 La vie a fatigué son attente inféconde ;
Désabusé du Dieu qui ne doit point venir,
Il sent renaître en lui la jeunesse du monde ;
Il écoute ta voix, ô sacré Souvenir !

Les astres qu'il aima, d'un rayon pacifique
10 Argentent dans la nuit les bois mystérieux,
Et la sainte montagne et la vallée antique
Où sous les noirs palmiers dormaient ses premiers Dieux.

Il voit la Terre libre et les verdeurs sauvages
Flotter comme un encens sur les fleuves sacrés,
15 Et les bleus Océans, chantant sur leurs rivages,
Vers l'inconnu divin rouler immesurés.

De la hauteur des monts, berceaux des races pures,
Au murmure des flots, au bruit des dômes verts,
Il écoute grandir, vierge encor de souillures,
20 La jeune Humanité sur le jeune Univers.

Bienheureux ! Il croyait la Terre impérissable,
Il entendait parler au prochain firmament,
Il n'avait point taché sa robe irréprochable ;
Dans la beauté du monde il vivait fortement.

25 L'éclair qui fait aimer et qui nous illumine
Le brûlait sans faiblir un siècle comme un jour ;
Et la foi confiante et la candeur divine
Veillaient au sanctuaire où rayonnait l'amour.

Pourquoi s'est-il lassé des voluptés connues ?
30 Pourquoi les vains labeurs et l'avenir tenté ?
Les vents ont épaissi là-haut les noires nues ;
Dans une heure d'orage ils ont tout emporté.

Oh ! la tente au désert et sur les monts sublimes,
Les grandes visions sous les cèdres pensifs,
35 Et la Liberté vierge et ses cris magnanimes,
Et le débordement des transports primitifs !

L'angoisse du désir vainement nous convie :
Au livre originel qui lira désormais ?
L'homme a perdu le sens des paroles de vie :
40 L'esprit se tait, la lettre est morte pour jamais.

Nul n'écartera plus vers les couchants mystiques
La pourpre suspendue au devant de l'autel,
Et n'entendra passer dans les vents prophétiques
Les premiers entretiens de la Terre et du Ciel.

45 Les lumières d'en haut s'en vont diminuées,
L'impénétrable Nuit tombe déjà des cieux,
L'astre du vieil Ormuzd est mort sous les nuées ;
L'Orient s'est couché dans la cendre des Dieux.

L'Esprit ne descend plus sur la race choisie ;
50 Il ne consacre plus les Justes et les Forts.
Dans le sein desséché de l'immobile Asie
Les soleils inféconds brûlent les germes morts.

Les Ascètes, assis dans les roseaux du fleuve,
Écoutent murmurer le flot tardif et pur.
55 Pleurez, Contemplateurs ! votre sagesse est veuve :
Viçnou ne siège plus sur le Lotus d'azur.

L'harmonieuse Hellas, vierge aux tresses dorées,
À qui l'amour d'un monde a dressé des autels,
Gît, muette à jamais, au bord des mers sacrées,
60 Sur les membres divins de ses blancs Immortels.

Plus de charbon ardent sur la lèvre-prophète !
Adônaï, les vents ont emporté ta voix ;
Et le Nazaréen, pâle et baissant la tête,
Pousse un cri de détresse une dernière fois.

65 Figure aux cheveux roux, d'ombre et de paix voilée,
Errante au bord des lacs sous ton nimbe de feu,
Salut ! l'Humanité, dans ta tombe scellée,
Ô jeune Essénien, garde son dernier Dieu !

Et l'Occident barbare est saisi de vertige.
70 Les âmes sans vertu dorment d'un lourd sommeil,
Comme des arbrisseaux, viciés dans leur tige,
Qui n'ont verdi qu'un jour et n'ont vu qu'un soleil.

Et les sages, couchés sous les secrets portiques,
Regardent, possédant le calme souhaité,
75 Les époques d'orage et les temps pacifiques
Rouler d'un cours égal l'homme à l'Éternité.

Mais nous, nous, consumés d'une impossible envie,
En proie au mal de croire et d'aimer sans retour,
Répondez, jours nouveaux ! nous rendrez-vous la vie ?
80 Dites, ô jours anciens ! nous rendrez-vous l'amour ?

Où sont nos lyres d'or, d'hyacinthe fleuries,
Et l'hymne aux Dieux heureux et les vierges en chœur,
Éleusis et Délos, les jeunes Théories,
Et les poèmes saints qui jaillissent du cœur ?

85 Où sont les Dieux promis, les formes idéales,
Les grands cultes de pourpre et de gloire vêtus,
Et dans les cieux ouvrant ses ailes triomphales
La blanche ascension des sereines Vertus ?

Les Muses, à pas lents, Mendiantes divines,
90 S'en vont par les cités en proie au rire amer.
Ah ! c'est assez saigner sous le bandeau d'épines,
Et pousser un sanglot sans fin comme la Mer !

Oui ! le Mal éternel est dans sa plénitude !
L'air du siècle est mauvais aux esprits ulcérés.
95 Salut, Oubli du monde et de la multitude !
Reprends-nous, ô Nature, entre tes bras sacrés !

Dans ta khlamyde d'or, Aube mystérieuse,
Éveille un chant d'amour au fond des bois épais !
Déroule encor, Soleil, ta robe glorieuse !
100 Montagne, ouvre ton sein plein d'arome et de paix !

Soupirs majestueux des ondes apaisées,
Murmurez plus profonds en nos cœurs soucieux !
Répandez, ô forêts, vos urnes de rosées !
Ruisselle en nous, silence étincelant des cieux !

105 Consolez-nous enfin des espérances vaines :
    La route infructueuse a blessé nos pieds nus.
    Du sommet des grands caps, loin des rumeurs humaines,
    Ô vents ! emportez-nous vers les Dieux inconnus !

    Mais si rien ne répond dans l'immense étendue,
110 Que le stérile écho de l'éternel Désir,
    Adieu, déserts, où l'âme ouvre une aile éperdue !
    Adieu, songe sublime, impossible à saisir !

    Et toi, divine Mort, où tout rentre et s'efface,
    Accueille tes enfants dans ton sein étoilé ;
115 Affranchis-nous du temps, du nombre et de l'espace,
    Et rends-nous le repos que la vie a troublé !

DOSSIER

VIE DE LECONTE DE LISLE

1818-1894

1818 22 octobre : naissance à l'île Bourbon (actuellement : La Réunion) de Charles Leconte de Lisle. Son père est un ancien chirurgien militaire devenu planteur. Sa mère, Suzanne de Riscourt de Lanux, appartient à l'aristocratie de l'île ; elle est apparentée au poète Parny. Charles aura deux frères (Alfred et Paul) et trois sœurs (Élysée, Anaïs et Emma).

[1822]-[1832] Séjour à Nantes avec sa famille : « Venu en France à trois ans ; retourné à Bourbon avec ma famille à dix ans », a-t-il noté, ce qui ne correspond pas tout à fait aux dates fournies dans les chronologies les plus récentes.

[1832]-1837 Retour à l'île Bourbon. L. de L. est sans doute médiocre écolier, mais grand liseur. Une découverte : *Les Orientales* de Victor Hugo. Un premier amour peut-être : Élixenne de Lanux, sa cousine éloignée. Un ami : Adamolle, avec lequel il fréquente un petit groupe où l'on est démocrate et libre penseur. Un début littéraire : les *Essais poétiques*.

11 mars 1837 Départ pour la France dans le but d'y faire des études de droit. Escale au Cap et à Sainte-Hélène. L. de L. est attendu chez son « oncle », Louis Leconte, cousin de son père, avoué, adjoint au maire de Dinan. Il est très vite envoyé à Rennes, où il apprend qu'il lui faut, pour s'inscrire à la faculté de droit, être bachelier ès lettres.

1838-1839 De retour à Dinan, se lie avec Julien Rouffet, poète et futur clerc de notaire. S'éprend successivement de Caroline et de Marie Beamish, deux sœurs anglaises. Est reçu au baccalauréat le 14 novembre 1838. Il s'inscrit en droit, et suit aussi les cours de la faculté des lettres de Rennes pendant l'hiver 1838-1839 ; mais, dès juillet 1839, il a « abandonné le Droit ». Sa famille lui coupe les vivres.

1840-1843 Premières publications dans *La Variété*, revue fondée par un groupe d'étudiants de Rennes : trois essais littéraires, un conte, quelques poèmes. À bout de ressources, il se rapproche quelque peu de sa famille, et passe le baccalauréat en droit en janvier 1841. En 1842, il tente, en vain, de lancer une nouvelle publication : *Le Scorpion.*

12 juin 1843 L. de L. repart pour l'île Bourbon. Il y reste deux ans, sans faire grand-chose, semble-t-il.

1845-1847 Retour en France, où son compatriote Laverdant lui a trouvé une collaboration à *La Démocratie pacifique*, quotidien fouriériste ; il y publiera surtout des contes en prose et quelques articles politiques. Il publie aussi dans *La Phalange*, mensuel de même tendance, une série de poèmes, dont certains seront parmi les plus importants des *Poèmes antiques.* Il fréquente les fouriéristes, ainsi qu'un groupe d'écrivains et d'artistes (Ménard, Lacaussade, Thalès Bernard, Jobbé-Duval...).

1848 Lors de la Révolution, il présente, au nom d'un groupe de jeunes créoles, un manifeste demandant l'abolition de l'esclavage. Son club l'envoie en mission à Dinan pour préparer les élections, mais il s'y montre assez piteux. En juin, il aurait été vu sur les barricades, soutenant les insurgés. Il est certain en tout cas qu'il fut incarcéré pendant quarante-huit heures.

1849-1851 Il a cessé de collaborer à *La Démocratie pacifique.* Collaboration éphémère à *La Réforme* de Lamennais. S'éprend — croit-on — de Mme Jobbé-Duval, dont il deviendra l'amant.

1852 Publication des *Poëmes antiques* chez Ducloux.

1853-1856 Très pauvre, L. de L. vit de leçons particulières, de travaux non signés, d'emprunts, de quelques prix et subsides, notamment une pension du Conseil général de la Réunion, qui lui sera versée de 1853 à 1868. Fréquente Laprade, Lacaussade, Louise Colet et les amis de celle-ci : Flaubert, Cousin, etc. Commence à publier dans la *Revue de Paris (Le Runoïa)*, dans la *Revue des Deux Mondes* et dans la *Revue française.* En 1855 : *Poëmes et Poésies* chez Dentu.

1857 Mariage le 10 septembre avec Anne-Adélaïde Perray. Début des publications dans la *Revue contemporaine.*

1858 *Poésies complètes*, chez Poulet-Malassis et de Broise.

1860 L. de L. commence à faire figure de chef d'école. Ses disciples : Villiers de l'Isle-Adam, Mallarmé, Sully Prudhomme, Heredia...

1861 Traduction des *Idylles* de Théocrite et des *Odes anacréontiques*, chez Poulet-Malassis. Échange d'articles élogieux avec Baudelaire. Nombreux poèmes dans la *Revue européenne.*

1862 *Poésies barbares*, chez Poulet-Malassis.

1863 L. de L. tombe sans doute amoureux, à cette époque, de la femme de son cousin Hippolyte Foucque (s'il est exact que c'est à elle qu'il pense en écrivant *Les Roses d'Ispahan* et *Le Parfum impérissable*). Cet amour paraît laisser insensible celle qui en est l'objet, et le poète s'assombrit.

1864 Série d'articles sur *Les Poëtes contemporains* dans *Le Nain jaune.*

Vie de Leconte de Lisle

Vie de Leconte de Lisle 301

L. de L. accepte une pension sur la cassette impériale. Il s'en justifiera lorsque la chose lui sera reprochée en alléguant ses difficultés financières, aggravées par le fait que sa mère et deux de ses sœurs sont à Paris sans ressources (le père est mort sans rien laisser en 1856).

1866 Premier volume du *Parnasse contemporain*, paru en 18 livraisons hebdomadaires chez Lemerre.

1867 Traduction de l'*Iliade*, chez Lemerre.

1868 Traduction de l'*Odyssée*, chez Lemerre.

1869 Traduction d'Hésiode (suivi de : *Hymnes orphiques*. Théocrite. Bion. Moskhos. Tyrtée. *Odes anacréontiques*), chez Lemerre. Mise en train du second *Parnasse contemporain* : c'est sur *Kaïn* que s'ouvre le volume, et le poème soulèvera un grand intérêt.

1870 Décoré de la Légion d'honneur. À la chute de l'Empire, la révélation de sa pension lui vaut une certaine hostilité de la part même de ses amis. Pendant le siège il est garde national. Il publie anonymement le *Catéchisme populaire républicain*, chez Lemerre. L'ouvrage connaîtra beaucoup de succès.

1871 *Histoire populaire de la Révolution française* et *Histoire populaire du christianisme* chez Lemerre. La Commune déclenche chez L. de L. une violente réaction d'hostilité.

1872 À l'Assemblée nationale, un M. de Gavardie interpelle le garde des Sceaux pour obtenir que l'on poursuive l'auteur du *Catéchisme*. Publication des *Poèmes barbares* chez Lemerre. Rédaction des *Érinnyes*. Traduction d'Eschyle, chez Lemerre.

1873 Création des *Érinnyes* à l'Odéon ; le texte en est publié chez Lemerre. Traduction d'Horace, chez Lemerre également.

1874 Se lie avec Victor Hugo.

1876 L. de L. devient sous-bibliothécaire au Sénat, sinécure lui assurant de modestes rentrées régulières (certains biographes situent cette nomination en 1872-1873, nous suivons ici E. Pich, qui a consulté notamment la correspondance de l'écrivain). Troisième *Parnasse contemporain*. Collaboration à une *Histoire du Moyen Âge* qui paraît sous la seule signature de Pierre Gosset.

1877 Traduction de Sophocle, chez Lemerre. Première candidature à l'Académie française ; seuls Hugo et Auguste Barbier lui donnent leur voix.

1880 Jules Lemaitre publie un important article sur L. de L. dans la *Revue bleue*.

1882 Deuxième candidature à l'Académie française. Il n'a que la voix de Hugo.

1883 Officier de la Légion d'honneur.

1884 Traduction d'Euripide et *Poèmes tragiques*, le tout chez Lemerre. Les *Poèmes tragiques* reçoivent un prix de l'Académie française. Hugo vote une nouvelle fois pour lui.

1885 Étude de Bourget sur L. de L. dans la *Nouvelle Revue*. L. de L.
     s'éprend d'Émilie Leforestier, dont il avait aimé la mère, Émilie
     Foucque, vingt ans plus tôt.

1886 11 février : L. de L. est élu à l'Académie française au fauteuil de
     Victor Hugo, par 21 voix contre 6.

1887 Réception à l'Académie française le 31 mars. Le discours
     d'Alexandre Dumas fils n'est guère élogieux.

1888 Publication de *L'Apollonide*, drame lyrique, chez Lemerre. L. de
     L. fréquente l'aristocratie (la reine Carmen Sylva, la princesse
     Vacaresco, Robert de Montesquiou).

1891 Dans sa réponse à l'enquête de Jules Huret sur *L'Évolution
     littéraire*, L. de L. critique les poètes symbolistes, et aussi
     Anatole France (avec qui il est en froid depuis longtemps).

1893 Le 17 mai : leçon de Brunetière sur L. de L., à la Sorbonne.

1894 Mort de L. de L. le 17 juillet, à Louveciennes, dans la propriété
     de « Jean Dornis » (Mme Guillaume Beer), qui fut « sa dernière
     Muse ».

(Sources principales : Edmond Estève, *L. de L., l'homme et l'œuvre*,
Paris, Boivin, s.d. Pierre Flottes, *L. de L., l'homme et l'œuvre*, Paris,
Hatier-Boivin, 1954. Jules-Marie Priou, *L. de L.*, Paris, Seghers, 1966.
Hippolyte Foucque, « Contribution à la biographie de L. de L. : la
vierge au Manchy », *Revue d'histoire littéraire de la France*, 1928,
p. 369-381. Jean Mistler, Allocution prononcée à l'inauguration de
l'exposition L. de L., *Bulletin de la Bibliothèque nationale*, décembre
1977, p. 159-166. Edgard Pich, Chronologie, édition des Belles Lettres,
t. IV, 1978, p. XI-XXV).

NOTICE

Première publication des poèmes du recueil

Sûryâ : *Poëmes antiques*, 1852.
Prière védique pour les Morts : *Parnasse contemporain*, 1866.
Bhagavat : *Poëmes antiques*, 1852.
La Mort de Valmiki : *Le Temps*, 29 janvier 1879.
L'Arc de Civa : *Poëmes et Poésies*, 1855.
Çunacépa : *Poëmes et Poésies*, 1855.
La Vision de Brahma : *Revue contemporaine*, 15 avril 1857.
Hypatie : *La Phalange*, juillet 1847.
Thyoné : *La Phalange*, novembre 1846.
Glaucé : *La Phalange*, juillet 1847.
Hélène : *Poëmes antiques*, 1852.
La Robe du Centaure : *La Phalange*, novembre-décembre 1845.
Kybèle : *Poëmes antiques*, 1852.
Pan : *Poëmes antiques*, 1852.
Klytie : *Poëmes antiques*, 1852.
Vénus de Milo : *La Phalange*, mars 1846.
Le Réveil d'Hèlios : *Poëmes antiques*, 1852.
La Source : *Poëmes antiques*, 1852.
Niobé : *La Phalange*, janvier 1847.
Hylas : *La Phalange*, juin 1846.
Odes anacréontiques : *Poëmes et Poésies*, 1855 (La Coupe : *Modes parisiennes*, février 1854).
Le Vase : *Revue des Deux Mondes*, 15 février 1855.
Les Plaintes du Cyclope : *Revue française*, 20 novembre 1856.
L'Enfance d'Hèraklès : *Revue française*, 20 novembre 1856.
La Mort de Penthée : *Revue française*, 1er novembre 1857.
Hèraklès au Taureau : *Revue française*, 1er novembre 1857.
Khirôn : *La Phalange*, avril 1847.
Thestylis : *Revue contemporaine*, 15 août 1862.
Médailles antiques : *Revue contemporaine*, 31 juillet 1859.

Péristèris : *Revue contemporaine*, 15 octobre 1862.
Paysage : *Revue française*, 1er juillet 1864.
Les Bucoliastes : *Revue contemporaine*, 15 mai 1858.
Kléarista : *Revue contemporaine*, 15 octobre 1862.
Symphonie : *Revue contemporaine*, 15 octobre 1862.
Le Retour d'Adônis : *Revue contemporaine*, 15 octobre 1862.
Hèraklès solaire : *Revue contemporaine*, 15 octobre 1862.
Églogue : *Poëmes antiques*, 1852.
Études latines : *Poëmes antiques*, 1852.
Les Éolides : *La Phalange*, avril 1846.
Fultus Hyacintho : *Revue des Deux Mondes*, 15 février 1855.
Phidylé : *Poëmes et Poésies*, 1855.
Chant alterné : *La Phalange*, juin 1846.
Les Oiseaux de proie : *Poëmes et Poésies*, 1855.
Hypatie et Cyrille : *Le Présent*, 8 et 16 septembre 1857.
POÉSIES DIVERSES
I.   Juin : *Poëmes antiques*, 1852.
II. Midi : *Le Constitutionnel*, 9 février 1852, dans l'article de Sainte-Beuve : « De la poésie et des poètes en 1852 » (Leconte de Lisle avait fait une lecture publique de son poème chez Sainte-Beuve, le 23 août 1851 vraisemblablement : voir Edgard Pich, *Leconte de Lisle et sa création poétique*, p. 60).
III. Nox : *Poëmes antiques*, 1852.
CHANSONS ÉCOSSAISES
I.   Jane : *Poëmes antiques*, 1852.
II. Nanny : *Poëmes antiques*, 1852.
III. Nell : *Poëmes antiques*, 1852.
IV. La Fille aux cheveux de lin : *Poëmes antiques*, 1852.
V.   Annie : *Poëmes antiques*, 1852.
VI. La Chanson du rouet : *Poëmes et Poésies*, 1855.
Souvenir : *Modes parisiennes*, janvier 1855.
Les Étoiles mortelles : *Revue contemporaine*, 30 juin 1864 (à vrai dire, le texte de 1864 est si différent de celui des éditions qu'on pourrait presque considérer comme première publication celle des *Poëmes antiques* de 1874).
Dies iræ : *Poëmes antiques*, 1852.

Éditions

Poëmes antiques par Leconte de Lisle. Paris, Ducloux, 1852. Le recueil comprend une préface (sans titre) et 31 poèmes ou séries de poèmes. Nous en donnons la liste d'après la table des matières :
I. Hypatie. II. Thyoné. III. Glaucé. IV. Hélène, poëme. V. La robe du centaure. VI. Chant alterné. VII. Églogue. VIII. Vénus de Milo. IX.

Cybèle. X. Pan. XI. Clytie. XII. Les Eolides. XIII. Études latines. XIV.
Niobé, poëme. XV. La source. XVI. Le réveil d'Hélios. XVII. Hylas.
XVIII. Juin. XIX. Midi. XX. Nox. XXI. Khiron, poëme. XXII. La
fontaine aux lianes. XXIII. Jane. XXIV. Nanny. XXV. Nell. XXVI. La
fille aux cheveux de lin. XXVII. Annie. XXVIII. Sourya. XXIX. Si les
chastes amours. XXX. Bhagavat, poëme. XXXI. Dies iræ.

Deux de ces textes passeront ultérieurement dans les *Poèmes
barbares* : *La Fontaine aux lianes* et, sous le titre *La Vipère*, le n° XXIX
(désigné en 1852 par son incipit).

Poëmes et Poésies par Leconte de Lisle, auteur des *Poëmes antiques*.
Paris, Dentu, 1855.

Ce recueil comprend, outre une préface, 28 pièces ou séries, dont
9 passeront dans les *Poëmes antiques* en 1874. Ce sont :

II. Çunacépa, poëme. III. Odes anacréontiques. IV. Le Vase. V.
Phidylé. VI. Fultus Hyacintho. XXI. La Chanson du rouet. XXII. L'Arc
de Civa. XXIII. Souvenir. XXVII. Les Oiseaux de proie.

Quinze autres poèmes alimenteront les *Poèmes barbares*.

Poëmes et Poésies par Leconte de Lisle, auteur des *Poëmes antiques*,
seconde édition, revue et augmentée de *La Passion*, Poëme. Paris,
Taride, 1857. Pour ce qui concerne les *Poèmes antiques*, cette édition
n'apporte aucun élément neuf par rapport à la précédente. La préface
de 1855 n'a pas été reproduite.

Poésies complètes de Leconte de Lisle : *Poèmes antiques — Poèmes
et poésies — Poésies nouvelles*, avec une eau-forte dessinée et gravée
par Louis Duveau. Poulet-Malassis et De Broise, 1858.

La table des matières des *Poèmes antiques* est la même qu'en 1852, à
ces différences près : les poèmes ne sont pas numérotés ; *Sourya* s'écrit
ici *Çurya* ; la future *Vipère* des *Poèmes barbares* a disparu de la table
des matières et est imprimée à la suite de *Çurya*, après un simple blanc
d'une ligne — erreur évidemment due au fait que c'est la seule pièce
sans titre du recueil.

Les *Poèmes et Poésies* ne présentent par rapport à l'édition de 1857
aucune variante intéressant les *Poèmes antiques*. Mais les *Poésies
nouvelles* offrent 6 pièces qui passeront dans l'édition suivante de ce
recueil : *Les Plaintes du Cyclope, l'Enfance d'Héraklès, La Mort de
Penthée, Héraklès au Taureau, Hypatie et Cyrille, La Vision de
Brahma.*

Leconte de Lisle, *Poésies barbares*. Paris, Librairie Poulet-Malassis,
1862.

Ce recueil comporte un groupe de poèmes et un poème isolé —
Médailles antiques et *Les Bucoliastes* — qui manqueront dans les
Poèmes barbares parus chez Lemerre en 1872, et réapparaîtront dans
les *Poëmes antiques* en 1874.

Leconte de Lisle, *Poëmes antiques*, édition nouvelle revue & considérablement augmentée (sur la couverture, d'après E. Pich : « édition définitive, revue... », etc.). Paris, Alphonse Lemerre, 1874 (cette édition comprend un portrait de Leconte de Lisle gravé par Rajon). La table des matières est déjà celle de l'édition définitive, à l'exception de *La Mort de Valmiki*. Le recueil comporte les 29 poèmes ou séries qui proviennent des *Poëmes antiques* de 1852, les 9 qui proviennent des *Poëmes et Poésies*, les 6 des *Poésies nouvelles*, les 2 pièces enlevées aux *Poésies barbares*, et 9 poèmes nouveaux : *Prière védique pour les morts, Thestylis, Péristèris, Paysage, Kléarista, Symphonie, Le Retour d'Adonis, Hèraklès solaire* et *Les Étoiles mortelles*.

Œuvres de Leconte de Lisle. *Poèmes antiques*. Paris, Alphonse Lemerre, 1881. Petit in-12 ; le volume fait partie de la « Petite bibliothèque littéraire ». Il est illustré du portrait de Leconte de Lisle par Rajon.

Cette édition ajoute à la précédente *La Mort de Valmiki*.

Œuvres de Leconte de Lisle. *Poèmes antiques*. Paris, Alphonse Lemerre, s.d. (l'exemplaire de la B.N. porte un cachet de dépôt légal de 1886). « Petite bibliothèque littéraire ». Pas de portrait. Même liste de poèmes qu'en 1881.

Leconte de Lisle, *Poèmes antiques*. Paris, Alphonse Lemerre, s.d. L'exemplaire de la B.N. porte un cachet de dépôt légal de 1891 (« Seine n° 1030 »), et est illustré du portrait de Leconte de Lisle par Rajon, au-dessus duquel figure cette mention au crayon : « Poèmes antiques par Leconte de Lisle. Portrait de l'auteur à joindre au n° 1030 d'imprimer [sic] de 1891 » (la bibliographie d'E. Pich, dans *Leconte de Lisle et sa création poétique*, p. 518, ne signale pas de portrait pour cette édition de 1891). Même liste que dans les deux éditions précédentes.

D'une édition à l'autre, jusqu'à la dernière, le poète revoit ses poèmes, modifie le texte, l'utilisation de la capitale, la ponctuation. F. Desonay a noté que les corrections consistent assez souvent à changer toute une strophe, et que, lorsqu'il raccourcit un poème, Leconte de Lisle semble parfois le faire de façon quelque peu mécanique, procédant à la suppression, « à intervalles sensiblement égaux, de tout un quatrain et de rien qu'un quatrain » (*Le Rêve hellénique chez les poètes parnassiens*, p. 190).

Note sur la présente édition

Classiquement, nous avons choisi de reproduire la dernière édition revue par l'auteur, celle de 1891.

Nous n'y avons trouvé que très peu de coquilles (toutes signalées dans les éditions précédentes). Nous avons rétabli, avec Edgard Pich, la capitale au v. 22 de *Glaucé* : *la Vierge* (*Diane* dans les premières versions) ; au v. 11 de *Khirôn*, nous avons comme lui préféré la leçon antérieure *Non loin du Péliôn* à *Non loin de Péliôn* : comme il le fait remarquer, partout ailleurs dans le poème, le nom de la montagne est resté accompagné de l'article ; au v. 827 du même poème, il faut évidemment lire *en mon cœur paternel*, leçon des éditions antérieures à 1886, et non *en mon nom paternel*, qui n'a pas de sens ; enfin, avec Jacques Madeleine et Eugène Vallée, nous retournons à la leçon de 1857 et 1858 pour le v. 223 d'*Hypatie et Cyrille* : *Depuis que Constantin, voici bientôt cent ans* ; la leçon des éditions suivantes — *Depuis que Constantin, depuis bientôt cent ans* —, avec la répétition fâcheuse de la préposition, est certainement fautive.

Nous avons rétabli les blancs escamotés en bas de page en nous fondant sur l'édition précédente, celle de 1886 (pour le blanc après le v. 384 de *Çunacépa*, qui tombe en bas de page en 1874, 1881, 1886 et 1891, nous sommes retournée aux éditions de 1857 et 1858). Signalons que la mise en page de la présente édition rend, elle aussi, certains blancs difficiles à déceler : c'est le cas au bas des pp. 42, 56, 69, 73, 77, 79, 80, 184, 195, 197, 198, 201, 203, 212.

Comme dans notre édition des *Poèmes barbares*, nous avons réduit l'appareil des variantes aux strophes supprimées et aux passages de quelque ampleur qui se présentent, à l'origine, dans une version nettement différente de celle de l'édition définitive. En de très rares occasions, nous y joignons une variante ponctuelle.

Pour ce qui est de l'orthographe des noms propres, nous respectons, bien entendu, celle de Leconte de Lisle (même quand elle varie) et celle des auteurs que nous citons. Personnellement, nous choisissons la graphie moderne la plus courante possible. Signalons d'autre part que dans le titre de l'édition de 1852, le mot *poèmes* est en capitales sans accent : POEMES. Dans le texte de la préface, Leconte de Lisle écrit régulièrement *poëme*, et il ne fait pas de doute que c'est l'orthographe qu'il préférait à l'époque, même si son premier recueil est intitulé *Poèmes antiques* sur la page de titre des *Poëmes et Poésies* de 1855. Nous écrivons donc, pour l'édition de 1852, *Poëmes antiques* (ce sera encore l'orthographe choisie en 1874). Enfin, nous ne croyons pas utile de respecter les fautes d'orthographe évidentes.

L'édition critique de Jacques Madeleine et Eugène Vallée et celle d'Edgard Pich nous ont servi de point de départ en nous faisant connaître les publications préoriginales, auxquelles nous sommes retournée, et en nous offrant un relevé presque exhaustif des variantes, que nous avons vérifiées de première main. Le texte des deux préfaces, présenté ci-dessous, a été établi sur les éditions de 1852 et de 1855. Ces deux préfaces sont sans titre.

BIBLIOGRAPHIE

Les références bibliographiques complètes sont fournies dans la bibliographie pour les travaux de base, à la première mention de l'ouvrage ou de l'article pour ceux dont nous nous sommes servie occasionnellement.

Éditions modernes de Leconte de Lisle

Poésies complètes, texte définitif avec notes et variantes. Eaux-fortes de Maurice de Becque, Paris, Lemerre, 4 volumes :
    Poèmes antiques, 1927.
    Poèmes barbares, 1927.
    Poèmes tragiques, 1928.
    Derniers Poèmes. La Passion. Pièces diverses. Notes et variantes, 1928 (la préface des Notes et variantes est signée de Jacques Madeleine et Eugène Vallée).
    Réédité en 1974 dans la collection des Slatkine Reprints.
Œuvres de Leconte de Lisle, édition critique par Edgard Pich, Paris, Les Belles Lettres, 4 volumes :
    I. *Poèmes antiques,* 1977.
    II. *Poèmes barbares,* 1976.
    III. *Poèmes tragiques. Derniers poèmes,* 1977.
    IV. *Œuvres diverses,* 1978.
Leconte de Lisle, *Articles — Préfaces — Discours.* Textes recueillis, présentés et annotés par Edgard Pich, Paris, Les Belles Lettres, 1971.
Leconte de Lisle, *Poèmes barbares,* édition de Claudine Gothot-Mersch, *Poésie/*Gallimard, 1985.

Études critiques sur les Poèmes antiques

SAINTE-BEUVE, « De la poésie et des poètes en 1852 », *Le Constitutionnel,* 9 février 1852 (repris dans *Causeries du lundi,* t. V).

Joseph VIANEY, *Les Sources de Leconte de Lisle,* Montpellier, Coulet, 1907 (Slatkine Reprints, 1973).

Jean DUCROS, *Le Retour de la poésie française à l'Antiquité grecque au milieu du XIXe siècle. — Leconte de Lisle et les* Poèmes antiques. — *Notes sur les sources de Leconte de Lisle,* Paris, Armand Colin, 1918.

Élie CARCASSONNE, « Leconte de Lisle et la philosophie indienne », *Revue de littérature comparée,* 1931, p. 618-646.

Edgard PICH, *Leconte de Lisle et sa création poétique.* Poèmes antiques *et* Poèmes barbares. *1852-1874,* Publications de l'Université Lyon II, Imprimerie Chirat, 1975.

Léon ARMENGAUD, « Sept poèmes hindous de Leconte de Lisle », *Bulletin des Études parnassiennes,* n° 3, juin 1982, p. 15-37, et n° 4, décembre 1982, p. 39-58.

Signalons en outre que Jean-Paul Sartre a consacré une longue analyse à la vie et à la personne de Leconte de Lisle dans *L'Idiot de la famille. Gustave Flaubert de 1821 à 1857,* Paris, Gallimard, « Bibliothèque de philosophie », t. III, 1972 (rééd. 1988), p. 341-443 (*Névrose et prophétie*).

PRÉFACES DE LECONTE DE LISLE

Poëmes antiques (1852)

Ce livre est un recueil d'études, un retour réfléchi à des formes négligées ou peu connues. Les émotions personnelles n'y ont laissé que peu de traces ; les passions et les faits contemporains n'y apparaissent point. Bien que l'art puisse donner, dans une certaine mesure, un caractère de généralité à tout ce qu'il touche, il y a dans l'aveu public des angoisses du cœur et de ses voluptés non moins amères, une vanité et une profanation gratuites. D'autre part, quelque vivantes que soient les passions politiques de ce temps, elles appartiennent au monde de l'action ; le travail spéculatif leur est étranger. Ceci explique l'impersonnalité et la neutralité de ces études. Il est du reste un fonds commun à l'homme et au poëte, une somme de vérités morales et d'idées dont nul ne peut s'abstraire ; l'expression seule en est multiple et diverse. Il s'agit de l'apprécier en elle-même. Or, ces poëmes seront peut-être accusés d'archaïsme et d'allures érudites peu propres à exprimer la spontanéité des impressions et des sentiments ; mais si leur donnée particulière est admise, l'objection est annihilée. Exposer l'opportunité et la raison des idées qui ont présidé à leur conception, sera donc prouver la légitimité des formes qu'ils ont revêtues.

En ce temps de malaise et de recherches inquiètes, les esprits les plus avertis et les plus fermes s'arrêtent et se consultent. Le reste ne sait ni d'où il vient, ni où il va ; il cède aux agitations fébriles qui l'entraînent, peu soucieux d'attendre et de délibérer. Seuls, les premiers se rendent compte de leur époque transitoire et des exigences fatales qui les contraignent. Nous sommes une génération savante ; la vie instinctive, spontanée, aveuglément féconde de la jeunesse, s'est retirée de nous ; tel est le fait irréparable. La Poésie, réalisée dans l'art, n'enfantera plus d'actions héroïques ; elle n'inspirera plus de vertus sociales ; parce que la langue sacrée, même dans la prévision d'un germe latent d'héroïsme ou de vertu, réduite, comme à toutes les époques de décadence littéraire, à ne plus exprimer que de mesquines impressions personnelles, envahie par les néologismes arbitraires, morcelée et profanée, esclave des caprices et des goûts individuels, n'est plus apte à enseigner l'homme. La Poésie ne consacrera même plus la mémoire des événements qu'elle n'aura ni prévus ni amenés, parce que le caractère à la fois spéculatif et pratique de ce temps est de n'accorder qu'une attention rapide et une estime accessoire à ce qui ne vient pas immédiatement en aide à son double effort, et qu'il ne se donne ni trêve ni repos. Des commentaires sur l'Évangile peuvent bien se transformer en pamphlets politiques [1] ; c'est une marque du trouble des esprits et de la ruine théologique ; il y a ici agression et lutte sous figure d'enseignement ; mais de tels compromis sont interdits à la Poésie. Moins souple et moins accessible que les formes de polémique usuelle, son action serait nulle et sa déchéance plus complète.

Ô Poëtes, éducateurs des âmes, étrangers aux premiers rudiments de la vie réelle, non moins que de la vie idéale ; en proie aux dédains instinctifs de la foule comme à l'indifférence des plus intelligents ; moralistes sans principes communs, philosophes sans doctrine, rêveurs d'imitation et de parti pris, écrivains de hasard qui vous complaisez dans une radicale ignorance de l'homme et du monde, et dans un mépris naturel de tout travail sérieux ; race inconsistante et fanfaronne, éprise de vous-mêmes, dont la susceptibilité toujours éveillée ne s'irrite qu'au sujet d'une étroite personnalité et jamais au profit de principes éternels ; ô Poëtes, que diriez-vous, qu'enseigneriez-vous ? Qui vous a conféré le caractère et le langage de l'autorité ? Quel dogme sanctionne votre apostolat ? Allez ! vous vous épuisez dans le vide, et votre heure est venue. Vous n'êtes plus écoutés, parce que vous ne reproduisez qu'une somme d'idées désormais insuffisantes ; l'époque ne vous entend plus, parce que vous l'avez importunée de vos plaintes stériles, impuissants que vous étiez à exprimer autre chose que votre propre inanité. Instituteurs du genre humain, voici que votre disciple en sait instinctivement plus que vous. Il souffre d'un travail intérieur dont vous ne le guérirez pas, d'un désir religieux que vous n'exaucerez pas, si vous ne le guidez dans la recherche de ses traditions idéales. Aussi, êtes-vous destinés, sous peine d'effacement définitif, à vous isoler d'heure en heure du monde de l'action, pour vous réfugier dans la vie contemplative et savante, comme en un sanctuaire de repos et de purification. Vous rentrerez ainsi, loin de vous en écarter, par le fait même de votre isolement apparent, dans la voie intelligente de l'époque.

Depuis Homère, Eschyle et Sophocle, qui représentent la Poésie dans sa vitalité, dans sa plénitude et dans son unité harmonique, la décadence et la barbarie ont envahi l'esprit humain. En fait d'art original, le monde romain est au niveau des Daces et des Sarmates ; le

---

1. Pour E. Pich, il y aurait ici une allusion à la « traduction nouvelle » des Évangiles, avec des notes et des réflexions, publiée par Lamennais en 1846 chez Pagnerre et Perrotin (Leconte de Lisle, *Articles, préfaces, discours*, p. 111, n. 12).

cycle chrétien tout entier est barbare. Dante, Shakspeare et Milton n'ont prouvé que la force et la hauteur de leur génie individuel ; leur langue et leurs conceptions sont barbares. La sculpture s'est arrêtée à Phidias et à Lysippe ; Michel-Ange n'a rien fécondé ; son œuvre, admirable en elle-même, a ouvert une voie désastreuse. Que reste-t-il donc des siècles écoulés depuis la Grèce ? quelques individualités puissantes, quelques grandes œuvres sans lien et sans unité. Et maintenant la science et l'art se retournent vers les origines communes. Ce mouvement sera bientôt unanime. Les idées et les faits, la vie intime et la vie extérieure, tout ce qui constitue la raison d'être, de croire, de penser, d'agir, des races anciennes appelle l'attention générale. Le génie et la tâche de ce siècle sont de retrouver et de réunir les titres de famille de l'intelligence humaine. Pour condamner sans appel ce retour des esprits, cette tendance à la reconstitution des époques passées et des formes multiples qu'elles ont réalisées, il faudrait logiquement tout rejeter, jusqu'aux travaux de géologie et d'ethnographie modernes ; mais le lien des intelligences ne se brise pas au gré des sympathies individuelles et des caprices irréfléchis. Cependant qu'on se rassure : l'étude du passé n'a rien d'exclusif ni d'absolu ; savoir n'est pas reculer ; donner la vie idéale à qui n'a plus la vie réelle n'est pas se complaire stérilement dans la mort. La pensée humaine est affirmative sans doute, mais elle a ses heures d'arrêt et de réflexion. Aussi, faut-il le dire hautement, il n'est rien de plus inintelligent et de plus triste que cette excitation vaine à l'originalité, propre aux mauvaises époques de l'art. Nous en sommes à ce point. Qui donc a signalé parmi nous le jet spontané et vigoureux d'une inspiration saine ? Personne. La source n'en est pas seulement troublée et souillée, elle est tarie jusqu'au fond. Il faut puiser ailleurs.

La Poésie moderne, reflet confus de la personnalité fougueuse de Byron, de la religiosité factice et sensuelle de Chateaubriand, de la rêverie mystique d'outre-Rhin et du réalisme des Lakistes, se trouble et se dissipe. Rien de moins vivant et de moins original en soi, sous l'appareil le plus spécieux. Un art de seconde main, hybride et incohérent, archaïsme de la veille, rien de plus. La patience publique s'est lassée de cette comédie bruyante jouée au profit d'une autolâtrie d'emprunt. Les maîtres se sont tus ou vont se taire, fatigués d'eux-mêmes, oubliés déjà, solitaires au milieu de leurs œuvres infructueuses. Les derniers adeptes tentent une sorte de néo-romantisme désespéré, et poussent aux limites extrêmes le côté négatif de leurs devanciers. Jamais la pensée, surexcitée outre mesure, n'en était venue à un tel paroxysme de divagation. La langue poétique n'a plus ici d'analogue que le latin barbare des versificateurs gallo-romains du Ve siècle. En dehors de cette recrudescence finale de la poésie intime et lyrique, une École récente s'est élevée, restauratrice un peu niaise du bon sens public, mais qui n'est pas née viable, qui ne répond à rien et ne représente rien qu'une atonie peu inquiétante. Il est bien entendu que la vigueur de ce jugement n'atteint pas quelques hommes d'un talent réel qui, dans un sentiment très large de la nature, ont su revêtir leur pensée de formes sérieuses et justement estimées. Mais cette élite exceptionnelle n'infirme pas l'arrêt. Les poëtes nouveaux enfantés dans la vieillesse précoce d'une esthétique inféconde, doivent sentir la nécessité de retremper aux sources éternellement pures l'expression usée et affaiblie des sentiments généraux. Le thème personnel et ses variations trop répétées ont épuisé l'attention ; l'indifférence s'en est suivie à juste titre ; mais s'il est indispensable d'abandonner au plus vite cette voie étroite et banale, encore ne faut-il s'engager en un chemin plus difficile et dangereux, que fortifié par l'étude et l'initiation. Ces épreuves expiatoires une fois subies, la langue poétique une fois assainie, les spéculations de l'esprit, les émotions de l'âme, les passions du cœur, perdront-elles de leur vérité et de leur énergie, quand elles disposeront de formes plus nettes et plus précises ? Rien, certes, n'aura été délaissé ni oublié ; le fonds pensant et l'art auront recouvré la sève et la vigueur, l'harmonie et l'unité perdues. Et plus tard, quand les intelligences profondément agitées se seront apaisées, quand la méditation des principes négligés et la régénération des formes auront purifié l'esprit et la lettre, dans un siècle ou deux, si toutefois l'élaboration des temps nouveaux n'implique pas une gestation plus lente, peut-être la poésie redeviendra-t-elle le verbe inspiré et immédiat de l'âme humaine. En attendant l'heure de la renaissance, il ne lui reste qu'à se recueillir et à s'étudier dans son passé glorieux.

L'art et la science, longtemps séparés par suite des efforts divergents de l'intelligence, doivent donc tendre à s'unir étroitement, si ce n'est à se confondre. L'un a été la révélation primitive de l'idéal contenu dans la nature extérieure ; l'autre en a été l'étude raisonnée et l'exposition lumineuse. Mais l'art a perdu cette spontanéité intuitive, ou plutôt il l'a épuisée ; c'est à la science de lui rappeler le sens de ses traditions oubliées, qu'il fera revivre dans les formes qui lui sont propres. Au milieu du tumulte d'idées incohérentes qui se produit parmi nous, une tentative d'ordre et de travail régulier n'est certes pas à blâmer, s'il subsiste quelque parcelle de réflexion dans les esprits. Quant à la valeur spéciale d'art d'une œuvre conçue dans cette donnée, elle reste soumise à qui de droit, abstraction faite de toute théorie esthétique particulière à l'auteur.

Les Poëmes qui suivent ont été pensés et écrits sous l'influence de ces idées, inconscientes d'abord, réfléchies ensuite. Erronées, ils seront non avenus : car le mérite ou l'insuffisance de la langue et du style dépend expressément de la conception première ; justes et opportunes, ils vaudront nécessairement quelque chose. Les essais divers qui se produisent dans le même sens autour de nous ne doivent rien entraver ; ils ne défloreront même pas, pour les esprits mieux renseignés, l'étude vraie du monde antique. L'ignorance des traditions mythiques et l'oubli des caractères spéciaux propres aux époques successives ont donné lieu à des méprises radicales. Les théogonies grecques et latines sont restées confondues ; le travestissement misérable infligé par Lebrun ou Bitaubé aux deux grands Poëmes ioniens a été reproduit et mal dissimulé à l'aide d'un parti pris de simplicité grossière aussi fausse que l'était la pompe pleine de vacuité des traditeurs officiels. Des idées et des sentiments étrangers au génie homérique, empruntés aux poëtes postérieurs, à Euripide surtout, novateur de décadence, spéculant déjà sur l'expression outrée et déclamatoire des passions, ont été insérés dans une traduction dialoguée du dénouement de l'Odyssée [1] ; tentative malheureuse, où l'abondance, la force, l'élévation, l'éclat d'une langue merveilleuse ont disparu sous des formes pénibles, traînantes et communes, et dont il faut faire justice dans un sentiment de respect pour Homère.

Trois poëmes, *Hélène, Niobé* et *Khiron,* sont ici spécialement consacrés à l'antiquité grecque et indiquent trois époques distinctes. Quelques études d'une étendue moindre, odes, hymnes et paysages, suivent ou précèdent.

Hélène est le développement dramatique et lyrique de la légende bien connue qui explique l'expédition des tribus guerrières de l'Hellade contre la ville sainte d'Ilos. *Niobé* symbolise une lutte fort ancienne entre les traditions doriques et une théogonie venue de Phrygie. *Khiron* est l'éducateur des chefs Myniens. Depuis le déluge d'Ogygès jusqu'au périple d'Argo, il assiste au déroulement des faits héroïques. Un dernier poëme, *Bhagavat,* indique une voie nouvelle. On a tenté d'y reproduire, au sein de la nature excessive et mystérieuse de l'Inde, le caractère métaphysique et mystique des Ascètes viçnuites, en insistant sur le lien étroit qui les rattache aux dogmes buddhistes.

Ces Poëmes, il faut s'y résigner, seront peu goûtés et peu appréciés. Ils porteront, dans un grand nombre d'esprits prévenus ou blessés, la peine des jugements trop sincères qui les précèdent. Des sympathies désirables leur feront défaut, celles des âmes impressionnables qui ne demandent à l'Art que le souvenir ou le pressentiment des émotions regrettées ou rêvées. Un tel renoncement a bien ses amertumes

---

1. L'*Ulysse* de Pierre-Antoine Lebrun, pièce de théâtre qui date de 1814. En voici un extrait.

Pén. : Ulysse !
Ul. :   Pénélope !
Tél. :   O justice suprême !
Pén. : Est-ce toi, cher Ulysse !
Ul. :   Est-ce trop de vingt ans
       Est-ce assez pour payer de semblables instants !
Pén. : Le croirai-je ! combien j'ai tremblé pour ta vie !
       Mais ta mort de la mienne allait être suivie !
Paul Reboux doit se retourner de jalousie dans sa tombe...

secrètes ; mais la destinée de l'intelligence doit l'emporter, et si la Poésie est souvent une expiation, le supplice est toujours sacré.

Poëmes et Poésies (1855)

Les pages qui précèdent les *Poëmes antiques* m'ont attiré de sévères admonestations, tempérées d'ailleurs, je le reconnais volontiers, par beaucoup de bienveillance pour mes vers, ce qui m'a surpris et touché. Les objections qui m'ont été faites peuvent se résumer en peu de mots. On m'avertissait qu'en haine de mon temps je me plaisais à repeupler de fantômes les nécropoles du passé, et que dans mon amour exclusif de la poésie grecque, j'en étais arrivé à nier tout l'art postérieur. Qu'il me soit permis de répondre brièvement à ces graves reproches.

Ranimer les ossuaires est un prodige qui ne s'était point représenté depuis Ézéchiel. Je ne me suis jamais illusionné sur la valeur de mes poëmes archaïques au point de leur attribuer cette puissance, aussi ne me reste-t-il qu'à remercier ceux qui la leur ont accordée. Plût aux dieux, en effet, que je me fusse retiré au fond des antres de Samothrace ou des sanctuaires de l'Inde, comme on l'a prétendu, en affirmant que nul ne me suivrait dans mon temple ou dans ma pagode. J'ai peu le goût du prosélytisme, et la solitude ne m'effraie pas ; mais je suis trop vieux de trois mille ans au moins, et je vis, bon gré, mal gré, au dix-neuvième siècle de l'ère chrétienne. J'ai beau tourner les yeux vers le passé, je ne l'aperçois qu'à travers la fumée de la houille, condensée en nuées épaisses dans le ciel ; j'ai beau tendre l'oreille aux premiers chants de la poésie humaine, les seuls qui méritent d'être écoutés, je les entends à peine, grâce aux clameurs barbares du Pandémonium industriel. Que les esprits amoureux du présent et convaincus des magnificences de l'avenir se réjouissent dans leur foi, je ne les envie ni ne les félicite, car nous n'avons ni les mêmes sympathies ni les mêmes espérances. Les hymnes et les odes inspirées par la vapeur et la télégraphie électrique m'émeuvent médiocrement, et toutes ces péri-phrases didactiques, n'ayant rien de commun avec l'art, me démontre-raient plutôt que les poëtes deviennent d'heure en heure plus inutiles aux sociétés modernes. De tout temps, ils ont beaucoup souffert sans doute ; mais, dans leurs plus mauvais jours, au milieu des angoisses de l'exil, de la folie et de la faim, la légitime influence de leur génie était du moins incontestée et incontestable. Voici que le moment est proche où ils devront cesser de produire, sous peine de mort intellectuelle. Et c'est parce que je suis invinciblement convaincu que telle sera bientôt, sans exception possible, la destinée inévitable de tous ceux qui refuseront d'annihiler leur nature au profit de je ne sais quelle alliance monstrueuse de la poésie et de l'industrie, c'est par suite de la répulsion naturelle que nous éprouvons pour qui nous tue, que je hais mon temps.]Haine inoffensive malheureusement et qui n'attriste que moi. S'il arrive donc que nous ne devions plus rien produire qui soit dû à nos propres efforts, sachons garder le souvenir des œuvres vénérables qui nous ont initiés à la poésie, et puisons dans la certitude même de leur inaccessible beauté la consolation de les comprendre et de les admirer. Le reproche qui m'a été adressé de préférer les morts aux vivants est on ne peut plus motivé, et j'y réponds par l'aveu le plus explicite. Quant à la seconde objection, elle n'est pas précisément aussi fondée.

En général, tout ce qui constitue l'art, la morale et la science était mort avec le Polythéisme. Tout a revécu à sa renaissance. C'est alors seulement que l'idée de la beauté reparaît dans l'intelligence et l'idée du droit dans l'ordre politique. En même temps que l'Aphrodite Anadyomène du Corrège sort pour la seconde fois de la mer, le sentiment de la dignité humaine, véritable base de la morale antique, entre en lutte contre le principe hiératique et féodal. Il tente, après trois cents ans d'efforts, de réaliser l'idéal platonicien, et l'esclavage va disparaître enfin de la terre.

Ce n'est pas que je veuille insister ici sur la valeur morale du Polythéisme dans l'ordre social et religieux. L'étude de cette théogonie, l'examen des faits historiques et des institutions, l'analyse sérieuse des mœurs, suffisent à la démonstration d'une vérité admise par tout esprit libre d'idées reçues sans contrôle et de préventions aveugles. L'art antique, lui seul, en est une révélation permanente. Je me bornerai donc au monde de l'art.

La poésie est trois fois générée : par l'intelligence, par la passion, par la rêverie. L'intelligence et la passion créent les types qui expriment des idées complètes ; la rêverie répond au désir légitime qui entraîne vers le mystérieux et l'inconnu. Aussi l'Antiquité, libre de penser et de se passionner, a-t-elle réalisé et possédé l'idéal que le monde chrétien, soumis à une loi religieuse qui le réduisait à la rêverie, n'a fait que pressentir vaguement. C'est donc dans ses créations intellectuelles et morales qu'il faut constater la puissance de la poésie grecque. Or, les deux épopées ioniennes, le Prométhée, l'Œdipe, l'Antigone, la Phèdre, contiennent, à mon sens, ce qui sera éternellement donné à l'esprit humain de sentir et de rendre ; et il en serait de même des Itihaças hindoues, rattachées si étroitement à l'œuvre homérique par le lien des traditions communes, si elles réunissaient au même degré l'ordre, la clarté et l'harmonie, ces trois qualités incomparables du génie hellénique.

Les figures idéales, typiques, que celui-ci a conçues, ne seront jamais surpassées ni oubliées. Elles ne pourront qu'être reproduites avec des atténuations nécessaires. Depuis, il n'y a rien d'égal. Le monde moderne, il est vrai, a créé la Vierge, symbole de pureté, de grâce et surtout de bonté, qui est la plus excellente des vertus ; mais cette protestation du sentiment féminin ne tient plus de la terre, et fait maintenant partie du dogme. Je l'appelle une protestation ; car, en effet, l'*Éternel féminin* dont Gœthe a parlé, chassé du vieil Olympe avec tous les types artistiques qu'il entraînait à sa suite, Pénélope, Antigone et tant d'autres, y retrouve en elle sa place et s'y assied définitivement, grâce au merveilleux instinct des races gréco-latines.

Quant aux créations des poëtes postérieurs, elles ne présentent pas ce caractère un et général qui renferme dans une individualité vivante l'expression complète d'une vertu ou d'une passion idéalisée. Et l'on pourrait dire, du reste, que le monde moderne ne réussit à concevoir des types féminins, qu'à la condition d'altérer leur essence même, soit en leur attribuant un caractère viril, comme à lady Macbeth ou à Julie, soit en les reléguant dans une sphère nébuleuse et fantastique, comme pour Béatrice.

Celle-ci n'est qu'une idée très-vague, revêtue de formes insaisissables. Qu'elle soit une personnification de la théologie ou l'ombre de celle qu'a aimée Dante, nous ne l'avons jamais vue, et c'est à peine si nous l'entendons. Elle n'est le symbole spécial d'aucune des forces féminines ; et, certes, il n'en est pas ainsi de l'Hélène d'Homère, à la fois si vivante et si idéale. En second lieu, la satire politique et la controverse théologique, continuées au delà de ce monde, ne constituent pas une étude de l'homme. Aussi peut-on affirmer que l'homme est absent de la *Divine Comédie,* à laquelle devaient nécessairement manquer les formes précises et ordonnées, toujours dépendantes de la conception première et de la langue. Or, ce cauchemar sublime porte partout l'empreinte d'une grande confusion d'idées, de sentiments et d'impressions, et toute pleine qu'elle est d'énergie, de verve et de couleur, la langue de Dante est à peine faite.

Shakspeare a produit une série très-variée de caractères féminins ou virils ; mais Ophélia, Desdemona, Juliette, Miranda, sont-elles des types dans le sens antique, c'est-à-dire dans le sens uniquement vrai du terme ? Non, à coup sûr. Ce sont de riches fantaisies qui charment et qui touchent, mais rien de plus. À l'exception d'Hamlet, qui échappe à toute définition par son extrême complexité, les caractères virils me semblent de beaucoup supérieurs aux figures féminines. Othello, Macbeth, Richard III, sont conçus avec une grande puissance.

Plus tard, si Milton eût emprunté à l'humanité le magnifique symbole de l'orgueil vaincu mais non humilié, il eût produit un type nouveau analogue au Prométhée. Si Byron, avec ses incontestables qualités de lyrisme et de passion eût possédé comme Shakspeare quelque force objective, le Giaour, Manfred et Caïn ne fussent pas restés d'uniques épreuves de sa personnalité. Seuls, au dix-septième siècle, Alceste, Tartufe et Harpagon se rattachent plus étroitement à la grande famille des créations morales de l'antiquité grecque, car ils en possèdent la généralité et la précision. Enfin, pour le compte de l'époque contemporaine, j'affirme qu'il y a aussi loin de Prométhée à

Mercadet, que de la lutte contre les dieux aux débats de la police correctionnelle. Or, s'il y a décadence dans l'ordre des conceptions typiques, que dirais-je des grandes compositions elles-mêmes ?

Déjà transformée dans la *Divine Comédie* et dans le *Paradis Perdu,* l'épopée a cessé d'être possible. Faust en est la dernière et la plus éclatante preuve. Artiste admirablement doué, possédant une immense somme intellectuelle, Goethe a moins créé qu'il n'a pensé ; et il s'est trouvé que cet esprit si clair et si maître de soi, sachant tout et disposant à son gré de sa force encyclopédique, n'a conçu, définitivement, qu'un poëme plein d'abstractions et d'obscurités mystérieuses à travers lesquelles il est tellement difficile de saisir sa pensée, qu'il le nommait lui-même le livre aux sept sceaux.

Il faut bien reconnaître, en face de tels exemples, que les plus larges sources de la poésie se sont affaiblies graduellement ou taries, et ce n'est pas que je veuille en conclure à l'abaissement du niveau intellectuel dans les temps modernes ; mais les éléments de composition épique n'existent plus. Ces nobles récits qui se déroulaient à travers la vie d'un peuple, qui exprimaient son génie, sa destinée humaine et son idéal religieux, n'ont plus eu de raison d'être du jour où les races ont perdu toute existence propre, tout caractère spécial. Que sera-ce donc si elles en arrivent à ne plus former qu'une même famille, comme se l'imagine partiellement la démocratie contemporaine, qu'une seule agglomération parlant une langue identique, ayant des intérêts sociaux et politiques solidaires, et ne se préoccupant que de les sauvegarder. Mais il est peu probable que cette espérance se réalise, malheureusement pour la paix, la liberté et le bien-être des peuples, heureusement pour les luttes morales et les conceptions de l'intelligence. Je ne crois donc pas qu'il soit absolument impossible que l'épopée renaisse un jour de la reconstitution et du choc héroïque des nationalités oppressives et opprimées.

Je n'ai nié aucune des époques de l'art. J'admire et je respecte les grands poëtes qui se sont succédé depuis Homère ; mais je ne puis me dissimuler que leurs travaux se sont produits à des conditions on ne peut plus défavorables. Je crois que les Ioniens et les Latins possédaient deux idiomes bien supérieurs aux langues modernes en richesse, en clarté et en précision. Je crois, enfin, qu'à génie égal, les œuvres qui nous retracent les origines historiques, qui s'inspirent des traditions anciennes, qui nous reportent au temps où l'homme et la terre étaient jeunes et dans l'éclosion de leur force et de leur beauté, exciteront toujours un intérêt plus profond et plus durable que le tableau daguerréotypé des mœurs et des faits contemporains.

Je souhaite, en finissant, que l'aveu sincère de mes prédilections et de mes regrets n'arrête pas le lecteur au seuil de mon livre. A l'exception des deux poëmes qu'il contient, de quelques pièces grecques et d'un certain nombre d'études d'art, il n'est cette fois que

66

trop personnel. *Çunacépa* m'a été inspiré par un épisode à peine indiqué du Ramayana, et le *Runoïa,* par les dernières lignes d'une légende finnoise, qui symbolise l'introduction violente du Christianisme en Finlande.

Quelle que soit d'ailleurs la destinée de ce livre, qu'il mérite ou non le succès inespéré de mon premier recueil, il sera le dernier d'ici à quelques années. J'espère achever, dans cet intervalle, un poème plus étendu et plus sérieux, où je tenterai de renfermer, dans une suite d'actions et de récits épiques, l'histoire de l'ère sacerdotale et héroïque d'une de ces races mystérieuses venues de l'antique Orient pour peupler les déserts de l'Europe [1].

1. En 1852, au dos des *Poëmes antiques,* Leconte de Lisle annonçait *Les Vierges de Seîn.* Ce poème sera publié en 1860 dans la *Revue contemporaine,* sous le titre : *Le Massacre de Mona,* et sera intégré ensuite dans les *Poésies barbares.* Est-ce une version développée du *Massacre de Mona* qu'il médite en 1855 ? Est-ce une épopée plus vaste, comprenant peut-être aussi la matière des deux autres pièces celtiques des *Poésies barbares, Le Jugement de Komor* et *Le Barde de Temrah* ?

NOTES

Comme dans notre édition des *Poèmes barbares,* nous avons préféré, à des notes ponctuelles, la formule de la notice synthétisant les renseignements utiles que nous pouvons fournir sur un poème.

Page 37.   SÛRYÂ

Le nom du Soleil divinisé est écrit d'abord *Sourya* (1852), puis *Çurya* (1858). L'orthographe de 1852 indique la prononciation du *u.* D'autre part, le mot ne comptait que deux syllabes (synérèse) en 1852 et en 1858 :

> *Sourya ! Les grandes eaux lavent tes pieds mystiques*
>
> *Ô Sourya ! prisonnier de l'ombre infranchissable*
>
> *Et lève-toi, Sourya, dans toute ta vigueur !*
>
> *Adieu, Sourya ! Ton corps lumineux vers l'eau noire*
> *S'incline*

En 1858 (*Poésies complètes*), le texte de *La Vipère* (qui passera ensuite dans les *Poèmes barbares*) est imprimé par erreur, sans titre, à la suite de celui de *Çurya*, dont il n'est séparé que par un blanc.

Leconte de Lisle semble bien avoir eu l'intention de concentrer dans *Sûryâ* l'essentiel d'un des grands ouvrages religieux de l'Inde, le *Rig-Véda,* qui venait d'être traduit par Langlois.

On a souvent fait observer le caractère composite de *Sûryâ.* Ainsi, Léon Armengaud : « [Leconte de Lisle] s'est livré à un minutieux travail de marqueterie, puisant des images dans une centaine d'hymnes, mêlant à dessein sous le nom de Sûryâ tous les aspects des phénomènes solaires attribués dans le *Rig-Véda* à Indra, Vishnu, Savitri... » (« Sept poèmes hindous de Leconte de Lisle », p. 17). Les 58 vers de *Sûryâ* contiennent au moins, dit-il, 125 références au texte

des hymnes védiques (p. 21). Gladys Falshaw avait déjà repéré un
certain nombre de ces allusions (*Leconte de Lisle et l'Inde,* Paris,
d'Arthez, 1923, p. 58-63).

Armengaud a dénoncé d'abord avec quelque mépris le côté « inau-
thentique » de ce poème, qui emprunte de surcroît au *Bhagavata-
Purana,* témoin d'une époque de deux ou trois mille ans postérieure à
celle du *Rig-Véda* (« Leconte de Lisle, le soleil et le Véda », *Revue
d'histoire littéraire de la France,* 1952, p. 503) : le rôle des Grandes
Eaux tel qu'il est défini par le vers refrain, la mythologie des Apsaras,
les paysages luxuriants (les populations védiques habitaient des régions
austères) constituent, dans le contexte de *Sûryâ,* de fâcheux anachro-
nismes.

Dans son article de 1982, le critique reconnaîtra que ce n'est pas cela
qui importe, mais « l'imaginaire à l'œuvre dans la composition des
poèmes » (p. 16), « la conscience que [Leconte de Lisle] a eue du
mysticisme hindou » (p. 20) : dans le cadre d'une prière inspirée des
hymnes védiques, *Sûryâ* est également un récit de la journée du soleil
(de la nuit à la nuit suivante, en passant par l'aurore, la splendeur de
midi, le coucher), qui sert de soutien à l'évocation de la naissance du
monde ; c'est encore « le frais souvenir d'une matinée sous le soleil des
Tropiques au bord de l'Océan Indien » (p. 25).

Pierre Flottes a interprété *Sûryâ* comme « un symbole de la vie
humaine individuelle » : sortie des eaux amniotiques, faiblesse de l'âge
infantile, explosion de l'adolescence... (*Leconte de Lisle, l'homme et
l'œuvre,* Paris, Hatier-Boivin, 1954, p. 50). Edgard Pich développe une
interprétation analogue : la première partie du poème « peut être
considérée comme l'évocation de la vie antérieure à la naissance :
Sûryâ, " prisonnier de l'ombre infranchissable " sommeille " couché
dans les replis du sable " et sur sa " face divine " et son " dos
écumant " " l'abîme primitif ruisselle lentement ". Mais " dans le sein
vénérable des bois " se font entendre des soupirs qui annoncent la
future délivrance ». À la fin du poème, le coucher de soleil évoque un
« retour vers " l'eau noire " et maternelle » (*Leconte de Lisle et sa
création poétique,* p. 168).

Pich insiste sur la place importante que prennent à ses yeux, dans les
Poèmes antiques, la figure de la mère et les rapports que le poète
entretient avec elle, ainsi que sur le lien entre ce thème et celui de l'eau
(il fait sur ce point référence à Bachelard).

Les APSARAS apparaissent dans plusieurs des poèmes hindous. Pour
Armengaud, dans le *Rig-Véda* « ce terme désigne tantôt la lueur de
l'éclair, tantôt les Ondes du sacrifice personnifiées ou des nymphes
de l'air, pures abstractions rencontrées trois ou quatre fois au détour
d'un hymne » (« Leconte de Lisle, le soleil et le Véda », p. 504-505).
C'est « bien plus tard » qu'elles deviennent « des courtisanes

célestes ». Ce qu'elles sont en effet dans le *Ramayana*, d'après Hippolyte Fauche (Index de sa traduction, Paris, Librairie internationale, 1864, 2 vol.) : « nymphes du Paradis, les bayadères du ciel ». Notons que Leconte de Lisle montre en elles de gracieuses créatures, proches des « bayadères » du *Ramayana*, il les présente toujours en train de se mouvoir rapidement : il semble donc avoir le souci d'en faire encore, comme dans le *Rig-Véda*, la personnification des éclairs.

Page 40.   PRIÈRE VÉDIQUE POUR LES MORTS

Le poème a été mis en musique par Ernest Chausson (nos renseignements sur les mises en musique de Leconte de Lisle viennent principalement de la liste due à Raphaël Barquissau et conservée à la Bibliothèque de l'Arsenal, ms 14788, f° 309, et de l'article de Rolland Boris, « Leconte de Lisle et les musiciens », *Revue d'histoire littéraire de la France*, 1958, p. 215-222).

La *Prière védique pour les Morts* est à première lecture assez difficile à déchiffrer parce que le *tu* auquel s'adresse le poète varie constamment (Agni, Yama, le mort lui-même). Agni (le feu) et Savitri sont des divinités solaires, comme Sûryâ. Yama est le roi du séjour des morts, le dieu des morts, soleil lui aussi, mais éteint ; il est aidé dans sa tâche par des chiens de garde. Pour Vianey, le poète a combiné trois hymnes funèbres du *Rig-Véda* (*Les Sources de Leconte de Lisle*, p. 32). Mais comme l'a montré Jean Ducros (« Les sources de Leconte de Lisle », *R.H.L.F.*, 1914, p. 548-552, repris dans *Le Retour de la poésie française à l'Antiquité grecque au milieu du XIXe siècle*), Leconte de Lisle s'inspire en réalité d'un *chant de mort* d'époque assez récente, qui provient de la contamination d'un grand nombre de passages du *Rig-Véda* et qui est cité dans l'ouvrage d'Adolphe Pictet, *Les Origines indo-européennes ou les Aryas primitifs* (Paris, Cherbuliez, 2 vol., 1859-1863). Pictet signale quant à lui qu'il a trouvé le texte de ce chant de mort chez Max Müller, dans une traduction allemande. Le voici tel que Leconte de Lisle a pu le lire chez Pictet (t. II, p. 530-533).

Rigvêda X. 14. 7,8,10,11.

Pars ! va par ces antiques chemins qu'ont suivis nos pères ! Tu verras les deux rois, les dieux Varuna et Yama, qui se plaisent aux libations.

Rends-toi auprès des Pères ! demeure avec Yama dans ce ciel suprême que tu as bien mérité ! laisse là tout ce qui est mal, puis retourne à ta demeure, et prends un corps éclatant de lumière !

Échappe par le vrai chemin aux deux chiens pâles à quatre yeux, fils de Saramâ, et rends-toi auprès des Pères, qui se réjouissent réunis à Yama.

Contre ces chiens aux quatre yeux, tes deux gardiens, qui suivent la piste des hommes, entoure-le, ô Yama! de ta protection, et accorde-lui un salut sans douleurs.

Rigvêda X. 16. 1,2,3,4.

Ne le brûle pas, ô Agni! ne lui fais pas de mal! ne déchire ni sa peau, ni ses membres. Quand tu l'auras pénétré, ô toi qui connais les êtres! alors envoie-le vers les Pères.

Oui, quand tu l'auras pénétré, alors tu pourras le remettre aux Pères. Quand il aura passé à l'autre vie, il pratiquera fidèlement le culte des dieux.

Que ton œil s'en aille au soleil, ton âme au vent! Va au ciel, va à la terre, selon ta volonté! va dans les eaux si tu le préfères! Tes membres reposeront auprès des plantes salutaires.

La portion immortelle (de son être)! réchauffe-la de ta chaleur, pénètre-la de ta flamme éclatante, ô Dieu du feu! Prends une forme heureuse pour la transporter au monde des hommes pieux!

Laisse retourner vers les Pères celui qui s'est approché de toi avec des libations. Que doué d'une vie nouvelle, il reprenne sa dépouille, qu'il s'unisse à son corps!

Si l'oiseau noir, la fourmi, le serpent, ou un animal de proie t'ont causé quelque dommage, Agni te guérira, ainsi que Sôma qui est avec les sages pieux.

Rigvêda X. 17. 3,4,5,6.

Que le prudent Pûshan te conduise, lui le berger du monde, auquel nul animal n'est immolé en sacrifice! Puisse-t-il te remettre aux Pères! puisse Agni te mener auprès des dieux dont la sagesse est grande!

Ayu, qui vivifie tous les êtres, te protégera. Que Pûshan aussi te protège à l'embranchement du chemin! Que le dieu Savitri te mène là où demeurent les justes, là où ils sont allés!

Pûshan, lui seul, connaît toutes ces régions; c'est lui qui nous conduit par des chemins sûrs. Qu'il aille en avant avec prudence comme un flambeau, lui, le héros accompli, le dispensateur de nombreux bienfaits!

Né au point de partage des eaux, au point de partage du ciel et de la terre, il connaît les deux demeures excellentes, et d'un pas ferme, il va de l'une à l'autre.

Rigvêda X. 18. 10,11,12,13.

Va vers la mère! va vers la terre, la large, l'immense, la bienfaisante, qui est douce aux hommes pieux comme une jeune femme pleine de tendresse. Qu'elle te retienne loin du bord de la perdition!

*Ouvre-toi, ô terre ! ne lui fais aucun mal ! accueille-le avec tendresse !
qu'il te soit le bienvenu ! Enveloppe-le, ô terre ! comme une mère entoure
son enfant de son vêtement.*

*Maintenant, que la terre amoncelée s'affermisse, et que mille fois la
poussière s'y abatte. Puisse cette demeure être arrosée sans cesse de
grasses libations, et lui servir de protection pour tous les temps !*

*Je presse la terre sur toi, et, sans que tu le sentes, je place ce couvert sur
ta tête. Que les Pères gardent cette tombe, et que Yama te concède là-
haut une demeure nouvelle !*

Rigvêda X. 154. 1,2,3,4,5.

*Pour les uns coule le pur Sôma, pour les autres le beurre clarifié, pour
d'autres encore le miel excellent ; rends-toi auprès d'eux tous !*

*Ceux dont les austérités sont incomparables, ceux qu'elles ont conduits
au ciel, ceux qui ont pratiqué la pénitence ; — rends-toi auprès d'eux
tous !*

*Ceux qui ont lutté dans les combats, ceux qui sont morts en héros,
ceux qui ont offert mille sacrifices ; — rends-toi auprès d'eux tous !*

*Ceux qui ont pratiqué le bien, aimé le bien, fait prospérer le bien, ô
Yama ! les Pères aux pieuses austérités ; — rends-toi auprès d'eux tous !*

*Les poëtes inspirés aux mille chants, les gardiens du soleil, ô Yama !
les Richis aux pieuses austérités ; — rends-toi auprès d'eux tous !*

Rigvêda X. 14. 2.

*Les deux chiens de Yama, aux larges naseaux, au poil fauve, les
insatiables, les deux messagers qui rôdent chez les hommes, oh puissent-
ils encore aujourd'hui nous laisser voir le soleil, et nous concéder une
heureuse vie !*

« En faisant du chant des morts une prière au Berger divin, au dieu
du soleil protecteur des âmes contre les chiens des ténèbres, le poète a
su donner à l'hymne védique, grâce à ce saisissant contraste, une unité
que la répétition du refrain marque fortement », écrit Ducros (art. cité,
p. 552). Léon Armengaud trouve le poème fort supérieur à *Sûryâ*,
parce qu'un sentiment personnel inspire ici Leconte de Lisle ; l'âme ne
sera sauvée que si le soleil de la connaissance a pénétré en elle : il faut
que l'homme « reconnaisse la présence du divin en lui » (« Sept
poèmes hindous de Leconte de Lisle », p. 27) ; la *Prière védique pour
les Morts* est issue de ce panthéisme auquel adhère spontanément la
pensée du poète.

Le SÔMA : breuvage tiré d'une plante, et que l'on offre aux dieux.

Page 42.   BHAGAVAT

En 1852, *Bhagavat* portait le sous-titre : POEME (*poëme* dans la table) ; même sous-titre en 1858. Dans ces deux éditions, le vers 36 se lisait :

> *L'immobile panthère humait leur jeune sang.*

(césure épique : le premier hémistiche s'achève sur une terminaison féminine élidée, puisque l'*h* de *humer* est aspiré ; donc vers « faux », comme le signale Edgard Pich dans son édition).

Fernand Calmettes a raconté (*Un demi-siècle littéraire. Leconte de Lisle et ses amis,* Paris, Librairies-Imprimeries réunies, s.d. [1902], p. 43-45) la lecture catastrophique de *Baghavat* dans le salon de Jobbé-Duval. Leconte de Lisle lut son poème « sur un ton de grand apparat », avec des « gestes à la Frédérick Lemaître » et une « uniformité solennelle » et « déclamatoire ». Le public fut pétrifié, et Paul de Flotte, l'organisateur du désastre, s'excusa, dit-on, en ces termes : « Cher ami, pardon, ce n'est pas une tuile, c'est toute une cheminée que je vous ai fait tomber sur la tête. » Même récit chez Jean Dornis, qui dit l'avoir puisé dans les notes manuscrites du poète ; la scène est toutefois située chez Mme Sandeau (*Essai sur Leconte de Lisle,* p. 70). Voir aussi ce qu'Alphonse Daudet raconte dans *Le Petit Chose* (1868), chap. VIII de la IIe partie, *Une lecture au passage du Saumon* :

> *Une fois par semaine, nous avions à dîner avec nous un poète très fameux dont je ne me rappelle plus le nom, mais que ces messieurs appelaient Baghavat, du titre d'un de ses poèmes. Ces jours-là on buvait du bordeaux à dix-huit sous ; puis, le dessert venu, le grand Baghavat récitait un poème indien. C'était sa spécialité, les poèmes indiens. Il y en avait un intitulé* Lakçamana, *un autre* Daçaratha, *un autre* Kalatçala, *un autre* Bhagiratha, *et puis* Çudra, Cunocépa, Viçvamitra... ; *mais le plus beau de tous était encore* Baghavat. *Ah! quand le poète récitait* Baghavat, *toute la salle du fond croulait. On hurlait, on trépignait, on montait sur les tables [...]*
>
> *[...] au fond je n'étais pas fou de Baghavat. En somme, ces poèmes indiens se ressemblaient tous. C'était toujours un lotus, un condor, un éléphant et un buffle ; quelquefois, pour changer, les lotus s'appelaient lotos ; mais, à part cette variante, toutes ces rapsodies se valaient : ni passion, ni vérité, ni fantaisie. Des rimes sur des rimes. Une mystification [...]*

Leconte de Lisle a protesté : « Je n'ai jamais lu de vers ă mes amis dans aucune crémerie de la rue Saint-Benoît. » Mais Vallès écrira dans *Le Tableau de Paris* : « C'èst dans un estaminet de la rue des Quatre-Vents, au coin de la rue de Seine, que furent dites les premières pièces des *Poèmes antiques* et des *Poèmes barbares* » (J.-H. Bornecque, dans Alphonse Daudet, *Œuvres,* Paris, Gallimard, Bibliothèque de la Pléiade, p. 1248, n. 1 de la p. 147).

« Bhagavat » — « vénérable, adorable » selon le Lexique de Fauche dans sa traduction du *Ramayana,* « le Bienheureux » d'après Carcassonne (« Leconte de Lisle et la philosophie indienne », p. 629, n. 1) — est une des épithètes, « la plus élevée et la plus sainte », qu'on utilise à propos de Krichna, lui-même « grande incarnation de Vichnu », écrit Eugène Burnouf dans la préface à sa traduction du *Bhagavata-Purana* (Paris, Imprimerie Royale, 1840-1847, t. I, p. CXXVIII).

Leconte de Lisle s'inspire librement de cette énorme compilation. *Bhagavat* raconte l'aventure de trois brahmanes qui, toujours en proie au désir, et au regret du passé, trouveront le repos en s'anéantissant dans le sein du Dieu suprême. Le poète suit d'assez près l'histoire de Narada (mais en changeant du tout au tout les réactions du personnage à la mort de sa mère), attribue à Maitreya, qui n'est qu'un nom dans l'œuvre indienne, une tentation liée, là et dans le *Mahabharata,* à d'autres ascètes, charge la déesse Ganga de faire ce portrait de Bhagavat que le *Bhagavata-Purana* attribue à un personnage nommé Çuka (Vianey, *Les Sources de Leconte de Lisle,* p. 68 ; voir *Bhagavata-Purana,* Livre II, chant I, versets 31 et suiv., où l'on trouve notamment l'expression : « son sourire est Mâyâ »). Les exploits du dieu qui sont chantés par les Kinnaras se trouvent aussi évoqués, bien sûr, dans le *Bhagavata-Purana.* Quant au portrait de Bhagavat lorsque les brahmanes parviennent jusqu'à lui, il combine des fragments empruntés à divers portraits de Vichnou.

Comme nous l'avons signalé dans la préface (p. 24), une bonne partie de la critique (Calmettes, Carcassonne, Flottes, Biès) s'accorde à dénoncer le caractère sommaire des connaissances de Leconte de Lisle en matière de religions de l'Inde : il mélange hindouisme et bouddhisme — hésitant par exemple entre polythéisme et panthéisme —, il assimile mal certaines notions fondamentales. On mettra notamment en évidence, avec Élie Carcassonne (« Leconte de Lisle et la philosophie indienne », p. 633), l'équivoque du dénouement. « Le poème se termine par un hommage inattendu à la Mâyâ sanctifiée » :

L'unique, l'éternelle et sainte Illusion.

Armengaud, cependant, est moins sévère : *Bhagavat* montre avec netteté, dans la pensée religieuse de l'Inde, le passage de la croyance en un principe divin abstrait à la croyance en un dieu personnel, ayant pris forme par le pouvoir de la Mâyâ (« Sept poèmes hindous de Leconte de Lisle », p. 30-31). S'il y a syncrétisme, on peut croire d'ailleurs que c'est délibérément : rappelons que la préface des *Poëmes antiques* annonçait l'intention de montrer dans *Bhagavat* les liens étroits qui unissent, aux yeux de Leconte de Lisle, le culte de Vichnou et le bouddhisme.

La démonstration a pour cadre, comme prévu également, « la nature excessive et mystérieuse de l'Inde ». C'est l'idée d'un rapport entre la pensée et le milieu naturel qui guide ici l'auteur (voir préface, p. 16). Reste que l'évocation de la nature exotique occupe dans *Bhagavat* une place tout à fait exceptionnelle : sans doute Leconte de Lisle s'est-il laissé guider par une réflexion de Burnouf, qui voit dans le *Bhagavata-Purana* l'œuvre d'une « imagination fécondée par la longue culture des siècles, et incessamment réchauffée par le spectacle d'une nature vigoureuse et gigantesque » (p. VII).

La forme dialoguée qu'adopte une grande partie du poème peut trouver également son origine dans le *Bhagavata-Purana* : cette œuvre se présente en effet comme une suite de conversations où plusieurs personnages en interrogent un autre, lequel répond par des récits.

Pour Edgard Pich (*Leconte de Lisle et sa création poétique,* p. 89-90), lorsqu'il évoque les tourments des brahmanes aux v. 180-188, Leconte de Lisle s'inspire d'un passage de *Lélia* de George Sand (1833). On peut mettre ceci en rapport avec le fait que, selon Luigi Foscolo Benedetto (« L'*Hélène* de Leconte de Lisle », *Mélanges offerts à M. Émile Picot,* Paris, Librairie Damascène Morgand, 1913, t. II, p. 290), *Bhagavat* est « la forme indienne et épique de la *Fontaine aux lianes.* Tout nous rappelle le jeune homme errant, le cœur plein d'hymnes, par un matin superbe sous les larges ramures des bois natals, ressaisi soudain par ses souvenirs et versant ses plaintes au sein de la nature consolatrice. » *La Fontaine aux lianes,* rappelons-le, a fait partie en 1852 des *Poëmes antiques* (avant d'être rattaché aux *Poèmes barbares*), et dans sa première version se réfère explicitement au roman de George Sand.

Jean Ducros (*Le Retour de la poésie française à l'Antiquité grecque,* p. 57) relève quant à lui une influence de la *Psyché* (1841) de Laprade sur deux vers qui interviennent à trois reprises, avec des variantes, dans *Bhagavat.*

Psyché (L.I, III, 1-2) :

Le plaisir tombe en toi comme un fleuve à la mer,
Sans te remplir, ô cœur ! il y devient amer.

Bhagavat (91-92, 123-124, 155-156) :

Puissé-je, libre enfin de ce désir amer,
M'ensevelir en toi comme on plonge à la mer !

Puissé-je, délivré du souvenir amer,
M'ensevelir en toi comme un fleuve à la mer!

Puissé-je, ô Bhagavat, chassant le doute amer,
M'ensevelir en toi comme on plonge à la mer!

Pour Pierre Flottes (*Leconte de Lisle, l'homme et l'œuvre*, p. 44), « les trois brahmanes du poème sont la triple incarnation de Leconte de Lisle » ; Maitreya est l'amoureux déçu d'Élixenne de Lanux, Narada le créole exilé, Angira le métaphysicien tourmenté. Interprétation qui était déjà celle de G. Falshaw (*Leconte de Lisle et l'Inde*, p. 94-95).

Quant à Ganga, enfin, Élie Carcassonne (art. cité, p. 630) fait remarquer que la déesse au cou d'albâtre et aux boucles d'or semble sortie de quelque lac norvégien plutôt que des eaux du Gange : elle répond, non aux canons de beauté de l'Inde, mais à un idéal de beauté féminine qui est celui de Leconte de Lisle.

AÇOKA : nom d'un arbre à fleurs rouges.
KINNARAS : musiciens des dieux, à corps d'homme et tête de cheval (N. Stchoupak, L. Nitti et L. Renou, *Dictionnaire Sanskrit-Français*, Paris, Maisonneuve, 1932) ; mi-hommes mi-oiseaux pour Armengaud, « Sept poèmes hindous de Leconte de Lisle », p. 28.
KALA : la mort.
KALAHAMSA : oie ou canard.
KOKILA : coucou.
PIPPALA : figuier sacré.
RICHI : sage ; ascète, ermite.
SÛRAS : catégorie de divinités.

Page 58.   LA MORT DE VALMIKI

Une copie manuscrite de ce poème a appartenu à Louis Barthou, qui en a reproduit en fac-similé les 14 premiers vers dans *L'Illustration* du 25 décembre 1928. Elle est toujours, actuellement, dans une collection particulière. Nous pensons avec Edgard Pich (son édition, p. 26) que cette copie (calligraphiée) est probablement celle qui a fait partie de la *Vente de Musset* le 1er décembre 1881.

D'après Jean Dornis (*Essai sur Leconte de Lisle*, p. 63), *La Mort de Valmiki* « fut composée avant tout autre poème hindou ». Élie Carcassonne (« Notes sur l'indianisme de Leconte de Lisle », p. 431) fait remarquer que cela impliquerait de renoncer à trouver dans ce poème des échos du *Mahabharata* (traduit par Fauche en 1865) ou du

Ramayana (la première traduction, incomplète, date de 1853), ce qu'avaient fait Vianey et Gladys Falshaw, proposant les modèles de Tchyavana et de Hiranyakacipu, qui se laissent tous deux dévorer par les fourmis, dans une terrible pénitence. En fait, l'histoire racontée par Leconte de Lisle figure bien dans la tradition concernant Valmiki lui-même. Le *Sanskrit-English Dictionary* de M. Monier-Williams (Oxford, Clarendon Press, 1899) fait dériver Vâlmîki de valmikâ, fourmilière : « parce que, étant plongé dans ses pensées, [l'auteur du *Ramayana*] se laissa envahir par des fourmis comme une fourmilière » (Élie Carcassonne, « Notes sur l'indianisme de Leconte de Lisle », p. 432).

Luigi Foscolo Benedetto (« L'*Hélène* de Leconte de Lisle », p. 289), tout en adoptant l'hypothèse de Vianey, avait noté la différence fondamentale entre l'histoire recueillie dans le *Mahabharata* et celle que raconte notre auteur : la souffrance épouvantable du pénitent Tchyavana devient dans *La Mort de Valmiki* « un signe éclatant de la concentration la plus complète ».

La question de l'origine des poèmes épiques, toujours discutée de nos jours, était un des grands sujets de Gaston Paris, que Leconte de Lisle connaissait et fréquentait. Dans un article sur Béranger (*Le Nain jaune*, 13 août 1864, repris dans *Articles — Préfaces — Discours*, p. 161-167), le poète adopte la théorie selon laquelle les grandes épopées n'ont pas été écrites par des « auteurs » au sens moderne du mot, mais par des hommes qui, « doués de facultés créatrices », combinèrent des légendes nées spontanément dans le peuple. Dans son discours de réception à l'Académie française, en 1887, il va plus loin, et considère qu'Homère et Valmiki ne sont que des « hommes symboliques, créés par l'imagination de tout un peuple ». Il est donc difficile de savoir si, à l'époque où il écrit son poème (publié en 1879), Valmiki est pour lui un personnage historique, et, sinon l'auteur exclusif, du moins le rassembleur ou l'ordonnateur du *Ramayana*, ou bien un pur symbole du poète.

Quoi qu'il en soit, l'implication personnelle est évidente : Leconte de Lisle s'identifie au grand poète qui, sur ses vieux jours, s'est retiré dans la vie contemplative ; dans les derniers vers, il suggère — c'est un lieu commun de la poésie — que son œuvre sauvera Valmiki de la mort (Armengaud, « Sept poèmes hindous de Leconte de Lisle », p. 36).

Joseph Vianey (*Les Sources de Leconte de Lisle*, p. 4-5) estime que le souvenir du *Moïse* de Vigny plane sur le passage où Valmiki monte au sommet de l'Himavat et contemple une dernière fois son pays. Dans ce même passage, Gladys Falshaw a pour sa part monté en épingle l'évocation des phases de la journée (de l'aube à la chaleur accablante de l'après-midi) qui se conjugue avec l'évocation du paysage tropical contemplé par l'ascète (*Leconte de Lisle et l'Inde*, p. 50-53).

On notera enfin une curieuse interprétation d'Édouard Schuré (« Leconte de Lisle, l'Homme, le Poète, le Penseur », p. 198). C'est pendant qu'il se perd dans la contemplation et dans l'extase et qu'il revoit en esprit son poème que les fourmis dévorent l'ascète : Schuré a vu dans cette aventure « le triomphe ironique de la matière sur la chimère de l'esprit ». Pour lui, le poème serait une sorte de satire à la Voltaire.

LE GRAND DAÇARATHIDE ET LA MYTILÉENNE (v. 48) : Rama, fils de Daçaratha, et sa femme Sita, fille du roi de Mithila ou Mytila (voir *L'Arc de Civa*).

Page 61.   L'ARC DE CIVA

En 1855 et 1857, le poème porte la dédicace : « À Bermudez de Castro. Il s'agit d'un noble espagnol, qui fit partie d'un « cénacle littéraire et robespierriste » où se retrouvaient Leconte de Lisle, Bénézit, de Flotte, Thalès Bernard, Louis Ménard, etc. Il connut l'exil après juin 1848. Brillant causeur, il fut plus tard un des ornements du salon de Leconte de Lisle (Fernand Calmettes, *Un demi-siècle littéraire. Leconte de Lisle et ses amis*, p. 28-29).

L'Arc de Civa combine en une synthèse nouvelle de nombreux épisodes de la première partie du *Ramayana*. Celui où le roi Daçaratha, mourant, soupire après son fils Rama (il l'a exilé à contrecœur pour obéir au serment fait jadis d'accomplir les souhaits de sa seconde femme, laquelle entend placer sur le trône son propre fils Bharata) ; celui où le frère du héros se met à sa recherche (dans le Sarga I du Livre initial du *Ramayana*, il s'agit de Bharata et non de Lakçmana, qui a suivi Rama en exil, et l'épisode se situe après la mort de Daçaratha) ; celui où le jeune héros tue de ses flèches les Rakças ou démons qui tourmentaient l'ermite Viçvamitra (personnage qu'on retrouve dans *Çunacépa*) ; et l'épisode du mariage de Rama : on l'emmène chez le roi de Mytila pour voir s'il pourra soulever l'arc de Civa ; Rama réussit à bander l'arc avec une force telle que l'arme se brise ; c'est ainsi qu'il obtient la récompense promise : la main de la princesse Sita. Ajoutons que le poème de Leconte de Lisle fait une rapide allusion à la suite de l'histoire : l'enlèvement de Sita par le démon Ravana, roi de Lanka (Ceylan), et la longue lutte pour sa délivrance. C'est donc tout le *Ramayana* qui est évoqué dans *L'Arc de Civa*.

Pour Léon Armengaud, Leconte de Lisle, en insistant sur les caractères physiques de Rama d'un côté, des Rakças de l'autre,

présente le *Ramayana* comme un conflit ethnique, comme « l'affronte-
ment de deux races : les envahisseurs aryens d'une part, et de l'autre
les aborigènes, premiers occupants du pays, refoulés vers le Dekkan et
l'île de Lanka » (« Sept poèmes hindous de Leconte de Lisle », p. 43).
C'est l'interprétation classique du *Ramayana*, qui a été contestée par
les élèves de Müller, et notamment Victor Henry (*Les Littératures de
l'Inde*, Paris, Hachette, 1904), pour qui le *Ramayana* développe un
mythe solaire : Rama, le soleil, vit dans l'obscurité tant qu'il n'a pas
reconquis l'aurore — cette Sita qui lui a été enlevée (et il faut
reconnaître que si la théorie de Müller — voir notre préface, p. 20 — se
vérifie, c'est bien d'abord dans le *Ramayana*). Vianey voit là le sens du
poème de Leconte de Lisle (*Les Sources de Leconte de Lisle*, p. 18).
    Pour Edgard Pich (*Leconte de Lisle et sa création poétique*, p. 230-
233), *L'Arc de Civa* a de nombreux points communs avec *Çunacépa*.
Dans les deux cas, il s'agit d'un fils renié par son père — ce que Pich
met en relation avec les rapports entre Leconte de Lisle et son propre
géniteur. Le fils prouve sa valeur, et trouve sa force dans l'amour d'une
femme. Il reconquiert l'estime et l'amour de son père (l'ermite de
Çunacépa étant, pour l'exégète, une figure du père).

DÊVA : être céleste, divinité.

Page 66.   ÇUNACÉPA

Çunacépa porte, en 1855, 1857 et 1858, le sous-titre : *Poëme* (ou
POEME), et une dédicace à Ferdinand de Lanoye (« Ferdinand de
L. » en 1858), écrivain médiocre, mais qui fut l'élève de Burnouf et qui
put donc initier Leconte de Lisle à la littérature de l'Inde pendant sa
jeunesse à Paris (Maurice Spronck, *Les Artistes littéraires, études sur le
XIXe siècle*, Paris, Calmann-Lévy, 1889, p. 200).

    Le vers 181 se lisait dans les mêmes éditions :

        L'antilope aux jarrets légers courrait moins vite.

et non : *courait*, préféré ensuite, vraisemblablement, pour sa plus
grande fluidité sonore, mais qui fait aussi passer l'antilope de l'imagi-
naire (simple terme de comparaison) au réel (l'antilope rivalisant à la
course avec la jeune fille), ce qui contribue à la création d'un monde
idyllique.
    Au vers 208, les *blonds bengalis* ont été d'abord de *bleus colibris*
(1855 à 1858), puis de *verts bengalis* (1874)...
    Les vers 387-388 manquent dans l'édition de 1855.

Extraite du *Ramayana*, l'histoire de Çunacépa y tient peu de place, comme l'a fait remarquer Leconte de Lisle lui-même (voir p. 319). Le personnage de Çanta en est absent. C'est de son propre chef que le jeune homme implore le célèbre anachorète. Au moment crucial, il est libéré par Indra que, selon le conseil de Viçvamitra, il a célébré dans un hymne. Aucune substitution merveilleuse n'est évoquée, le texte dit seulement que le dieu, ravi par ce chant, « combla tous les vœux » du jeune homme. La fin de *Çunacépa* nous paraît imitée d'*Iphigénie à Aulis*. Source d'autant plus probable que Leconte de Lisle prête à Çanta, Maurice Spronck l'avait noté (*op. cit.*, p. 228), l'exclamation de l'héroïne d'Euripide au moment du sacrifice : « Mon père vénérable et cher ! Vivre est si doux » — ce que Spronck trouve d'ailleurs « peu conforme à ce que l'on se figure d'une fille des Brahmanes ». Et Gladys Falshaw retrouve les accents d'Iphigénie dans l'adieu du jeune homme à ses parents (*Leconte de Lisle et l'Inde*, p. 137).

Pour Vianey (*Les Sources de Leconte de Lisle*, p. 22-23), la scène où Çunacépa annonce à Çanta qu'il va mourir et où la jeune femme lui propose de fuir avec elle s'inspire de la scène d'adieu de Sita et de Rama lorsque celui-ci part pour l'exil (voir *L'Arc de Civa*). En effet, Sita demande bien à Rama de l'emmener avec lui dans les bois, et le jeune homme évoque en réponse les difficultés de la vie d'ermite, notamment le danger que représentent les bêtes féroces ; mais les rapprochements textuels précis manquent tout à fait.

F. Maingard (« A source of Leconte de Lisle's *Çunacépa* », *The French Quaterly*, 1920, n° 2) propose une autre source : dans *La Chaumière indienne* (1790) de Bernardin de Saint-Pierre, la scène qui se déroule entre le paria et la jeune brahmine lorsque, pour lui éviter d'être immolée sur le bûcher avec son mari défunt, il lui propose de l'épouser ; elle hésite d'abord devant cette déchéance, mais il insiste : « Chère bramine, fuyons ensemble au fond des forêts : il vaut encore mieux se fier aux tigres qu'aux hommes. » Çanta, qui propose à Çunacépa de fuir dans les montagnes, déclare quant à elle :

> *Les grands tigres rayés y rôdent par centaines ;*
> *Mais le tigre vaut mieux que l'homme au cœur de fer !*

Encore faut-il se rappeler que la comparaison de l'homme au tigre est un cliché : « cœur de tigre », « elle apitoierait un tigre », etc.

Les avis sur ce poème sont assez partagés. L' « élégie finale de 26 vers » est pour Pierre Flottes (*Le Poëte Leconte de Lisle, documents inédits*, Paris, Librairie académique Perrin, 1929, p. 110) « une des choses les plus parfaites tombées de [l]a plume » de Leconte de Lisle. Pour Vianey, on trouve condensé dans *Çunacépa* « tout l'esprit du Ramayana ». Par contre, Léon Armengaud, constatant comme l'avait fait Benedetto (« L'*Hélène* de Leconte de Lisle », p. 294) que l'histoire de Çunacépa n'est plus chez notre auteur une glorification de l'ascétisme (ce qu'elle est dans le *Ramayana*), mais un hymne à l'amour, considère ce poème comme sans importance en tant que pièce hindoue (« Sept poèmes hindous de Leconte de Lisle », p. 44).

Edgard Pich, quant à lui, propose l'interprétation suivante, quelque peu hasardeuse, semble-t-il (*Leconte de Lisle et sa création poétique*, p. 234-235) :

« ... Puis vient une description du paysage et surtout de la flore [v. 10-20]. On a rarement évoqué en termes plus clairs, presque impudiques, la montée du désir : alors que la lumière et l'eau symbolisent la femme, la végétation drue, épaisse, haute, grande, symbolise l'activité sexuelle large et puissante de l'homme. Le second paysage, tableau de la nature à midi, traduit éloquemment, non plus la croissance du désir, mais son assouvissement. [...]

Il se pourrait que le paysage, loin d'être un accompagnement, fût au contraire l'essentiel : la narration qui constitue la partie la plus longue de l'œuvre pourrait bien n'être qu'une succession de fantasmes produits par et dans l'exercice de l'activité sexuelle et plus précisément dans la " *brève* " perte de conscience qui accompagne l'orgasme : si le poème s'ouvre par un lever de soleil qui est aussi une montée du désir, il s'achève par un autre lever de soleil — " L'air sonore était frais et plein d'odeurs divines " — qui est peut-être le même : l'irruption de cavaliers féeriques, l'apparition sous trois formes différentes (le père, l'ascète, le roi) du père castrateur ou bienfaisant, ont un caractère plus ou moins fantastique et tous s'évanouissent comme des rêves, faisant place à la seule et puissante réalité de la satisfaction amoureuse. »

ASURA : pour le *Dictionnaire Sanskrit-Français* de N. Stchoupak, L. Nitti et L. Renou comme pour le *Sanskrit-English Dictionary* de M. Monier-Williams et pour V. Parisot (dans sa traduction du *Ramayana*), les Asuras sont des démons : s'agit-il dans *Çunacépa* d'insectes comparés à des démons pour leur *noir aileron* ?

ÇANTAL : santal.

ÇUDRA : membre de la quatrième caste, qui est chargée de servir les castes supérieures.

KCHATRYA : membre de la deuxième caste, la caste guerrière.

SAMA : le Sâma-Veda, troisième Véda. Les Védas sont des livres sacrés qui datent des débuts de la religion de l'Inde.

YADJOUR : l'Yajur-Veda, deuxième Véda (le premier étant le Rig-Veda).

Page 82.   LA VISION DE BRAHMA

Un manuscrit du poème est passé en vente à l'Hôtel Drouot le 25 novembre 1948. Le catalogue en donne, sous le n° 29, une description qui pose plusieurs problèmes. En effet, on nous dit d'une part que ce manuscrit ne comporte pas les trois dernières strophes du poème, et d'autre part qu'il a « servi pour l'impression » : or toutes les éditions comportent les trois strophes finales. L'écriture soignée (« la belle écriture du poète ») semble indiquer plutôt une copie ultérieure : Leconte de Lisle a souvent fait des copies de ses poèmes, pour les offrir, vraisemblablement ; et l'on verra qu'une copie de *Nox* est elle aussi amputée de la fin. Le catalogue nous apprend également qu'une strophe — laquelle ? — présente des variantes.

Dans la version destinée à la *Revue contemporaine*, le v. 66 était défectueux. Comme le v. 36 de *Bhagavat*, il présentait une césure épique :

> *Gonflait sa houle immense, haute comme les monts,*

Edgard Pich signale une lettre de Leconte de Lisle à Lacaussade, demandant de le corriger (le classement du dossier Leconte de Lisle à la Bibliothèque de l'Arsenal ayant été modifié, on trouve désormais cette lettre sous le numéro 15096/44).

Élie Carcassonne fait remarquer que le nom du dieu doit s'écrire Brahmâ, forme masculine, et non Brahma, forme neutre qui désigne « l'Être absolu et sans qualité » du védântisme (« Leconte de Lisle et la philosophie indienne », p. 636, n. 1 ; voir préface, p. 27, n. 47).

Le poème raconte que Brahmâ, le dieu créateur du monde, eut une vision de l'Être suprême, Hâri, *alias* Bhagavat, et détaille les révélations qui lui furent faites par celui-ci, à sa demande.

Leconte de Lisle exploite le Livre II, chant V du *Bhagavata-Purana*. Celui-ci « nous montre Narâda interrogeant Brahmâ sur le véritable auteur des choses, et Brahmâ lui répondant que c'est Bhagavat, et lui décrivant la création comme l'œuvre de l'Être suprême s'unissant à sa Mâyâ, ou à sa forme illusoire », écrit Burnouf dans la préface à sa traduction (p. CXL) ; et il ajoute que dans ce chant V sont reprises notamment les anciennes cosmogonies védiques — ce qui a sans doute déterminé notre auteur à s'intéresser à ce passage, où il devait trouver matière à traiter un de ses sujets de prédilection. *La Vision de Brahma* nous offre en effet, comme plusieurs des grands poèmes de Leconte de Lisle, une cosmogonie : l'origine et la naissance du monde dans la conception hindoue.

Pour que Hâri puisse raconter à Brahmâ la naissance du monde, Leconte de Lisle a dû modifier quelque peu les événements mythologiques qu'il met en scène. D'après la mythologie en effet, Bhagavat ayant chargé Brahmâ de créer le monde, Brahmâ, « qui était embarrassé d'accomplir l'œuvre de la création » (Burnouf, p. CXLI), demanda une entrevue au dieu suprême pour que celui-ci l'éclaire sur sa tâche : le tête-à-tête (raconté dans le Livre III, chants VIII et IX) a donc lieu avant la création du monde — mais alors, impossible de raconter celle-ci ; Leconte de Lisle a donc changé les circonstances de la rencontre.

L'autre sujet du poème, la réflexion philosophique, trouve aussi dans cette entrevue entre Brahmâ et l'Éternel un cadre idéal. Pour le contenu, Leconte de Lisle emprunte au *Bhagavata-Purana* l'interrogation sur Brahmâ (qu'il confie au dieu lui-même), sur Bhagavat/Hâri, sur le monde, et même sur le mal : si tout est Hâri, alors Hâri connaît la souffrance, ce qui est contraire à sa perfection.

C'est Bhagavat, l'Être unique, qui réside, [dis-tu], dans toutes les âmes : d'où viennent donc la misère et la douleur auxquelles les œuvres le condamnent [au sein de l'âme humaine] ? [...]

Mâitrêya dit : Ce qui répugne à la raison, c'est la Mâyâ dont s'enveloppe Bhagavat, c'est la misère et l'esclavage de l'Être suprême qui est [naturellement] libre.

[Mais] cette apparence n'est qu'une illusion sans réalité (Livre III, chant VII, versets 6, 9, 10 ; les crochets sont de Burnouf).

Ainsi répond le Hâri de Leconte de Lisle : tout au monde, y compris la souffrance, est illusion, c'est la Mâyâ dont l'Être suprême s'enveloppe.

Ô Brahma ! toute chose est le rêve d'un rêve.

« Après quoi, conclut Armengaud (« Sept poèmes hindous de Leconte de Lisle », p. 49), il n'y a plus rien à chercher, plus rien à percevoir. Celui qui sait ainsi, affranchi du mal, de la passion, du doute, il entre dans la paix du cœur, la paix du nirvana. »

Il faut avouer cependant avec Maurice Souriau (on peut lire une charge en règle contre le poème dans son *Histoire du Parnasse*, Paris, Spes, 1929, p. 198-204), et avec Edgard Pich (*Leconte de Lisle et sa création poétique*, p. 267), que tout cela est bien complexe (comme le *Bhagavata-Purana* lui-même est « confus » — c'est le mot de son traducteur, p. CXXXI). On peut comprendre la formule « toute chose est le rêve d'un rêve » si l'on sait que les dieux eux-mêmes sont des créations de Mâyâ, dans la pensée védântiste : donc le monde, création des dieux, est l'illusion d'une illusion (Carcassonne, art. cité, p. 627-629). Mais quelle est la signification de l'éclat de rire de Hâri — qui n'est d'ailleurs pas le seul « rire divin » dans les *Poèmes antiques* — lorsque Brahmâ lui a révélé les problèmes qui le rongent ? Et quand, après avoir interdit à Brahmâ de continuer à l'interroger, Hâri justifie cette interdiction par la phrase suivante :

Que serais-tu, sinon ma propre vanité
Et le doute secret de mon néant sublime ?

faut-il comprendre, avec Pich : Brahmâ représenterait le fait que Hâri
« se doute, pense secrètement, soupçonne qu'il est lui-même un *néant
sublime* » (*op. cit.,* p. 269) ? Ou est-ce plutôt qu'en interrogeant Hâri il
lui donnerait une existence positive, et l'amènerait ainsi à douter de
son propre néant — qui est ce qui le constitue en tant qu'Être
suprême ? De toute façon, il est vrai, le soupçon semble bien peser ici
sur la réalité des dieux (néant divin qui a tendance à douter de lui-
même, ou être soupçonnant qu'il n'est peut-être que néant), et Pich n'a
sans doute pas tort de voir dans le poème un passage du panthéisme au
nihilisme (*ibid.*). Au bouddhisme, plus exactement, rectifie Armen-
gaud (« Sept poèmes hindous de Leconte de Lisle », p. 48). Disons que
Brahmâ apparaît comme le symbole de l'homme qui s'interroge sur les
grands problèmes philosophiques et religieux (Pich et Armengaud
s'accordent là-dessus), et que les réponses ne sont guère encoura-
geantes : Brahmâ apprend que les questions sont inutiles, que le
monde n'est que l'effet d'une illusion, et que tout, y compris l'Être
suprême, se résume en néant.

Des sources modernes ont également été proposées. La position de
Brahmâ par rapport au Dieu tout-puissant qu'il interroge rappelle à
Vianey (*Les Sources de Leconte de Lisle*, p. 57-58) celle du Christ
devant Dieu le Père dans Vigny, *Le Mont des Oliviers*. Pour Pich (*op.
cit.,* p. 269), dans le *Fragment du livre primitif* de *La Chute d'un Ange*
de Lamartine (1838), le « sage » pose déjà la même question que
Brahmâ.

AÇVATHA : figuier sacré.

Page 90.   HYPATIE

Plusieurs strophes de ce poème se présentaient sous une forme assez
différente lors de sa première publication dans *La Phalange* en juillet
1847.

Vers 13 à 20 :

> *Pour de plus hauts destins qu'un autre siècle naisse*
> *Et d'un monde déchu s'éloigne sans remords ;*
> *Fidèle au songe heureux qui berça sa jeunesse,*
> *Lui, restera courbé sous la cendre des morts.*
>
> *N'outrageons point ceux-ci qu'un tel amour parfume,*
> *Derniers consolateurs des suprêmes moments !*
> *Sur quelque autel brisé que leur pur encens fume,*
> *Il est beau de sourire à ces nobles amants.*

Vers 33 à 40 :

> *Des bords de l'Ilyssus, l'abeille athénienne*
> *À son divin murmure assouplissait ta voix ;*
> *Jusque sur ton berceau la brise hellénienne*
> *Vint répandre l'arome et la fraîcheur des bois.*
>
> *Comme un jeune lotus croissant sous l'œil des sages,*
> *Tu grandis, transparente en ta virginité,*
> *Tant les dieux avaient fait, chaste fleur des vieux âges,*
> *Resplendir ton génie à travers ta beauté !*

Signalons aussi ces variantes intéressantes pour le sens :

> *Les souillures de Rome ont fui tes blanches mains* (v. 58 ; cela deviendra : *Les souillures du siècle*).

> *L'homme en son vol fougueux t'a frappée et maudite* (v. 61, qui deviendra : *Le vil Galiléen t'a frappée et maudite*).

Comme nous l'avons signalé dans la préface (p. 7), *Hypatie* pourrait, s'il faut en croire Jean Dornis, avoir été écrit avant le second départ de l'île Bourbon, en 1845. Edgard Pich, quant à lui, voit dans le poème la trace de « trois efforts d'adaptation à trois situations successives » : « vers 1843 », Leconte de Lisle se sent rejeté du monde en train de se construire ; en 1847, le martyre d'Hypatie devient pour lui le symbole de celui du poète ; enfin Hypatie devient « la victime de l'esprit clérical » (*Leconte de Lisle et sa création poétique,* p. 121-122).

Hypatie est un personnage historique, une femme philosophe qui vivait à Alexandrie ; elle fut assassinée en 415 par des fanatiques chrétiens, à l'instigation, a-t-on dit, de l'évêque d'Alexandrie, le futur saint Cyrille.
Pour Ducros (*Le Retour de la poésie française à l'Antiquité grecque au milieu du XIXe siècle,* p. 53), le *Sunium* de Laprade a fourni le thème d'*Hypatie*. Les ressemblances formelles nous paraissent assez ténues (l'expression *lèvres d'or,* rimant de surcroît avec *encor,* est dans les deux poèmes ; tous deux sont écrits en quatrains d'alexandrins à rimes croisées), mais il est vrai que le souvenir de Platon joue un rôle de premier plan dans *Sunium* (paru en 1839 dans la *Revue du Lyonnais,* série 1, vol. IX, p. 399, sous le titre *Après une lecture du « Banquet » de Platon*) et qu'Hypatie apparaît comme une sorte de Platon, enseignant « les vertus éternelles ». « Vierge, philosophe, écrivain et martyre », écrit Edgard Pich (*op. cit.,* p. 25-26), elle fut sans nul doute un modèle pour le jeune écrivain qui, vers 1845, ne cesse de prôner la contemplation des essences, et aussi de mettre en lumière le martyre du contemplatif.

Hypatie est d'autre part la première de cette lignée de héros qui paient de leur vie, dans les grands poèmes de Leconte de Lisle, leur fidélité à une religion moribonde : voir, dans les *Poèmes barbares, Le Massacre de Mona* et *Le Barde de Temrah.*

Le vers 61 (*Le vil Galiléen t'a frappée et maudite*) avait soulevé l'indignation, et fait beaucoup pour la réputation de fanatisme anti-chrétien et d'intolérance absolue dont jouit encore Leconte de Lisle. En 1955, Charlotte O. Friedlander a expliqué que l'expression ne désignait vraisemblablement pas le Christ lui-même, comme on l'avait toujours pensé, mais Cyrille : le substantif « Galiléen » se présentait en effet, dans les premiers temps, comme un équivalent de « chrétien », les premiers chrétiens étant pour la plupart, comme Jésus, originaires de Galilée (« Leconte de Lisle's *Le vil Galiléen* », *Philological Quaterly,* janvier 1955, p. 87-91). Il est de fait que l'adjectif « vil » ne concorde pas avec la façon dont Leconte de Lisle considère ailleurs la figure du Christ : s'il hait et méprise l'Église chrétienne, il regarde son chef comme l'égal des dieux antiques (voir *Le Nazaréen* dans les *Poèmes barbares*).

Henri Elsenberg (*Le Sentiment religieux chez Leconte de Lisle,* Paris, Henri Jouve, 1909, p. 138, n. 2 de la p. 137) commente de façon intéressante les deux versions du vers litigieux : « Le texte primitif contient l'idée du *désir infini,* de cette fatalité historique qui fait que le monde ne peut pas s'arrêter dans une croyance et que, pour avancer, il doit la frapper : c'est un effet de la nature humaine, une dure nécessité dont on n'accuse personne. Au contraire, si maudire Hypatie est un acte *vil,* c'est donc que ce n'était pas un acte nécessaire : le christianisme n'est donc plus une nécessité de l'évolution humaine, du " vol fougueux ", c'est une idée qui vient on ne sait d'où pour faire commettre des crimes. »

Page 93.   THYONÉ

Lors de sa première publication dans *La Phalange* (novembre 1846), le poème comportait quatre groupes de quatre vers qui ont été supprimés dès l'édition de 1852.

Après le v. 26 :

> *Viens ! Le désir d'aimer, d'une larme incertaine*
> *Peut-être attendrira ta paupière hautaine ;*
> *Peut-être que ce cœur, qui n'a jamais rêvé,*
> *Agitera les plis du tissu soulevé.*

Après le v. 38 :

> *Mes hardis lévriers dont les yeux resplendissent,*
> *Humant l'air plein d'arôme, autour de moi bondissent ;*
> *Hélios, dans l'azur, pousse son char de feu...*
> *L'heure a sonné, je pars. Jeune pasteur, adieu !*

Après le v. 66 :

> *Ah ! quand ta course agile et ta fierté charmante*
> *Effacent dans leurs jeux les nymphes d'Érymanthe ;*
> *Quand le carquois d'ivoire à tes pieds rejeté*
> *Livre ta blanche épaule à Zéphyre enchanté,*

Enfin, après le v. 120 :

> *Leurs plaintes, ébranlant les échos soucieux,*
> *Diront quelle je fus à tous les vents des cieux !*
> *Et la nuit, aux lueurs de Séléné pâlie,*
> *Tandis que le ciel dort et que la terre oublie,*

le v. 121 se lisant alors :

> *Autour de ma poussière entrelaçant leurs pas,*

Thyoné est à mettre en parallèle avec *Glaucé* : dans *Glaucé*, une nymphe des eaux voit son amour repoussé par un jeune bouvier, adorateur de Cybèle ; dans *Thyoné*, un jeune homme poursuit en vain de son amour une nymphe chasseresse, compagne fidèle d'Artémis. Vianey voit dans les deux poèmes une imitation « tout indirecte » de Théocrite (*Les Sources de Leconte de Lisle,* p. 329). Pour Edgard Pich, les deux poèmes sont inspirés « à la fois par A. Chénier et par les pastorales grecques et latines » (*Leconte de Lisle et sa création poétique,* p. 42).

Notons que la symétrie est aussi dans la forme : les deux poèmes sont dialogués, et divisés chacun en quatre parties égales numérotées, marquant l'alternance des voix ; ils ont exactement la même longueur : 128 vers (et ils comptaient tous deux 4 quatrains de plus dans leur première version). Si l'on ajoute à cela qu'ils se suivent dans le recueil, on se sent invité à les prendre comme la suite, en effet, l'un de l'autre, comme une illustration très XVIIIe siècle des jeux et des inconséquences de l'amour : elle aime qui ne l'aime pas, et lorsqu'il l'aime, c'est elle qui se montre indifférente...

Page 98.   GLAUCÉ

En 1847, dans *La Phalange*, on lit après le vers 28 :

> *Je pleurai, je pâlis ! Et de mon jeune sein,*
> *Comme de frais oiseaux qui s'en vont par essaim,*
> *Au souffle impétueux d'une ardente espérance*
> *S'enfuirent la paix chaste et la blanche ignorance !*

Après le vers 36 :

> *Sur la colline humide en songeant accoudé,*
> *D'une rose lueur et de calme inondé,*
> *Quand je contemple au loin l'éclatante auréole*
> *Suspendue au matin sur les îles d'Éole ;*

Après le vers 86 :

> *De quelque nom terrestre ou divin qu'on la nomme,*
> *Quelque vierge plus belle, entre ses bras, jeune homme,*
> *Sur la mousse ou la pourpre, avec des pleurs plus doux,*
> *Rafraîchissant ton front de ses baisers jaloux,*

Et après le vers 110 :

> *Retourne aux bleus palais de la mer écumante.*
> *N'es-tu pas immortelle et n'es-tu pas charmante ?*
> *Va ! perds mon souvenir. Tous les dieux envieront*
> *La rose virginale attachée à ton front ;*

Pour *Glaucé*, voir le poème précédent, *Thyoné*.

Page 103.   HÉLÈNE

Signalons d'abord une première *Hélène*, publiée dans *La Phalange*
en juillet-décembre 1845, qui n'a rien de commun avec ce poème-ci.
Hélène y est le symbole de la beauté.

En 1852 et 1858, *Hélène* porte le sous-titre : *poëme* (POEME en
1858).

En 1852 et 1858, les v. 276-281 se présentent ainsi :

> *Vierges de Sparte, que la joie*
> *En molles danses se déploie*
> *Autour d'Hélène et de Pâris ;*

> *Effleurez le sol de vos rondes,*
> *Et dénouez vos tresses blondes*
> *Au souffle céleste des ris !*

Dans les mêmes éditions, les v. 306-309 se lisent :

> *Il faut abandonner Sparte, Atride et la Grèce,*
> *Et, célébrant Éros par un chant d'allégresse,*
> *Suivre, soumise aux dieux, à l'horizon des flots,*
> *Pâris, fils de Priam, dans les remparts d'Ilos.*

Et les v. 328-331 :

> *Ô Démodoce, ami des Immortels, dis-nous*
> *Si, loin de Sparte et loin des rivages si doux*
> *Du natal Eurotas, nos yeux, en leur détresse,*
> *Verront s'enfuir Hélène infidèle à la Grèce ?*

Ce poème offre un bon exemple du traitement que Leconte de Lisle fait subir à l'orthographe (et à la prononciation) des noms propres. Dans la première édition, il écrit : *Éleuthère, Lycorée, Crète, Méonie, Hypérion, Égée, Ilion, Priam, Poséidon, Cypris, Iacchos, Cybèle, Apollon, Python, Éther, Charites.* Cela devient ensuite : *Éleuthèr, Lykorée, Krète, Maionie, Hypériôn, Aigée, Ilos, Priamos, Poseidôn, Kypris, Iakkhos, Kybèle, Apollôn, Pythôn, Aithèr, Kharites.* Effort vers une précision scientifique dans la transcription (ou « procédé d'intimidation scientifique », selon la formule de Fernand Desonay, *Le Rêve hellénique chez les poètes parnassiens*, p. 256), volonté de transporter le lecteur dans un monde plus primitif par le moyen d'un graphisme déroutant... le procédé porte, en tout cas (on lit encore avec intérêt, sur la question, l'article d'Henry Houssaye : « De l'orthographe des noms grecs », *Revue du XIXe siècle*, 1867, p. 261-264).

Chausson a mis en musique « le chœur d'*Hélène* » (liste dactylographiée de Raphaël Barquissau).

Pour Vianey, pas de doute : la source principale d'*Hélène* est *L'Enlèvement d'Hélène*, court poème épique écrit par Kolouthos vers le Ve siècle, œuvre médiocre mais maintes fois éditée depuis sa découverte au XVe siècle par le cardinal Bessarion (*Les Sources de Leconte de Lisle*, p. 368). Opinion combattue par Benedetto : *L'Enlèvement d'Hélène* est, dit-il, un poème ridicule (ce qui est assez vrai : ainsi, quand Pâris demande à Hélène, de but en blanc, d'abandonner pour lui Ménélas, elle marque aussitôt son accord, car elle a depuis longtemps, dit-elle, envie de voir Troie...), et la seule ressemblance entre les deux poèmes est banale : tous deux nous font assister à l'enlèvement, et nous introduisent dans le palais des Atrides à l'arrivée de Pâris (« L'*Hélène* de Leconte de Lisle », p. 323).

Vianey considère d'autre part qu'*Hélène* symbolise avant tout la lutte entre deux civilisations, l'une d'origine asiatique, l'autre née sur le sol grec (*op. cit.*, p. 373-375). Là encore, Benedetto lui donne tort : la conception de l'amour (c'est ce à quoi s'intéresse Vianey) n'a jamais rien d'asiatique dans *Hélène* ; les « fables voluptueuses » auxquelles le poème fait allusion sont toutes grecques : Léda, Aristée. Pour le critique italien, le poème est le récit symbolique de la lutte entre les Titans — représentant une religion de sagesse et d'amour — et les passions primitives personnifiées par les premiers dieux, et notamment Aphrodite (sur ce point, voir aussi la notice de *Niobé*). Pâris et Hélène, c'est la Grèce dans sa jeunesse, partagée entre beauté et générosité d'une part, violence irraisonnée des instincts de l'autre ; l'idée d'opposer la Grèce voluptueuse et la Grèce prométhéenne, une Hélène victime de la passion et une Hélène épouse vertueuse, est venue directement de l'*Iliade* et de l'*Odyssée* (art. cité, p. 314-326).

Pich estime quant à lui que, contrairement à ce que laisse entendre la préface des *Poëmes antiques*, la peinture d'une époque est assez rudimentaire dans *Hélène*, comparée à ce que Leconte de Lisle fera vingt ans plus tard dans *Les Érinnyes*. Il en conclut que le sujet du poème est avant tout le destin personnel de l'héroïne (*Leconte de Lisle et sa création poétique*, p. 66).

Sur ce point, une piste intéressante a été ouverte par René Doumic, lorsqu'il résumait ainsi la signification générale du poème : « Hélène symbolise l'humanité assujettie à ce supplice atroce : se sentir en proie à des passions irrésistibles et dont elle est pourtant responsable » (« Les derniers travaux sur Leconte de Lisle », *Revue des Deux Mondes*, 1909, p. 444). C'est exactement, nous semble-t-il, le tragique janséniste tel que le vit la Phèdre de Racine ; et cela dans le détail (il est piquant de constater que, dans la préface des *Poëmes et Poésies*, Leconte de Lisle loue dans la Phèdre antique une de ces « créations intellectuelles et morales » qui font la grandeur de la poésie grecque, par opposition à ce qu'a pu réaliser le monde chrétien, « soumis à une loi religieuse qui le réduisait à la rêverie). Hélène entre en scène en proie au trouble et au « noir pressentiment ». Elle est la victime de l'amour, don funeste d'Aphrodite. Elle attend avec impatience le retour de son mari. Alors qu'elle crie sa haine pour Pâris, venu lui demander de la suivre, en un revirement vertigineux elle avoue soudain son amour pour lui, et proclamera ensuite sa honte. Elle est nettement plus âgée que le jeune homme, c'est indiqué à plusieurs reprises. La fierté de celui-ci l'attire :

> *De sa jeune fierté l'irrésistible grâce*
> *À mes regards encore en songe se retrace...*

L'imitation — voire le pastiche — sont parfois évidents :

> *Mais je ne puis parler, la force m'abandonne,*

Voir Racine :

> *Je ne me souviens plus, ma force m'abandonne,*

Ou encore :

> *Une flamme invincible irrite dans mes veines*
> *Un sang coupable...*

Voir Racine :

> *Je ne me soutiens plus, ma force m'abandonne,*

Et le mouvement de la tirade de Thésée ordonnant à Hippolyte de fuir sa présence, avec les trois impératifs scandant le texte : *Fuis, traître ! — Fuis — Fuis, dis-je,* est ostensiblement repris dans les vers 480-493, où Hélène s'adresse à Pâris : *fuis-les — Fuis ! — Fuis donc.*

Signalons encore un article curieux et intéressant d'Edgard Pich sur « Ronsard, Leconte de Lisle et le nom d'Hélène » (Actes du colloque *Ronsard et la Grèce,* Paris, Nizet, 1988, p. 311-322), qui étudie le rapport de paronomase entre *Hélène* et *Hellas* dans notre poème. Par exemple, dans le v. 491 :

> *Au mâle appel d'Hellas et d'Hélène outragée,*

Hellas et Hélène sont « tout un ». Mais à la fin, le chœur des femmes évoque en ces termes le départ d'Hélène :

> *Du cygne et de Léda celle qui nous est née,*
> *Sur la pourpre étrangère, insensible à nos pleurs,*
> *Oublie Hellas abandonnée...*
> *Grands Dieux ! de roses couronnée,*
> *Hélène rit de nos douleurs !*

Le rapprochement de ces citations fait apparaître le sujet de la narration, qui est « de montrer comment ce rapport d'abord parfait (Hélène est l'honneur de la Grèce [...]) se brise, amenant le personnage à s'identifier (dans le malheur et le déchirement) à l'archétype d'où Ronsard était parti (l'héroïne volage que se disputent les hommes et les peuples) » (p. 321).

Pour ce qui concerne la forme, on notera la grande variété des schémas métriques et strophiques dans ce poème. Sur fond d'alexandrins, les chœurs s'expriment en odes, divisées selon l'usage antique en une strophe et une antistrophe identiques, suivies d'une épode de forme différente. Leconte de Lisle utilise des combinaisons de 8 à 10 vers pour les strophes et antistrophes, de 9 à 12 vers pour les épodes, le vers comptant 8 ou 12 syllabes, selon un schéma qui varie à chaque fois. Le chœur de femmes se voit confier aussi une tirade en vers de 10 et un texte en quatrains de 12-12-12-8, et Démodoce une tirade en vers de 8.

Enfin, Joseph Vianey fait remarquer dans *Hélène* l'association d'adjectifs longs et de substantifs courts (*vos prophétiques crêtes, des bondissantes nefs*), et des vers entièrement composés de deux substantifs flanqués chacun d'une épithète *(Et la biche craintive et le cerf bondissant, Et le glaive homicide et la pique d'airain)*, procédés qu'on retrouvera chez Heredia, et qui sont déjà chez André Chénier (« Les œuvres d'inspiration hellénique dans la poésie française contemporaine », *Cours de M. J. Vianey,* professeur à l'Université de Montpellier, série du 6 juillet 1911).

Pour les rapports d'*Hélène* avec les sentiments personnels du poète, voir la notice d'*Hylas*, dernières lignes.

Page 142.   LA ROBE DU CENTAURE

Dans *La Phalange,* en 1845, le poème se présentait ainsi :

> *Hercule néméen, terrible sagittaire,*
> *Tu foulais de l'Oeta la cime solitaire,*
> *Et, dompteur en repos, dans ta force couché,*
> *Sur ta solide main ton front s'était penché.*
> *Les pins de Thessalie, avec de longs murmures,*
> *T'abritaient gravement de leurs sombres ramures.*
> *Détachés de l'épaule et du bras indompté,*
> *Ta massue et ton arc dormaient à ton côté ;*
> *Et d'un œil olympien tu contemplais, paisible,*
> *Cette terre orageuse où tu fus invincible.*
> *Certain d'avoir parfait d'un souffle égal, et tel*
> *Qu'un robuste ouvrier, ton travail immortel,*
> *Ô glorieux lutteur, lassé de la victoire,*
> *Tu repassais tout bas ton héroïque histoire.*
> *Néméen, néméen ! point de trêve, debout !*
> *Il faut suer la vie et le sang jusqu'au bout.*
> *Ô robe aux lourds tissus, à l'étreinte assassine,*
> *Dans l'oubli de soi-même Hercule a pris racine !*
> *Revêts-la, don jaloux, d'un large embrassement,*
> *Allume dans son cœur un courroux consumant ;*
> *Et, comme une autre chair qui s'unit à la sienne,*
> *Qu'il baigne de son sang ta pourpre phénicienne !*

De l'immense clameur de ses tourments sans frein,
Qu'il frappe sans relâche au firmament d'airain ;
Que les chênes noueux, rois aux vieilles années,
S'embrasent en éclats sous ses mains acharnées ;
Et, saluant d'en bas l'Olympe soucieux,
Que l'Oeta flamboyant l'exhale dans les cieux !
Passions, passions ! ô robe expiatoire,
Tunique dévorante et manteau de victoire !
Passions faites chair, de vos replis brûlants
Vous étreignez ainsi les forts lutteurs aux flancs,
Et vous aiguillonnez de vos flammes cuisantes
L'universel concert de leurs douleurs puissantes !
C'est peu d'avoir planté d'une immortelle main
Douze combats sacrés aux haltes du chemin ;
C'est peu, multipliant sa souffrance infinie,
D'avoir sué pour tous la sueur du génie ;
Ô saintes passions, inextinguible ardeur,
Ô source de sanglots, ô foyer de splendeur,
Ô robe de Nessus, prison inextricable !
Votre feu les poursuit, votre poids les accable,
Et leur main convulsive, à chaque effort vainqueur,
Unit à vos lambeaux des lambeaux de leur cœur !
Passions, passions ! enivrantes tortures !
Langes divins, linceul des fortes créatures,
Gloire à vous, qui, toujours, sous notre ciel terni,
Chauffez l'autel glacé de l'amour infini !
Insondable creuset d'alchimie éternelle,
L'esprit qui défaillait retrempe en vous son aile,
Et sur la hauteur sainte où brûle votre feu,
Vous consumez un homme et vous faites un Dieu !

Comme *Hèraklès solaire, La Robe du Centaure* s'inspire d'Ovide (*Métamorphoses*, Livre IX), de façon assez lâche. Pour Vianey (*Les Sources de Leconte de Lisle*, p. 342), c'est par l'intermédiaire de ce fragment d'André Chénier dont on dit qu'il avait éveillé chez Victor Hugo le sens de l'épopée — c'est-à-dire *Hercule*.

Hercule

Œta, mont ennobli par cette nuit ardente,
Quand l'infidèle époux d'une épouse imprudente
Reçut de son amour un présent trop jaloux,
Victime du centaure immolé par ses coups.
Il brise tes forêts : ta cime épaisse et sombre
En un bûcher immense amoncelle sans nombre
Les sapins résineux que son bras a ployés.

> *Il y porte la flamme ; il monte, sous ses pieds*
> *Étend du vieux lion la dépouille héroïque,*
> *Et l'œil au ciel, la main sur la massue antique*
> *Attend sa récompense et l'heure d'être un dieu.*
> *Le vent souffle et mugit. Le bûcher tout en feu*
> *Brille autour du héros, et la flamme rapide*
> *Porte aux palais divins l'âme du grand Alcide !*

(*Poésies de A. Chénier,* éd. Becq de Fouquières, 1872,
repris dans Poésie/Gallimard, 1994, p. 123.)

Gérard Walter a montré que Chénier suit Ovide plutôt que le récit mythique traditionnel, où le héros n'allume pas lui-même le bûcher, où c'est un nuage et non la flamme qui l'emporte aux cieux (Chénier, *Œuvres complètes,* Paris, Gallimard, Bibliothèque de la Pléiade, p. 855-856, note 1 de la p. 27). Si Leconte de Lisle fait les mêmes choix, la comparaison de son poème avec celui de Chénier ne montre guère de traits communs.

Les deux poèmes de Leconte de Lisle traitent le sujet de façons fort différentes : *Hèraklès solaire* comme un hymne au Soleil (voir la notice du poème), *La Robe du Centaure* sous forme d'allégorie : on ne devient un grand homme — un dieu — qu'en se laissant brûler vif par la passion.

Certains considèrent que la première version du poème est fouriériste, et pas la seconde. Ainsi Ducros : « *La Robe du Centaure* glorifiait dans la passion une source de bonheur et une force de progrès social. [...] La même pièce n'exprime plus en 1852 que la souffrance du désir, rançon du génie » (*Le Retour de la poésie française à l'Antiquité grecque au milieu du XIXe siècle,* p. 45). Avouons que cette différence ne nous apparaît pas : le sens des deux versions est, en gros, le même.

Et il ne paraît pas fouriériste : pour Leconte de Lisle, les passions sont une souffrance, alors que, rappelons-le avec Pich, pour Fourier elles sont le bonheur (*Leconte de Lisle et sa création poétique,* p. 36-37). Mais peut-être Edmond Estève a-t-il raison de prendre la question de plus haut, et d'écrire à propos de *La Robe du Centaure :* « les disciples de Fourier, en lisant ces vers, ne manqueront pas de se souvenir que leur maître a fait de l'attraction passionnelle la loi de l'univers moral, et qu'il a vu dans le libre jeu des passions se développant sans heurt et sans contrainte, le principe même de l'universelle harmonie et la collaboration au plan divin » (« L'œuvre poétique de Leconte de Lisle », *Revue des cours et conférences,* 1922, p. 568).

Page 144.   KYBÈLE

Ducros (*Le Retour de la poésie française à l'Antiquité grecque au milieu du XIXᵉ siècle*, p. 55) a montré l'influence des *Corybantes (Odes et Poèmes*, 1843) de Laprade sur les vers 6-8 de *Kybèle*.

Les Corybantes

> *Dépouillez vite, ô Corybantes,*
> *La pourpre des robes tombantes,*
> *Dansez sur un mode effréné !*

Kybèle

> *Les Nymphes de l'Ida, les sacrés Korybantes*
> *Déchirent leurs robes tombantes*
> *Et dansent par bonds effrénés.*

Les Corybantes, ajoutons-le, ont la forme d'une ode divisée en strophe, antistrophe et épode : structure que reprend aussi Leconte de Lisle.

Henri Rambaud (« Sur une source oubliée des *Poèmes antiques* », p. 214-216) a montré d'autre part que le poème doit beaucoup — quoique un peu moins que le critique ne le prétend — à quatre des *Hymnes orphiques* traduits par Falconnet (voir préface p. 26) : IX, *Parfum de la Nature*, XIII, *Parfum de Rhéa*, XXV, *Parfum de la Terre*, et XXVI, *Parfum de la Mère des dieux*. Voici quelques passages qui ont été repris à ces hymnes par Leconte de Lisle :

> *Vierge née la première [...] toi qui te plais sur les montagnes et qui aimes les hurlements sacrés des hommes [...] mère très auguste des dieux [...] toi qui te tiens au centre du monde [...] tu commandes à toute la terre et nourris les hommes de ton lait divin [...] tu accordes aux hommes de nombreux bienfaits...*

Page 147.   PAN

On notera avec Edgard Pich que Pan et Cybèle (voir le poème précédent) « sont la face masculine et [la face] féminine de la nature », et que la thématique de *Pan* se retrouve dans *La Source* (*Leconte de Lisle et sa création poétique*, p. 110-111).

Page 148.   KLYTIE

Dans l'édition de 1852, le poème porte la dédicace : À Madame A.
de B... On ne sait qui se cache sous ces initiales. Mais, comme le dit
Pich (*Leconte de Lisle et sa création poétique*, p. 101), la présence
même d'une dédicace révèle un sentiment personnel : la passion vécue
fait son entrée dans l'Arcadie de Leconte de Lisle.
  La dédicace disparaît en 1858.

Page 151.   VÉNUS DE MILO

Dans *La Phalange*, en mars 1846, le titre du poème est : *La Vénus de
Milo*. Il comporte cinq quatrains de plus que dans les éditions en
volume.

Après le v. 4 :

> *Force génératrice en univers féconde,*
> *De l'ombre et de la mort souffle toujours vainqueur,*
> *Ô reine, nudité sublime, âme du monde,*
> *Salut ! ta gloire ardente illumine mon cœur !*

Après le v. 16 :

> *Non, déesse ! — Semblable à la fleur intégrale*
> *En qui règnent l'éclat, l'arôme et la couleur,*
> *Tu contiens leurs beautés dans ta beauté royale,*
> *Et tu n'as point connu le trouble et la douleur !*

Après le v. 28 (et ce quatrain figure encore dans l'édition de 1858) :

> *Bienheureux Phidias, Lysippe ou Praxitèle,*
> *Ces créateurs marqués d'un signe radieux !*
> *Car leur main a pétri cette forme immortelle,*
> *Car ils se sont assis dans le sénat des dieux !*

À la fin du poème :

> *Déesse ! fais surtout qu'embrasé de ta flamme,*
> *À ton culte éternel je consacre mes jours ;*
> *Que je n'étouffe pas sur les autels de l'âme*
> *La forme, chère aux dieux, la fleur de leurs amours !*

> *Sur le globe altéré de ta sainte caresse*
> *De l'Olympe infini daigne abaisser les yeux :*
> *Sois de l'humanité la divine maîtresse,*
> *Et berce sur ton sein les mondes et les cieux !*

Signalons en outre la première version de quelques vers :

> *Salut, marbre sacré, rayonnant de génie,* (v. 1)

> *Tu n'es pas Callipyge aux formes provoquantes,* (v. 13)

> *Bienheureux les enfants de la Grèce sacrée !*
> *Oh ! que ne suis-je né dans leur doux archipel,* (v. 29-30)

Remarque de Ducros (*Le Retour de la poésie française à l'Antiquité grecque au milieu du XIXe siècle*, p. 45) : « De *La Vénus de Milo* disparaissent les strophes qui précisaient dans un sens fouriériste l'idéal grec. » Voir par exemple le commentaire de l'adjectif « intégral » par Edgard Pich (*Leconte de Lisle et sa création poétique*, p. 129).

Page 153.   LE RÉVEIL D'HÈLIOS

Ce poème est le remaniement des 14 premiers vers des *Sandales d'Empédocle*, dont voici le texte :

> *Dieu jeune, agile et fier, modérateur du temps,*
> *Le fils d'Hypérion, aux coursiers éclatants,*
> *Illuminant les cieux de flamme originelle,*
> *Envahissait au loin la campagne éternelle.*
> *Courbé sur le quadrige, et les rênes en main,*
> *Par flots de poudre d'or il frayait son chemin.*
> *La blanche Séléné que le regard oublie*
> *Dans l'éclat fraternel mourait ensevelie ;*
> *Et les astres, penchés sur l'horizon naissant,*
> *Du sidéral empire allaient disparaissant.*
> *Sous les baisers du Dieu la terre frissonnante*
> *Revêtait du plaisir la rougeur rayonnante ;*
> *L'Océan murmurait : un souffle égal et pur*
> *D'un immense soupir gonflait son sein d'azur.*
> *Or, sur le vieil Etna, noir géant de la terre,*
> *Le sage vers les cieux leva son front austère,*
> *Et triste, contemplant le monde jeune et beau,*
> *Il salua la vie, au bord de son tombeau.*

Notons que *Les Sandales d'Empédocle* suivaient *La Vénus de Milo* dans *La Phalange* de mars 1846, comme *Le Réveil d'Hélios* suit *Vénus de Milo* dans les *Poèmes antiques*. *Les Sandales d'Empédocle* ne figure dans aucun des recueils de Leconte de Lisle.

Page 154.   LA SOURCE

« Brillante variation sur un thème emprunté à André Chénier, qui lui-même le devait à Gessner », écrit Vianey (*Les Sources de Leconte de Lisle*, p. 329). Peut-être fait-il allusion à la petite pièce de Chénier qui évoque un Satyre en train d'épier une Naïade (*Poésies antiques. Études et fragments XI,* dans la classification de Becq de Fouquières, Poésie/Gallimard ; *Épigramme XXIII* pour G. Walter, Bibliothèque de la Pléiade). Comme source de ce poème, Becq de Fouquières propose Gessner, *À Daphné.* On y trouve en effet des nymphes « couronnées de roseaux », comme le sera la nymphe de Chénier. Mais de toute façon, la poésie de Gessner (poète suisse, 1730-1788) abonde en variations sur la nature, les bois, les sources, les nymphes que l'on guette...

Pierre Jourda (« Une source de Leconte de Lisle », *Revue d'histoire littéraire de la France,* 1933, p. 120-121) signale les emprunts aux *Métamorphoses* d'Ovide, III, 407-427, description de la source dans l'épisode de Narcisse ; les rapprochements qu'il établit entre les deux paysages, comme entre le Narcisse d'Ovide et la nymphe de Leconte de Lisle, sont convaincants. Comparer Ovide :

> *Fons erat inlimis, nitidis argenteus undis,*
> *Quem neque pastores neque pastae monte capellae*
> *Contigerant aliudue pecus, quem nulla volucris*
> *Nec fera turbarat, nec lapsus ab arbore ramus.*

(« Il y avait une source limpide dont les eaux brillaient comme de l'argent ; jamais les pâtres ni les chèvres qu'ils faisaient paître sur la montagne, ni aucun autre bétail ne l'avaient effleurée, jamais un oiseau, une bête sauvage ou un rameau tombé d'un arbre n'en avait troublé la pureté », texte établi et traduit par Georges Lafaye (1928), Paris, Gallimard, Folio, 1992, p. 119).

et Leconte de Lisle :

> *Une eau vive étincelle en la forêt muette,*
>
>   . . .
>
> *Ni les chèvres paissant les cytises amers*
>   *Aux pentes des proches collines,*
> *Ni les pasteurs chantant sur les flûtes divines,*
>   *N'ont troublé la source aux flots clairs.*
>
> *Les noirs chênes, aimés des abeilles fidèles,*
>   *En ce beau lieu versent la paix,*
> *Et les ramiers, blottis dans le feuillage épais,*
>   *Ont ployé leur col sous leurs ailes.*

Signalons de surcroît un calembour inattendu : le *ramus* (la branche) se transforme en *ramiers*, sous l'influence de la *volucris* (l'oiseau) du vers précédent.

Page 156. NIOBÉ

Dans *La Phalange* de janvier 1847, *Niobé* portait le sous-titre : *Poème.* De même en 1852 (poëme) et 1858 (POEME).

Dans ces trois éditions, les v. 25-26 se lisent :

> *Tel murmure ton peuple, ô cité de Cadmus !*
> *De joyeuses clameurs tes remparts sont émus ;*

Les v. 43-44 :

> *Leur rumeur les devance, et, du berceau d'Alcide,*
> *Jette un écho sonore aux monts de la Phocide.*

Les v. 176-177.

> *Ô rois découronnés par Zeus, fils de Saturne,*
> *Pleurez et gémissez dans l'abîme nocturne,*

Après le v. 293, on peut lire dans *La Phalange* :

> *S'il faut un chant sublime, ô Rapsode, à ta lyre ;*
> *Si dans ma volonté tes yeux n'ont point su lire,*
> *Écoute ! et souviens-toi, soucieux de ton sort,*
> *Que Niobé t'apporte ou la vie ou la mort.*

Après le v. 343 :

> *Telle que lui pourtant, hôtesse de tes cieux,*
> *J'eusse voulu blesser ton orgueil odieux,*
> *Et d'un forfait si beau glorieuse et ravie,*
> *Désaltérer tout homme à la coupe de vie !*

Après le v. 363 :

> *Niobé, Niobé ! — Tous ont pâli d'effroi...*
> *La lyre d'Apollon frémit aux mains du roi*
> *Sans qu'il ait agité ses cordes orageuses...*
> *Tels, sur les monts couverts d'écharpes nuageuses,*

et le v. 364 se lit :

> *Avant que le vent gronde au morne firmament,*

Après le v. 433, entre deux traits horizontaux :

> *Ô fille de Tantale ! ô mère malheureuse,*
> *Quelle voix peut chanter cette torture affreuse ?*
> *Qui peut dire, en plongeant dans ton sein ulcéré,*
> *Comment palpite encor ce cœur désespéré ?*
> *Le voilà cet orgueil, ce trésor de ta vie !*
> *La colère des dieux demeure inassouvie :*
> *Nul trait n'a déchiré tes flancs, ô Niobé !*
> *Nul marbre sur ton front du comble n'est tombé...*
> *Mais ton cœur en lambeaux, se dévorant lui-même,*
> *Mêle un sang éternel au sang de ceux qu'il aime !*
> *Ô misère ! ô tourments sans bornes ! Et tu vis*
> *Pour voir tes enfants morts joncher tes grands parvis ;*
> *Ton époux, renversé sur la pourpre écumante,*
> *Dans son flanc généreux plonger sa main fumante ;*
> *Ton palais flamboyant dans la nocturne horreur*
> *S'écrouler sous les dieux, riants dans leur fureur !*
> *Pour sentir mille fois l'inexorable haine*
> *Multiplier en toi toute douleur humaine,*
> *Et pour souffrir enfin tant d'implacables maux*
> *Que la pitié parfois en vient à tes bourreaux !*

Après le v. 461 :

> *Que l'artiste, enivré de sublime démence,*
> *Qui pétrit de sa main cette douleur immense,*
> *Ce sanglot tout vivant de son cœur arraché,*
> *Dans le morne tombeau ne peut être couché !*
> *Que la vie est trop courte à qui créait un monde !*
> *Et que pour dessécher la mer large et profonde,*
> *Oh ! sans doute, il fallait plus que ce jour soudain*
> *Que l'avare nature accorde au bras humain !*

À la fin du poème, après l'actuel dernier vers :

> *Non ! s'il est vrai que l'âme aux lyres des poètes*
> *Parfois ait délié la langue des prophètes ;*
> *Si le feu qui me luit éclaire l'avenir,*
> *Ô mère ! ton supplice un jour devra finir.*
> *Les siècles tomberont de l'Olympe, sans nombre !*
> *Chronos les balaîra d'une aile immense et sombre ;*
> *Et, dans le vaste Éther, dissipés au soleil,*
> *Ils s'en iront dormir leur éternel sommeil [.]*
> *Un grand jour brillera dans notre nuit amère...*
> *Attends ! et ce jour-là tu renaîtras, ô mère !*
> *Dans ta blancheur divine et ta sérénité,*

Tu briseras le marbre et l'immobilité ;
Ton cœur fera bondir ta poitrine féconde ;
Ton palais couvrira la surface du monde,
Et tes enfants, frappés par des dieux rejetés,
Tes enfants, ces martyrs de cultes détestés,
Seuls dieux toujours vivants, que l'amour multiplie,
Guérissant des humains l'inquiète folie,
Chanteront ton orgueil sublime et ta beauté,
Ô fille de Tantale ! ô mère Humanité !

En 1852, cette fin, qui disparaîtra ensuite, se présente comme ceci, séparée de l'actuel dernier vers par un blanc :

Les siècles tomberont de l'Olympe, sans nombre !
Khronos les balaîra d'une aile immense et sombre ;
Et, dans le vaste Éther, dissipés au soleil,
Ils s'en iront dormir leur éternel sommeil.
Mais toi, tu renaîtras plus sereine et plus belle.
Ton cœur fera bondir ta poitrine immortelle,
Ton palais couvrira le monde ! et sous tes yeux,
Innombrables et beaux et semblables aux dieux,
Tes enfants chanteront, ô mère magnanime,
Le destin glorieux de ton orgueil sublime.

Niobé a été terminé en novembre 1846, d'après une lettre de l'auteur à Charles Bénézit.

Vianey décrit ainsi le rapport du poème à ses sources : *Niobé* imite librement un passage des *Métamorphoses* d'Ovide (VI, v. 146 et suiv.). Dans cette histoire où Ovide « est seulement un narrateur et un peintre », Leconte de Lisle trouve d'abord, au début de son poème, prétexte à une reconstitution archéologique de la Grèce primitive. Ensuite, faisant intervenir un aède dans la scène de festin qu'il est en train de décrire, il s'inspire des *Hymnes orphiques* pour évoquer les premiers dieux, puis Zeus, Apollon, Artémis sa sœur et Léto leur mère. C'est ici qu'on rejoint le récit d'Ovide : Niobé ne supporte pas l'hommage rendu à Léto. Pour la fin du poème, il est évident que Leconte de Lisle s'inspire plus de la célèbre statue de Niobé que du texte d'Ovide (*Les Sources de Leconte de Lisle,* p. 348-357).

Jean Ducros (*Le Retour de la poésie française à l'Antiquité grecque au milieu du XIXᵉ siècle,* p. 100), complété par Henri Rambaud (« Sur une source oubliée des *Poèmes antiques* », p. 214), a démontré que Leconte de Lisle avait lu les hymnes orphiques dans la traduction de Falconnet (voir préface p. 26), à laquelle il emprunte un certain nombre d'expressions. Par exemple, le v. 151 :

> *Et toi, Nature, habile et sachant toutes choses,*

reprend la traduction de l'*Hymne IX* :

> *Nature toute-puissante, habile et sachant toutes choses*

et le v. 221 :

> *C'est le Lykoréen, meurtrier de Titye,*

reprend celle de l'*Hymne XXXIII* :

> *Phoebus Lycoréen, meurtrier de Titye*

Quant au sens de cette histoire, Leconte de Lisle déclare dans sa préface qu'il s'agit de symboliser le conflit « entre les traditions doriques et une théogonie venue de Phrygie ». Il présente en effet l'histoire de Niobé comme un épisode de la lutte entre deux concep-tions religieuses, deux cultes successifs : celui des Titans, dieux humains (comme le rappelle Vianey, *op. cit.*, p. 356, s'ils sont des dieux, ils sont avant tout des fils de la Terre), représentant des valeurs morales incarnées dans les forces naturelles, et celui des dieux de l'Olympe, puissances étrangères à la morale, promptes à se venger de ceux qui les dédaignent. Leconte de Lisle rejoint ainsi le courant d'intérêt qui se manifeste à son époque pour le symbolisme titanique et prométhéen (Edgard Pich, *Leconte de Lisle et sa création poétique,* p. 74-77) ; le conflit entre deux traditions annoncé dans la préface devient l'occasion de prôner la révolte contre les dieux injustes, et la confiance en l'avenir lumineux d'une humanité débarrassée de la religion. *Niobé* est sans doute celui des *Poèmes antiques* où l'influence fouriériste est la plus évidente, et cela, comme l'a bien vu Ernest Zyromski (« L'inspiration fouriériste dans l'œuvre de Leconte de Lisle », *Mélanges Lanson,* p. 466), dans les deux premières versions en tout cas (la fin du poème en 1852, même si elle condense celle de 1847, n'en change pas la signification). Dans la version définitive, l'allusion à l'avenir disparaît ; il reste la révolte, et ce « silence dédaigneux » conseillé à celui « dont un destin jaloux détruit une à une toutes les œuvres », qui est pour Vianey la leçon du poème (« Les poésies antiques de Chénier et l'époque contemporaine », *Revue des Lettres françaises et étrangères,* 1899, n° 4, p. 261).

Cette dernière interprétation semble bien être celle qu'on donnait à l'époque de la *Niobé* de Florence (attribuée à Praxitèle d'après Zyromski, art. cité, p. 466). Citons ici René Canat : « Le célèbre marbre de Florence est fort apprécié entre 1840 et 1850. Cette mère de douleur, qui a vu tomber ses enfants sous les flèches d'Apollon et qui essaie de protéger sa plus jeune fille avec le frêle abri de son manteau, paraît d'autant plus belle qu'elle a l'air de moins souffrir. La statuaire a su nous faire entendre, *sans la traduire au dehors,* la suprême angoisse de cette femme. Niobé, victime des dieux, méprise les dieux. Elle a tout perdu mais sa fierté retient et comprime son désespoir » (*La Renaissance de la Grèce antique, 1820-1850,* Paris, Hachette, 1911, p. 261-262). René Canat cite alors un poème paru dans la *Revue de Paris* en 1841, qui donne cette interprétation du mythe et qui annonce ainsi, dit-il, toute la fin du poème de Leconte de Lisle. Ducros (art. cité, p. 59) signale de son côté la publication en 1841 d'une « très belle *Niobé* » dans *Les Heures de Poésie* d'Amédée Renard ; ce poème a pu frapper Leconte de Lisle « par sa puissante et sculpturale personnification de la douleur ». Zyromski, enfin, évoque à propos de *Niobé* les transpositions d'art de Gautier (art. cité, p. 467).

Pour ce qu'il en est de la valeur historique du poème, Ducros nous paraît se montrer injuste envers Leconte de Lisle lorsqu'il affirme que l'interprétation de la légende de Niobé à laquelle fait allusion la préface des *Poëmes antiques* ne se retrouve chez aucun mythologue de l'époque et manque de tout fondement scientifique (art. cité, p. 80) : Edgard Pich signale que dans l'*Encyclopédie nouvelle* dirigée par Jean Reynaud et Pierre Leroux, article *Thèbes,* le massacre par les flèches d'Apollon de la descendance d'Amphion et de Niobé est interprété comme la victoire des « tribus héroïques du nord » sur les Béotiens, comme le passage de l'époque pélasgique à l'époque homérique. Cette victoire était célébrée dans un antique poème éolien, *La Myniade —* les héros grecs de la tradition homérique sont en effet des Myniens, donc des Éoliens. Leconte de Lisle suit exactement la science historique de son temps lorsqu'il signale, par exemple, que l'Aède qui célèbre Apollon chante « sur le mode éolien » (*op. cit.,* p. 86-87).

Ducros se montre également sévère lorsqu'il juge le poème en tant que peinture d'une époque : Leconte de Lisle voulait être un Schliemann, « mais la description du palais de Niobé ne donne-t-elle pas la fausse impression de splendeur harmonieuse qu'avait imaginée le XVIIIe siècle ? Les détails pris un à un sont exacts [...]. Mais le poète n'a pas parlé du sol en terre battue, ni du feu emplissant la salle de fumée, ni de l'odeur de graisse, ni des débris d'animaux, et c'est nous montrer une fausse Antiquité, que de passer sous silence cette grossièreté caractéristique » (*op. cit.,* p. 81).

Page 171.   HYLAS

Dans les trois premières éditions (1846 à 1858), les vers 5-8 se lisent :

> *Sur la rive incliné, le vaisseau de Minerve*
> *Ne lavait plus sa proue au sein des flots amers ;*

> *Et les guerriers d'Argo, que la fatigue énerve,*
> *Songeaient sur le sable des mers.*

En 1846, les v. 31-32 se présentent sous une forme différente, et sont suivis d'une strophe supprimée dès 1852 :

> *Et soit que le plaisir rougît leur sein d'albâtre,*
> *Ou caressât leur nudité ;*
>
> *Jamais membres plus beaux et plus blancs que l'ivoire,*
> *Jamais formes d'amour plus charmantes aux yeux,*
> *N'avaient sous le ciel pur brillé de plus de gloire,*
> *Et réjoui le cœur des Dieux !*

Vianey (*Les Sources de Leconte de Lisle*, p. 321-328) a longuement analysé les sources du poème : Théocrite (*Idylle XIII*), dont le sujet est clairement la passion d'Hercule pour le jeune Hylas (mais il esquisse aussi, ne l'oublions pas, une description de la survie du jeune homme au fond des eaux, d'où il tente d'appeler au secours) ; Apollonius de Rhodes, qui, dans les *Argonautiques*, évoque d'abord l'amour que conçoit pour le jeune homme la nymphe Éphydatie (c'est bien malgré lui que « l'infortuné est entraîné au fond des ondes », et il « jette en tombant des cris perçants »), mais qui centre lui aussi l'épisode sur Hercule, et particulièrement sur son désespoir à la disparition d'Hylas : il court comme un taureau piqué par un taon, appelle Hylas à grands cris, et menace de ravager le pays si on ne lui rend pas le jeune homme, mort ou vif ; Properce (*Élégies*, I, XX), qui ne s'intéresse guère qu'aux nymphes, tout en développant la description du décor ; ajoutons toutefois qu'il met implicitement l'histoire d'Hylas en rapport avec celle de Narcisse : « Imprudent ! il se courbe sur ces belles ondes dont le miroir répète sa charmante image » (v. 41-42, traduction de Denne-Baron, dans la *Collection des auteurs latins* de Nisard — voir notre préface, p. 27). D'après *Les Sources de Leconte de Lisle*, André Chénier reprendrait au mythe, à l'époque moderne, un thème qu'avaient négligé les trois poètes antiques : l'éveil de l'amour chez le jeune héros. Dans un article antérieur (« Les poésies antiques de Chénier et l'époque contemporaine »), Vianey avait cependant reconnu que ce thème est à peine esquissé dans le court poème intitulé *Hylas*. Avec raison ; c'est plutôt à Narcisse que songe Chénier, comme Properce :

> *Quand ces trois corps d'albâtre atteignaient le rivage*
> *D'abord j'ai cru, dit-il, que c'était mon image*
> *Qui, de cent flots brisés prompte à suivre la loi,*
> *Ondoyante volait et s'élançait vers moi.*

En fait, c'est chez Leconte de Lisle, comme le dit alors Vianey, que s'épanouit le thème de la naissance de l'amour. « En grand psychologue qu'il est parfois », Leconte de Lisle montre « l'amour s'insinuant au cœur du jeune homme sous l'influence d'une chaleur accablante, d'un paysage voluptueux, des premiers mots d'amour, si troublants pour ceux qui ne les ont pas encore entendus » (art. cité, p. 257-258).

Vianey a aussi mis en évidence un autre aspect du mythe réveillé par Leconte de Lisle : « l'attrait irrésistible des eaux et des bois ». Ce que développe bien Pierre Albouy (*Mythes et mythologies dans la littérature française*, p. 98) : « En fait, ce n'est pas à la séduction féminine des Nymphes qu'Hylas a succombé, mais à un vertige plus mystérieux. Les " Hydriades " de Leconte de Lisle [...] sont, avec ses reflets, ses ondoiements, ses profondeurs, l'eau sous la forme féminine. L'amour qui entraîne Hylas dans " la source aux mortelles douceurs ", c'est la fascination que la nature exerce sur l'homme, le désir de s'absorber en elle, de rentrer dans son sein et de s'y fondre dans le vaste néant de l'inconscience... »

Dans son article sur « les trois Hylas » (*Mélanges Vianey*, Hachette, 1934, p. 425-435), Pierre Moreau complète les recherches de Vianey. Il signale que les trois poèmes qu'il étudie (ceux de Ronsard, de Chénier et de Leconte de Lisle) sont fort discrets sur les amours d'Hercule et de l'éphèbe (ajoutons que chez Leconte de Lisle, Hylas était d'abord désigné, au vers 35, comme le « cher compagnon d'Hercule », et que cette allusion a disparu après 1858). D'autre part, c'est à peine si notre poète mentionne le navire Argo, d'où vient de descendre Hylas lorsqu'il se rend à la source pour puiser de l'eau. Centrant son sujet sur les Nymphes, il écrit « le poème du panthéisme antique » : les nymphes incarnent la vie mystérieuse et un peu redoutable des choses ; lorsque Hylas se penche sur la source « aux mortelles douceurs », Moreau voit avec raison se dessiner en filigrane derrière lui le jeune noyé de *La Fontaine aux lianes* (mais celui-ci, au contraire d'Hylas, a cherché au fond de l'eau le calme après le tourment des passions).

Henri Rambaud a démontré que pour *Hylas* Leconte de Lisle n'avait pas lu Théocrite dans le texte, mais à travers les *Petits poèmes grecs* de Falconnet. En effet, pour les noms des nymphes, il reprend les traductions — fautives — de cette anthologie : Molis et Nichéa (qu'il changera en Nikhéa dans les *Poèmes antiques*) ; dans sa propre traduction de Théocrite, il suivra fidèlement le texte grec : Malis pour Μαλις, Nikhéia pour Νιχεια (notons que l'édition de Ph.-E. Legrand, Paris, Les Belles-Lettres, 1940, p. 90, écrit Νυχεια, transposé en Nycheia).

On pourrait ajouter, parmi les textes qu'a pu lire Leconte de Lisle dans les *Petits poèmes grecs, l'Argonautique* d'Orphée. Mais il faut rappeler, avec Pierre Moreau, que l'histoire d'Hylas, l'adolescent aimé des Nymphes, était déjà une fable « rebattue » du temps de Virgile : « Cui non dictus Hylas puer ? » écrit celui-ci dans la troisième

Géorgique. Ne confondons pas, avec certains glossateurs, l'histoire littéraire du mythe d'Hylas et l'étude des sources effectives du poème de Leconte de Lisle.

Signalons enfin qu'Edgard Pich (*Leconte de Lisle et sa création poétique*, p. 97) donne du poème une interprétation biographique originale, essentiellement fondée sur les derniers vers :

> *Adieu sa mère en pleurs dont l'œil le suit sur l'onde,*
> *Et de qui le Destin à son sort est lié,*
> *Et le grand Hèraklès et Kolkhos et le monde !...*
> *Il aime, et tout est oublié !*

Pich avait déjà relevé, dans *Hélène*, la trace des liens affectifs étroits qui unissaient la mère de Leconte de Lisle à son fils (*ibid.*, p. 68-70). Pour lui, l'histoire d'Hylas peut se traduire ainsi : « ce qui a attiré et ce qui retient en France le jeune créole c'est l'amour, et l'amour lui a fait oublier la terre natale, ses parents et sa mère. »

Page 175.   ODES ANACRÉONTIQUES

Edgard Pich signale dans son édition qu'un manuscrit de *La Coupe* se trouve dans l'*Album d'autographes et de pensées* constitué par le poète Évariste Boulay-Paty et conservé à la bibliothèque municipale de Nantes (ms 1908, f° 53), tandis qu'un manuscrit de *La Rose* figure dans l'*Album* offert par lui à sa sœur, Mme Emma Leduc, et conservé à la bibliothèque municipale de Rennes sous le n° 81.449. Évariste Boulay-Paty était l'auteur d'un recueil de 338 sonnets (1851) : « [il] tient aujourd'hui la palme du genre », écrit Sainte-Beuve dans « De la poésie et des poètes en 1852 » (p. 386).

Leconte de Lisle a vraisemblablement lu les odes dites d'Anacréon dans l'anthologie de Falconnet : IV, *Sur lui-même,* pour *Les Libations* ; XVII, *Sur une coupe d'argent,* et XVIII, *Même sujet,* pour *La Coupe* ; VII, *Sur l'Amour,* pour *La Tige d'œillet* ; XX, *À une jeune fille,* pour *Le Souhait* ; LXI, *Sur une jeune fille,* pour *La Cavale* ; XXVIII, *Sur sa maîtresse,* pour *Le Portrait* ; XL, *Sur l'Amour* (et non *Le Voleur de miel, Idylle XIX* du Pseudo-Théocrite, comme le pense, à tort, Vianey) pour *L'Abeille* ; XLIII, *Sur la cigale,* pour *La Cigale* ; et enfin LI, *Sur la rose,* pour *La Rose.* C'est seulement vers 1855-1856, semble-t-il, qu'il se met à sa propre traduction — en prose — des *Odes anacréontiques,* publiée en 1861 (voir *Les Plaintes du Cyclope*).

La Cigale a été mise en musique par Chausson et par Duparc, *La Rose* par Fauré (liste dactylographiée de Raphaël Barquissau).

E. Pich est sensible (*Leconte de Lisle et sa création poétique*, p. 226-227) au thème artistique développé dans *La Coupe* et dans la pièce qui suit les *Odes anacréontiques* : *Le Vase*. La coupe « est à la fois l'objet copié par le poète et l'objet qui copie la poésie » (en illustrant les thèmes poétiques).

Page 181. LE VASE

Le Vase est quasi une traduction de Théocrite, *Idylle I, Thyrsis*, v. 27-61 (Vianey, *Les Sources de Leconte de Lisle*, p. 318).

Le même poème avait été imité par Paul Deltuf, sous le titre *La Coupe*, dans ses *Idylles antiques* parues chez Firmin Didot en 1851. Leconte de Lisle ne pouvait ignorer cette adaptation, dont voici le texte :

> *Le soleil, au milieu de sa vaste carrière,*
> *Dispense à nos sillons sa féconde lumière ;*
> *Le soc abandonné dort parmi les guérets ;*
> *La chaste déité qui préside aux forêts,*
> *Diane, solitaire et dans l'ombre profonde,*
> *Cherche l'oubli du jour et la fraîcheur de l'onde.*
> *Tout se tait ; mais Chromis, pour charmer son ennui,*
> *Chante sa Lalagé : viens chanter avec lui.*
> *Sous le feuillage épais de ces chênes antiques,*
> *Nous trouverons de l'ombre et des sièges rustiques.*
> *Suis-moi donc ! Il y va, Battus, songes-y bien,*
> *De l'honneur d'un Hellène à vaincre un Libyen !*
> *Triomphe, et deux chevreaux blancs, et faits pour te plaire,*
> *Seront de tes exploits le champêtre salaire.*
>
> *J'y veux joindre une coupe en bois de coudrier,*
> *Vrai miracle de l'art, honneur de l'ouvrier :*
> *Large, douce à la lèvre et de forme charmante,*
> *Revêtue au dehors d'une cire odorante,*
> *Elle respire encor, tant le travail est frais,*
> *Le suave parfum des natales forêts.*
> *Dedans est une femme : elle est jeune et bien belle,*
> *Sous son voile d'azur ! S'empressant autour d'elle,*
> *Superbement vêtus, deux fils de sénateurs*
> *S'efforcent, à l'envi, d'obtenir ses faveurs.*
> *Son cœur est insensible ; elle les laisse dire ;*
> *Elle trône, amusant tantôt l'un d'un sourire,*
> *Tantôt l'autre d'un mot. Attentifs, l'œil en feu,*
> *Ils brûlent : leur tourment pour elle n'est qu'un jeu.*

  Non loin d'eux, et debout sur des rochers arides,
Un pêcheur, dont le front est sillonné de rides,
Péniblement soulève un lourd filet. Tendus
Sous le poids de ses rêts, on voit ses membres nus
Se roidir, s'efforcer en vain; et chaque veine
Se tordre autour du cou, qui fléchit sous la peine.
Ah! que n'a-t-il un fils? C'est travailler bien tard!

  En arrière, et tout près du courageux vieillard,
Par le souffle du vent mollement balancée,
Une vigne s'élève, à des troncs enlacée.
Un jeune enfant, assis parmi le haut gazon,
La garde; deux renards tournent à l'horizon:
L'un aux fruits les plus mûrs va déclarer la guerre;
L'autre, d'un œil furtif, couve la panetière,
Et semble dire: " Enfant, tu ne t'en iras pas
Avant qu'on ait goûté ton modeste repas! "
  Lui qui, tressant du jonc en baguettes égales,
S'occupe à fabriquer une cage aux cigales,
Bien qu'on soit à quinze ans peu dispos à jeûner,
N'a cure ni des fruits ni de son déjeuner.
  C'est un tableau naïf, mais qui plaît à la vue:
D'un couvercle sculpté cette coupe est pourvue,
Où l'artiste a voulu, dans un piquant travail,
Des célestes amours retracer le détail.
  Façonnée, avec soin, d'une branche d'yeuse,
Chaque anse s'arrondit en courbe gracieuse;
Un érable a fourni la base et le support;
Une guirlande enfin voltige sur le bord,
Et l'on y voit s'unir la modeste bruyère
Aux replis ondoyants d'une tige de lierre.

  Qu'en dis-tu? ce présent est-il digne de toi?
Le fût-il cent fois plus, tu l'obtiendrais de moi;
Le fût-il moins cent fois, dût même la victoire
Ne te rapporter rien, hormis un peu de gloire,
Dût Chromis l'emporter, ce serait faire bien
Que de chanter quand même, et de chanter pour rien.
La muse à ses amants est d'un si doux commerce!
Complaisante et fidèle à leur fortune adverse,
Elle enchante leurs maux: bien souvent les revers,
Rarement le bonheur, enfantent les beaux vers.
L'amant n'a de repos qu'à chanter sa maîtresse;
Le pauvre, en la chantant, enrichit sa détresse;

Par ses chants le poète est souvent consolé :
Chante, triste captif, chante, noble exilé,
Et retrouvez tous deux dans une mélodie
Ta liberté, captif; exilé, ta patrie !

Page 182.   LES PLAINTES DU CYCLOPE

Leconte de Lisle suit de très près Théocrite, *Idylle XI, Le Cyclope* (Vianey, *Les Sources de Leconte de Lisle*, p. 318). Le poème date probablement de 1855-1856, époque où Leconte de Lisle semble s'être mis à traduire Théocrite en prose (il publiera sa traduction des *Idylles* et des *Épigrammes* chez Poulet-Malassis en 1861, en y joignant les *Odes anacréontiques*).

Page 184.   L'ENFANCE D'HÈRAKLÈS

Le poème est quasi une traduction de Théocrite, *Idylle XXIV, Enfance d'Hercule* (Vianey, *Les Sources de Leconte de Lisle*, p. 318). On le date de 1855 ou 1856. Il reprend tout le début de l'*Idylle XXIV* (v.1-33) et, dans les 6 vers terminaux, l'essentiel de la réplique de Tirésias annonçant à Alcmène la destinée de son fils : « Votre fils devenu homme, héros invincible, s'élancera vers la voûte étoilée après avoir détruit les monstres des forêts et fait tomber sous ses coups les guerriers les plus redoutables. Les Destins lui ont imposé douze travaux, après lesquels, déposant sur le bûcher de Trachinie sa dépouille mortelle, il sera conduit au palais de Jupiter » (traduction anonyme, dans *Petits poèmes grecs*).

Page 186.   LA MORT DE PENTHÉE

Ce poème suit de très près l'*Idylle XXVI, Les Bacchantes*, du Pseudo-Théocrite. Il date probablement de 1855-1856.

Penthée est condamné pour avoir voulu pénétrer les Mystères. Pich (*Leconte de Lisle et sa création poétique*, p. 370) voit là l'inverse de la morale du cycle d'Héraklès : le désir conduit Penthée à sa perte, alors qu'il divinise Héraklès. Mais faut-il vraiment, avec lui, considérer ces deux héros comme des images du poète ? Penthée apparaît comme un profane qui a voulu approcher les Mystères — le poète n'est-il pas, au contraire, l'initié, et même l'initiateur ?

Page 188.   HÈRAKLÈS AU TAUREAU

Traduction de Théocrite (l'attribution est contestée), *Idylle XXV,
Hèraklès tueur de lion*, IIe partie : *La Revue*. Le texte est assez
nettement resserré (67 vers chez Théocrite). Comme les précédents, le
poème a probablement été écrit vers 1855-1856.

Page 190.   KHIRÓN

De ce très long poème, Leconte de Lisle a publié 4 fragments,
totalisant 299 vers, dans *La Phalange* d'avril 1847.
Sous le titre : « *Orphée et Chiron*. Poème. Fragments » (la mention
Poème sera conservée en 1852 et 1858), on trouve d'abord l'avertisse-
ment suivant :

Nous publions quelques fragments d'un poème intitulé Orphée et
Chiron, *que M. Leconte de Lisle a bien voulu nous communiquer. —
Voici la donnée générale de ce poème :*
*Les Argonautes, réunis à Iolcos, dans le golfe de Pagase, envoient
Orphée au centaure Chiron pour l'engager à prendre part à l'expédition.
Le poème se déroule entre Orphée et Chiron, dans l'antre de ce dernier,
aux pieds du Pélion. La première partie est consacrée au développement
historique et héroïque de la Grèce, depuis l'envahissement des Pélasges
par les Hellènes ; la seconde partie a pour objet le mouvement
théogonique et théocratique du monde oriental. Les personnalités de
Chiron et d'Orphée dominent le fond du récit, l'un comme éducateur des
héros, l'autre comme révélateur religieux.*

Les fragments sont chacun précédés d'une indication les situant dans
l'ensemble, selon le schéma suivant :

Paysage antique. — Orphée se rend dans la grotte du Centaure. V. 1 à
58, précédés d'une ligne de points (ce qui semble indiquer que, dans
l'esprit de l'auteur, le poème ne devait pas commencer là).
Rencontre d'Orphée et de Chiron. V. 93 à 196, 215 à 222.
*Chiron regrette les temps éloignés de sa jeunesse, peu après le déluge
d'Ogygès.* V. 317 à 326, 331 à 332, 341 à 378.
Chiron rencontre Diane pour la première fois. V. 453 à 531.

Pour Edgard Pich (*Leconte de Lisle et sa création poétique*, p. 40), si
Leconte de Lisle ne publie dans *La Phalange*, en avril 1847, que des
fragments de son poème, c'est vraisemblablement que celui-ci n'est pas
encore terminé. On pourrait croire aussi que c'est à cause de sa
longueur, mais la comparaison du résumé de *La Phalange* avec le

poème définitif donne raison au critique : *Khirôn* ne sera pas exacte-
ment ce qu'annonçait d'abord Leconte de Lisle — et le changement de
titre en est un clair indice. Le Centaure devient le seul héros du poème,
Orphée est au second plan et la révélation religieuse qu'il devait faire
n'est présentée que de biais, dans la description de l'effet produit sur le
monde par le chant orphique.

Comme le fait bien voir Edmond Estève (« Une source non
remarquée du *Khirôn* de Leconte de Lisle », p. 372-379), *Khirôn* se
compose de deux histoires enchâssées : celle d'une démarche d'Orphée
auprès du Centaure pour qu'il accepte de prendre la tête des
Argonautes, et le récit de la jeunesse de Khirôn, fait par celui-ci
pendant le repas qu'il offre à son hôte — récit au cours duquel il
évoque la vie idyllique des premiers hommes ; l'arrivée des tribus
belliqueuses qui les ont supplantés ; les combats des Géants contre les
dieux ; sa propre condamnation à mort pour impiété ; sa retraite dans
une grotte et sa décision de se consacrer à l'éducation de jeunes gens,
dont le dernier, Achille, est à ses côtés.

Joseph Vianey a retrouvé les sources de plusieurs parties du récit.
Pour la jeunesse heureuse de Khirôn au sein de la nature, *Le Centaure*
de Maurice de Guérin, publié en 1840 par George Sand dans la *Revue
des Deux Mondes* (de surcroît, dans la seconde partie du *Centaure*,
Macarée rencontre « le grand Chiron », devenu vieux, qui lui tient de
longs discours). Pour la guerre des Géants, la *Gigantomachie* de
Claudien. Pour l'enlèvement de la Toison d'or, l'argument qui figure
en tête des *Argonautiques* d'Apollonius de Rhodes. Pour la rencontre
entre Orphée et le vieux Khirôn, le *Récit* qui sert de prologue à *La
Chute d'un ange* de Lamartine. Mais il n'est question nulle part, a-t-il
dit, d'une ambassade d'Orphée auprès de Chiron pour que celui-ci
accepte de commander le navire Argo.

C'est Edmond Estève qui offre ici une clé : il voit dans cette histoire,
non une invention de Leconte de Lisle, mais la combinaison de deux
passages d'un autre poème des *Argonautiques*, attribué par la tradition
à Orphée lui-même. Dans le premier, Orphée raconte que Jason est
venu le trouver dans son antre pour lui demander de prendre part à
l'expédition des Argonautes. Dans le second, au début de la traversée,
on côtoie la demeure de Chiron, et Pélée ne résiste pas à l'envie d'aller
embrasser son fils Achille (signalons qu'Apollonius de Rhodes fait
figurer Achille dans les bras de Chariclo, l'épouse de Chiron, près du
Centaure venu saluer le départ des navigateurs). Pélée rend visite à
Chiron, en compagnie, notamment, d'Orphée. Chiron et Orphée se
livrent à une joute poétique. À l'inspiration thématique évidente
s'ajoute à plusieurs reprises, comme le montre Estève, une imitation
libre du détail du texte.

Leconte de Lisle a lu très certainement les *Argonautiques orphiques* dans *Petits poèmes grecs* ; la préface de Falconnet voit en Orphée le représentant de la plus ancienne civilisation hellénique, ce qui, pense Estève, dut être déterminant dans l'optique adoptée par Leconte de Lisle.

Anny Detalle (*Mythes, merveilleux et légendes dans la poésie française de 1840 à 1860*, p. 101-102) montre que le poème est un « véritable chaos de légendes grecques » : les Géants montant à l'assaut de l'Olympe, la Toison d'or, Artémis, Ouranos, Achille, Dionysos. Et chaque fois cela dépasse la culture de l'honnête homme : à propos de la Toison d'or, « à nous de nous souvenir que Phryxos et sa sœur Hellé durent s'enfuir du royaume de leur père sur le dos d'un bélier magique suscité par leur propre mère Néphélé ; qu'ils fuyaient la colère de leur belle-mère Ino ; qu'Hellé tomba et se noya dans la mer nommée depuis Hellespont ; et que Phryxos, furieux, immola le bélier dont la toison resta en Colchide et fut l'objet de la quête de Jason ».

Jean Ducros (*Le Retour de la poésie française à l'Antiquité grecque au milieu du XIXe siècle*, p. 80) émet quant à lui d'importantes réserves au sujet des connaissances mythologiques dont témoigne ici Leconte de Lisle. Certaines de ces réserves paraissent fondées (si nous laissons de côté la question de la liberté de l'artiste) : comment Artémis peut-elle rencontrer Khirôn avant la défaite des Titans par les dieux de l'Olympe, alors que la naissance de la déesse se situe dans la tradition après cette défaite ? D'autres non : lorsqu'il reproche à Leconte de Lisle de placer erronément la lutte des Olympiens et des Titans après l'invasion des peuplades guerrières, Ducros ne confond-il pas Titans et Géants ?

De toutes façons, il est un passage intéressant du poème qui ne doit rien à la mythologie, mais se présente comme une méditation de l'auteur à propos du phénomène religieux et, partant, de l'existence humaine. Ayant assisté à la victoire des Olympiens sur les Géants (et il avait contemplé d'abord la fuite des Pélasgiens et de leurs divinités devant les Hellènes), Khirôn se demande comment il se fait que les dieux

> *En des combats pareils aux luttes des héros,*
> *De leur éternité troublent le sûr repos ?*

Et il imagine — ce qui n'est pas sans annoncer de près les poèmes hindous — une catégorie supérieure de dieux,

> *Du mobile Destin augustes spectateurs,*
> *Qui n'ont jamais connu, se contemplant eux-mêmes,*
> *Que l'éternelle paix de leurs songes suprêmes*

et qui

Dans le sein de la Force éternelle et première
Règnent calmes, heureux, immobiles, sans nom !

Tel est bien l'Infini dans lequel les trois sages de *Bhagavat* et le héros de *La Vision de Brahma* — et l'auteur des poèmes — rêveront de se fondre.

Ajoutons pour terminer qu'Edgard Pich (*op. cit.*, p. 169-172) propose de ce poème une explication de type analytique : fixation à l'image maternelle, allant de pair avec la manifestation de tendances homosexuelles, mais aussi hommage rendu au père.

Page 220.   THESTYLIS

Thestylis, ou la Sicile au déclin du jour, est à mettre en rapport avec *Paysage,* la Sicile en plein soleil, et *Kléarista,* la Sicile à l'aurore : trois poèmes inspirés de Théocrite (Vianey, *Les Sources de Leconte de Lisle,* p. 329-331).
Pour Edgard Pich, *Thestylis* se distingue des autres bucoliques écrites par Leconte de Lisle à la même époque par le sérieux de son sujet — la démystification de la vie monastique —, qui en fait un poème « " engagé " et polémique » (*Leconte de Lisle et sa création poétique,* p. 433), sous un travestissement antique qui est un effet de la censure à laquelle le poète soumet ses idées (p. 515).

Page 223.   MÉDAILLES ANTIQUES

La pièce n° II est imprimée en quatrains dans les deux premières éditions (1859 et 1862), et d'un seul tenant en 1881.

Les trois premiers poèmes sont traduits du faux Anacréon, LI : *Sur un disque où était gravée Aphroditè,* LII : *Sur la vendange,* et XVIII (qui a fourni aussi la fin de *La Coupe*). D'après Edgard Pich (*Leconte de Lisle et sa création poétique,* p. 371), le quatrième s'inspirerait également des *Odes anacréontiques* ; mais le critique ne fournit pas de référence, et nos recherches dans l'anthologie de Falconnet n'ont rien donné sur ce point. Le cinquième emprunte à une petite pièce attribuée à Théocrite, *Sur Adonis mort,* l'histoire du sanglier qui se punit en se faisant brûler les défenses.
Edgard Pich rappelle que Lacaussade a traité lui aussi les sujets des deux premières *Médailles.*

Page 227.   PÉRISTÈRIS

Publié dans la *Revue contemporaine,* le 15 octobre 1862, avec *Kléarista, Symphonie, Le retour d'Adonis* et *L'Héraklès solaire,* sous le titre général : *Études antiques. Péristéris* (c'est ainsi que le mot est alors accentué) porte le n° III.

Péristèris est inspiré notamment de Théocrite, *Idylle X,* v. 24-25.

Page 228.   PAYSAGE

Voir *Thestylis.*

Page 230.   LES BUCOLIASTES

Les Bucoliastes a été publié dans la *Revue contemporaine,* le 15 mai 1858, avec *La Légende des Nornes* et *Le Bernica,* qui feront partie des *Poèmes barbares.*

Leconte de Lisle s'inspire ici largement, comme le signale Vianey (*Les Sources de Leconte de Lisle,* p. 320), de la VIIIe *Idylle* de Théocrite, *Les Chanteurs bucoliques* (l'attribution à Théocrite est actuellement contestée). Pour A. Lytton Sells (« *Kléarista,* idylle écossaise », p. 49, n. 1), on trouve aussi dans *Les Bucoliastes* quelques traces de poèmes de Burns : la « fille au noir sourcil » (mais dans la traduction de Théocrite que présente l'anthologie de Falconnet, il est bien question d'une « bergère au noir sourcil » : nul besoin de recourir là au poète écossais), la voix de l'alouette éclipsée par le chant de l'aimée.

Ajoutons que le titre est la francisation du titre grec : βουκολιασται.

Dans le poème grec, le berger Daphnis et son ami Ménalque se livrent à un concours de chant, dont le prix sera « une flûte à neuf tons, enduite de cire blanche ». Le texte grec est lacunaire et altéré, mais on peut en déduire (c'est ce que font les éditions modernes) que Daphnis est amoureux de la nymphe Naïs, tandis que Ménalque soupire pour le beau Milon. Leconte de Lisle fait de son premier berger l'émule de « Daphnis, le bouvier de Sicile » ; il est épris d'une certaine Theugénis. Quant au second berger, le poète met seulement dans sa bouche une strophe où il dit avoir repoussé une fille facile (v. 26-30), passage attribué à Daphnis dans le poème originaire.

Page 234.   KLÉARISTA

Publié dans la *Revue contemporaine,* le 15 octobre 1862, avec *Symphonie, Péristéris, Le retour d'Adonis* et *L'Héraklès solaire* sous le titre général : *Études antiques. Kléarista* portait le n° I.

A. Lytton Sells a soutenu la thèse que le poème est, comme les *Chansons écossaises,* inspiré de Burns (« *Kléarista,* idylle écossaise », p. 39-53). F. Desonay avait déjà noté que *Kléarista* n'était pas plus sicilienne et antique que, par exemple, provençale et moderne (*Le Rêve hellénique chez les poètes parnassiens,* p. 241), et Vianey n'avait pas relevé d'imitation précise de Théocrite par Leconte de Lisle (voir cependant la notice de *Thestylis*). Sells fait remarquer que *Kléarista,* paru dès 1862, n'entre dans les *Poèmes antiques* qu'en 1874. Les sourcils noirs sur des yeux bleus, la venue à travers les blés, l'attention accordée à l'alouette (peu prisée des Grecs) et surtout la comparaison de la jeune fille avec l'aube, tout cela se trouve chez Burns. Et si le poème rappelle Théocrite, c'est que Burns lui-même était sous l'influence du poète sicilien.

Edgard Pich évoque quant à lui les poèmes du XVIe et du XVIIe siècle sur le thème de la belle matineuse (*Leconte de Lisle et sa création poétique,* p. 435). Mais ne faut-il pas plutôt remonter directement à Max Müller? Jean Ducros (« Notes sur les sources de Leconte de Lisle », p. 555) a rappelé ces lignes des *Essais sur la mythologie comparée* (il s'agit d'imaginer l'expression des sentiments dans les premiers temps de l'humanité) : « ... il n'y avait qu'une comparaison pour exprimer l'éclat qui trahit l'aurore de l'amour : c'était la rougeur du matin, le lever du soleil. " Le soleil s'est levé ", disaient-ils, quand nous disons : " J'aime ". " Le soleil s'est couché ", quand nous disons : " J'ai aimé " » (Leconte de Lisle a dû lire ce texte à la p. 92 de l'*Essai de mythologie comparée* présenté en abrégé par Renan chez l'éditeur Durand en 1859, après une prépublication dans la *Revue germanique* en 1858; le volume intitulé *Essais sur la mythologie comparée* n'a été publié qu'en 1872 par la Librairie académique Didier).

Page 235.   SYMPHONIE

Publié dans la *Revue contemporaine,* le 15 octobre 1862, avec *Kléarista, Péristéris, Le retour d'Adonis* et *L'Héraklès solaire* sous le titre général : *Études antiques. Symphonie* porte le n° II.
  E. Pich signale un ms autographe de ce poème dans la collection Armand Godoy.

Le poème est une traduction de l'*Épigramme V* (de l'*Inscription V*, disent les *Petits poèmes grecs*), attribuée à Théocrite. Vianey (*Les Sources de Leconte de Lisle*, p. 318-319) montre que Leconte de Lisle a enrichi le poème de Théocrite « d'un paysage tout entier ».

Page 236.   LE RETOUR D'ADÔNIS

Publié dans la *Revue contemporaine,* le 15 octobre 1862, avec *Kléarista, Symphonie, Péristéris et L'Héraklès solaire* sous le titre général : *Études antiques.* Le poème (même titre, mais sans accent sur le nom *Adonis*) porte le n° IV, et est alors divisé en 7 quatrains.

Le poème est une adaptation de Théocrite, *Idylle XV, Les Syracusaines ou les femmes à la fête d'Adonis,* v. 100-144 : Leconte de Lisle a extrait, d'un mime amusant, le chant que vont écouter les deux protagonistes, et qui célèbre le retour d'Adonis. Pour Edgard Pich (*Leconte de Lisle et sa création poétique,* p. 436), Leconte de Lisle a mis l'accent sur un mythe solaire fort secondaire dans le texte de Théocrite : Adonis personnifie le retour des saisons, l'alternance du beau et du mauvais temps.

Page 237.   HÈRAKLÈS SOLAIRE

Publié dans la *Revue contemporaine,* le 15 octobre 1862, avec *Kléarista, Symphonie, Péristéris* et *Le retour d'Adonis,* sous le titre général : *Études antiques.* Le poème porte le n° V, et son titre est alors : *L'Héraklès solaire.*
Le début se présente sous la forme suivante :

> *Dompteur à peine né, qui tuais dans tes langes*
> *Les dragons écaillés de la Nuit! Ô guerrier,*
> *Dont la flèche a percé l'hydre des noires fanges*
> *Et le peuple-centaure, habitant meurtrier*
> *Des monts, qu'on entendait se heurter et crier,*
> *Troupeau tumultueux, au bord des précipices!*

Ces 6 vers étaient immédiatement suivis de l'actuel v. 8, ce qui donnait un poème de 14 vers, avec ce schéma de rimes : A/B/A/B/B — C/D/C/D — E/F/E/F/E. Schéma devenu, grâce à la modification du début et à l'adjonction du v. 7 : A/B/B/A/B — C/C/D/C/D — E/F/E/F/E. L'analyse d'Edgard Pich, affirmant que dans la première version le v. 6 n'avait pas de rime correspondante (son édition, p. 244), ne nous paraît donc pas correcte : loin d'être défectueux, le jeu des rimes était subtil — et il l'est resté.

Vianey (*Les Sources de Leconte de Lisle*, p. 341-343) met en parallèle *Hèraklès solaire* et *La Robe du Centaure* (voir notice de ce poème). Écrit sous forme d'hymne, *Hèraklès solaire* est un exercice de mythologie savante : Leconte de Lisle entreprend de montrer dans les travaux d'Hercule une transposition de la vie quotidienne du soleil : étouffant, à peine né, des dragons qui correspondent aux ténèbres, etc. Il a trouvé cette interprétation mythique chez L. Ménard, *De la morale avant les philosophes,* comme le signale Jean Ducros (« Notes sur les sources de Leconte de Lisle », p. 554) : « Celui qui chasse les terreurs nocturnes, les ténèbres, les maladies. De là, l'image d'un chasseur qui lance au loin ses flèches, d'un guerrier au glaive d'or ; c'est lui qui dissipe les nuages, qui dessèche les marais, hydres aux cent têtes, dragons à l'haleine empoisonnée. Puis, après sa rude journée, ce héros du ciel, la Gloire de l'air, Ηρακλης, luttant [contre] la mort, déchire son sanglant vêtement de nuages, et disparaît sur le sommet de l'Oeta dans un immense bûcher » (Paris, Firmin-Didot, 1860, p. 20).

Pour Ducros (art. cité, p. 553-554), si Leconte de Lisle a certainement lu Ménard (auquel il emprunte l'invocation « Gloire-de-l'Air »), sans doute connaissait-il aussi la source d'inspiration de celui-ci, les *Essais sur la mythologie comparée* de Max Müller : « Un autre coucher de soleil magnifique nous apparaît dans le mythe de la mort d'Héraclès [...] dans son dernier voyage, Héraclès [...] avance de l'est à l'ouest. Il [...] passe à Trachys et au mont Oeta, où son bûcher se dresse ; le héros est brûlé et s'élève à travers les nuages jusqu'au siège des dieux immortels [...]. Le vêtement que Déjanire envoie au héros solaire [...] ce sont les nuages qui s'élèvent de l'eau et entourent le soleil comme un sombre vêtement. Héraclès essaie de l'arracher, son ardente splendeur perce à travers l'obscurité qui s'épaissit ; mais des nuages enflammés l'embrassent et se mêlent aux derniers rayons du soleil ; alors on voit, à travers les nuages épars du ciel, le héros mourant, qui déchire son propre corps, jusqu'à ce que ce corps brillant soit consumé dans un embrasement général » (édition de Renan, p. 69).

Page 238.   ÉGLOGUE

Le poème est inspiré de la tradition bucolique, peut-être aussi du *Lac* de Lamartine. Edgard Pich (*Leconte de Lisle et sa création poétique,* p. 102) y voit surtout la refonte probable d'un long poème de 1841, *Une nuit d'Orient,* publié dans *L'Espiègle* le 23 octobre 1842. Cette filiation reste, à notre avis, fort incertaine. Il s'agit bien des deux côtés de peindre des amants dans un cadre nocturne propre à l'extase, mais le décor marin, très important dans le premier poème, est absent du second, et l'histoire est toute différente : la jeune femme d'*Une nuit d'Orient* commence par souhaiter la mort, puis se ravise et accepte l'union amoureuse ; mais celle-ci est empêchée par un orage, un naufrage, et la mort.

Page 241.　　　　ÉTUDES LATINES

En 1852, le poème XII, *Salinum,* présente une première strophe qui sera supprimée à partir de 1858 :

> Il est doux de garder sur sa table frugale
> La salière antique, et d'aimer le sommeil,
> Et de ne fuir ni soi ni sa vie inégale,
> 　　En changeant toujours de soleil.

En 1852 et 1858, sous le poème XVII se lit la mention : *Imité de Gallus.* Leconte de Lisle a pu lire Gallus, et notamment *Ad Lydiam,* par exemple dans l'anthologie de Nisard (voir préface, p. 27).

Rien ne signale par contre que la matière des seize premiers poèmes est empruntée — fort librement — aux *Odes* d'Horace (Leconte de Lisle publiera en 1873 une traduction des *Œuvres* d'Horace). Voici les correspondances telles qu'elles ont été établies par Vianey (*Les Sources de Leconte de Lisle,* p. 335, n. 1). Nous rectifions quelques détails.

I. *Lydie :* II, XI, ad Quintium Hirpinum. — II. *Licymnie :* II, XII, ad Maecenatem. — III. *Thaliarque :* I, IX, ad Thaliarcum. — IV. *Lydé :* III, XXVIII, ad Lyden. — V. *Phyllis :* IV, XI (et non VI, comme l'indique Vianey), ad Phyllidem. — VI. *Vile Potabis :* I, XX, ad Maecenatem. — VII. *Glycère :* III, XIX, ad Telephum (et non, comme le dit bizarrement Vianey, I, XI, ad Glyceram — I, XI est une ode à Leuconoé — et I, XIII, v. 1-3, ad Lydiam). — VIII. *Hymne :* I, XXI, in Dianam et Apollinem. — IX. *Néère :* I, XIX, de Glycera. — X. *Phidylé :* III, XXIII, ad Phidylen. — XI. « Plus de neiges... » : IV, VII, ad Torquatum. — XII. *Salinum :* II, XVI, ad Grosphum, st. 6-7, 9-10. — XIII. *Hymne :* III, XXV, ad Bacchum. — XIV. *Pholoé :* III, XV, in Chlorim. — XV. *Tyndaris :* I, XVII, ad Tyndaridem. — XVI. *Pyrrha :* I, V, ad Pyrrham.

Lydie, Thaliarque, Phyllis, Vile Potabis, Néère, Phidylé, Salinum, Pholoé, Tyndaris ont été mis en musique par Reynaldo Hahn, *Lydia* par Gabriel Fauré (liste dactylographiée de Raphaël Barquissau).

Voici le texte du poème de Gallus, moins facile à se procurer que l'œuvre d'Horace. La traduction est celle du volume signalé ci-dessus.

À *Lydie.*

Lydie, jeune et belle fille, dont la blancheur efface celle du lait et du lis, ou celle de la rose nuancée de blanc et de rouge, ou de l'ivoire que l'Inde a poli, découvre, jeune fille, tes beaux cheveux, blonds et brillants comme l'or le plus pur. Découvre, jeune fille, ton cou d'albâtre qui s'élève avec grâce sur tes blanches épaules. Découvre, jeune fille, tes yeux étincelants comme deux étoiles, sous l'arc de tes noirs sourcils. Découvre, jeune fille, tes joues de rose que colore la pourpre de Tyr. Approche de ma bouche, approche tes lèvres de corail; donne-moi ces doux baisers de colombe. Ah! tu aspires une partie de mon âme en délire. Comme ils pénètrent mon cœur, tes tendres baisers! ne vois-tu pas qu'ils aspirent le plus vif de mon sang? Cache tes deux pommes d'ivoire et leurs boutons qui distillent le lait sous ma main qui les presse. C'est le parfum de la myrrhe qu'exhale ton sein nu. De toi ne me viennent que délices. Cache ces boutons et ce sein de neige qui blesse mes yeux par son éclat et sa beauté. Cruelle, tu ne vois donc pas ma langueur? Je me meurs, et tu m'abandonnes!

Benedetto (« L'*Hélène* de Leconte de Lisle », p. 301) note la féminisation des poèmes d'Horace dans les *Études latines* : chaque pièce se réduit à un portrait de femme. Par rapport à Horace, Leconte de Lisle développe cette thématique, alors qu'il supprime politique et peinture du milieu. Horace est grécisé (l'idée se trouve déjà chez René Pichon, « L'Antiquité romaine et la poésie française à l'époque parnassienne », p. 143 : Leconte de Lisle « s'est contenté de retraduire Anacréon à travers Horace ») — et cela nous montre en même temps comment Leconte de Lisle voit la Grèce : « riante, jeune, enjouée, spirituelle, désireuse de vivre et de jouir ».

Edgard Pich considère d'abord les *Études latines* comme une sorte de *Testament* : Leconte de Lisle, « en l'an trente-quatrième de son âge », prend congé (*Leconte de Lisle et sa création poétique*, p. 118-119). Il pense pouvoir dégager de la série une thématique de la création poétique « conformément à l'ordre suivant : production par Horace d'une œuvre poétique; mort à la fois réelle et symbolique d'Horace; redécouverte par le poète moderne de son œuvre; cette œuvre féconde son génie et l'amène à produire à son tour une œuvre que la mort menace et engloutit, mais que le poète mourant lègue à Gallus, son ami, son frère, le lecteur, qui à son tour fera revivre l'antique inspiration » (p. 120).

Page 252. LES ÉOLIDES

Une nouvelle publiée dans *La Variété* en mars 1841, *Une peau de tigre* (on en trouvera le texte dans l'édition d'Edgard Pich, t. IV), contient une ébauche de ce poème, avec une dédicace à la sœur du poète, Anaïs Leconte de Lisle.

À Mademoiselle A. L. de L.

Ô brises qui venez des cieux !
Et qui riez sur toutes choses !
De vos baisers capricieux
Pourquoi ravir l'encens des roses ?

N'est-il plus de célestes eaux ?
Votre coupe est-elle épuisée,
Que dans nos fleurs, divins oiseaux,
Vous vous abreuviez de rosée ?

Hélas ! la rosée, onde et feu !
Qui met des perles aux feuillages,
Comme le bonheur dure peu !
Laissez-nous la, brises volages.

Vous avez, au soleil de mai,
Le flot aux plaintes étouffées ;
Sous votre souffle parfumé
L'arbre devient un nid de fées !

Vous jouissez, groupe joyeux !
Nous rêvons, sombre créature !
Ambitieuses, dans les cieux
N'enviez pas notre nature.

Brises, guidez votre essor pur
Loin de nos terrestres mélanges :
Vous êtes filles de l'azur,
Vous êtes le rire des anges !

Riez, folâtrez et passez,
Ô mes célestes infidèles !
Vos souffles frais entrelacés
Comme un vif essaim d'hirondelles !

Emportez l'encens de nos fleurs
De nos montagnes à nos grèves,
Mais du moins laissez-nous les pleurs
Qu'elles versent dans leurs doux rêves !

Ô chimères, flots inconstants !
Éclairs d'amour et de jeunesse,
Qui ravissez en peu d'instants
L'espoir, sans crainte qu'il renaisse !

> *Vous êtes les brises du cœur,*
> *Illusions, baisers, haleines !*
> *Et lorsque nos âmes sont pleines,*
> *Vous fuyez, chant doux et moqueur !*

Dans *La Phalange* d'avril 1846, le poème porte le titre : *L'Idylle antique* (signalons que le nom *Éolide* est ignoré de la plupart des dictionnaires ; il figure dans le *Larousse du XIXᵉ siècle,* avec la définition : « descendant d'Éole », dieu du vent).

Le texte est très différent de celui de la version définitive. Ainsi, au lieu d'être composées de 4 vers de 12 syllabes, les strophes paires se terminent par un vers de 8. La strophe 18 (vers 69 à 72) se lit comme suit :

> *Tandis qu'aux verts rochers pend la chèvre hardie,*
> *Oh ! que de fois, au pied des hêtres enlacés,*
> *N'avez-vous pas surpris la tendre mélodie*
> *Au sortir des cœurs oppressés !*

et la fin du poème (trois strophes, auxquelles a été substituée en 1852 l'actuelle dernière strophe) :

> *Brises des mois fleuris, brises harmonieuses,*
> *Pleines d'un frais encens, compagnes des beaux jours !*
> *Sur terre et dans les cieux, oh ! puissiez-vous toujours*
> *Planer de vos ailes joyeuses !*

> *Puissiez-vous, céleste trésor*
> *D'amour, de joie et de délire,*
> *Modérant votre heureux essor,*
> *Parfois vous poser sur ma lyre !*

> *Allez, brises des cieux, au sourire enchanté,*
> *Vous qui flottiez jadis aux lèvres du génie !*
> *Et versez-nous toujours la grâce et l'harmonie,*
> *Doux concerts de l'Antiquité !*

Edgard Pich rappelle que l'expression « idylle antique » est en 1846 « un titre générique », qui s'applique à une catégorie d'œuvres bien définies, à la fois en poésie et en peinture ». Il cite la description de ce nouveau genre littéraire par Henry Vermot (*L'Artiste,* 25 mai 1845) : « Il nous faut des formes palpitantes, de printanières églogues, des arbres qui soupirent d'amour, des mousses qui frémissent de plaisir... », etc. ; et une lettre de Leconte de Lisle où le poète se définit lui-même comme incapable de se fixer, plein d'élans et de retombées, avide de métamorphoses (lettre du 26 mars 1839). Pour Pich, le poème exprime notamment, en 1846, la nostalgie d'un état de jeunesse où l'instabilité serait admise et cultivée, une tendance spiritualiste, et une vision de l'Harmonie fouriériste (voir toutefois dans *Studi francesi,* janvier-avril 1981, p. 95 et suiv., la controverse entre lui et Irving Putter sur cette « instabilité » de Leconte de Lisle) ; en 1852, l'accent est mis sur l'évocation de l'Antiquité comme lieu du bonheur (*Leconte de Lisle et sa création poétique,* p. 133-138).

Une « importante composition » a été inspirée à César Franck par *Les Éolides* (Rolland Boris, « Leconte de Lisle et les musiciens », p. 220).

Page 255.   FULTUS HYACINTHO

Comme le signale Edgard Pich dans son édition, un manuscrit de ce poème, présentant quelques légères variantes, essentiellement de ponctuation, a été reproduit par A. Rousset dans *Autographes et dessins,* Oullins, impr. de Thabourin, 1879.

Dans les éditions de 1855, 1857 et 1858, *Fultus Hyacintho* est dédicacé à Prosper Huet. D'après Fernand Calmettes (*Un demi-siècle littéraire. Leconte de Lisle et ses amis,* p. 67), Prosper Huet, fidèle de Thalès Bernard, « passa » ensuite à Leconte de Lisle, à la satisfaction de celui-ci.

Le titre du poème est emprunté aux *Bucoliques* de Virgile, VI, v. 53 ; il y est question du taureau aimé jadis de Pasiphaé, et qui, maintenant, rumine, « soutenu, pour ce qui est de son flanc neigeux, par la moëlleuse hyacinthe » :

> *Latus niveum molli fultus hyacintho.*

(Signalons que, quelques vers plus haut, Virgile rappelle la légende d'Hylas.)

Pour E. Pich (*Leconte de Lisle et sa création poétique,* p. 182), plusieurs poèmes animaliers écrits par Leconte de Lisle en 1853-1854, dont celui-ci, pourraient lui avoir été inspirés par les sculptures de Jacquemart (à qui sont dédiés *Les Hurleurs*). Jacquemart, frère de Mme Jobbé-Duval, était l'élève de Barye.

Dans une lettre aux frères Ménard, le 15 août 1853, Leconte de Lisle écrit qu'il a « fait un bœuf ». Flaubert aussi connaîtra le poème sous le titre *Le Bœuf,* et l'appréciera, comme en témoignent deux passages de sa correspondance. Pour illustrer l'idée que les génies ont de la force, il déclare, le 26 août 1853 : « ça a des fanons, comme *le bœuf* de

Leconte » ; et le 28 décembre 1853, analysant le *Tigre* (*Les Jungles*), il conclut : « J'aime mieux *Le Bœuf*, et de beaucoup. »

Edwina Vittorini pose la question de l'humanisation dans les poèmes animaliers de Leconte de Lisle : on hésite car ils sont à la fois directs et énigmatiques ; ils ont l'air de simples tableaux mais aussi de plus que cela. En dépit de son aspect descriptif, *Fultus Hyacintho* est dramatique : le puissant animal doit se soumettre aux forces qui opèrent dans son environnement, à la chaleur implacable du milieu du jour. Contribuent à l'effet la ligne fortement narrative du poème, les verbes actifs, la personnification de Midi (« Annatural history ? The animal poems of Leconte de Lisle », *Parnasse*, vol. 2, n° 4, s.d., p. 16-18).

Enfin, pour l'interprétation biographique du poème, voir la notice de *Phidylé*.

Page 256.   PHIDYLÉ

En 1855, 1857 et 1858, ce poème porte la dédicace : À N. Mille, et l'épigraphe : *Somno mollior herba. Virgilius.* Nicolas Mille était un ami que Leconte de Lisle s'était fait à Rennes ; il publia des poèmes dans *La Variété.* L'épigraphe renvoie aux *Bucoliques,* VII, 45 (apostrophe de Corydon à l' « herbe plus douce que le sommeil » : qu'elle protège son troupeau des chaleurs de l'été).

Le poème a été mis en musique par Duparc (liste dactylographiée de Raphaël Barquissau).

Pich étudie de façon fort intéressante les liens qui unissent *Phidylé* à *Fultus Hyacintho* et à *Souvenir. Phidylé* et *Fultus Hyacintho* se suivent dans les *Poëmes et Poésies* de 1855, puis, dans l'ordre inverse, dans les éditions ultérieures. Ils doivent tous deux quelque chose aux *Bucoliques* de Virgile, comme en témoignent le titre de *Fultus Hyacintho* et l'épigraphe des premières éditions de *Phidylé.* Dans les deux cas, il s'agit d'un être qui dort à l'ombre, à l'heure la plus chaude, se mettant à l'abri de l'ardeur de midi.

Phidylé peut d'autre part être rapproché de *Souvenir,* lequel est dédié à Henriette Colet. La comparaison des deux poèmes et de *À Mademoiselle Henriette C. qui pleurait durant une lecture de vers* (paru dans *Modes parisiennes* en juin 1854) fait apparaître que la fille de Louise Colet, alors âgée de 13 à 15 ans, ne laissait pas le poète insensible, et que cet amour est sous-jacent à *Phidylé,* dans le rôle moitié de tendre père, moitié de « barbon jaloux », que joue auprès de l'endormie celui qui lui propose de veiller sur son sommeil. Ce qui, par ricochet, attire l'attention sur certains traits de *Fultus Hyacintho.*

Dans le texte de Virgile, le « bœuf » est en réalité le taureau dont Pasiphaé tomba amoureuse ; Virgile le dépeint, fort et paisible, après l'amour. Ainsi fait Leconte de Lisle, mais il passe sous silence Pasiphaé, et substitue à l'animal un autre taureau : celui en qui Zeus se métamorphosa pour enlever « la vierge Europe ». Pour Edgard Pich, *Fultus Hyacintho* « évoque donc d'une façon mythique la réussite d'une entreprise amoureuse qui avait été menée tout au long de ce qu'on peut désormais appeler le cycle Henriette Colet » (*Leconte de Lisle et sa création poétique*, p. 214-219).

Page 258.   CHANT ALTERNÉ

Dans *La Phalange* de juin 1846, ce poème porte le titre : *Églogue harmonienne*. Les deux interlocutrices sont désignées sous les noms de Pulchra (strophes impaires) et Casta (strophes paires). Les v. 9 à 16 sont absents. Les v. 29-32 se présentent sous cette forme :

> *J'ai couronné mon front d'une épine saignante,*
> *Madeleine a reçu mon baiser fraternel ;*
> *Aux lèvres des martyrs j'ai surpris, rayonnante,*
> *Leur âme qui montait vers l'asile éternel !*

La fin du poème, à partir du v. 41, se lit ainsi :

PULCHRA

> *Dans l'Attique sacrée aux sonores rivages,*
> *Dans la douce Ionie aux souffles amoureux,*
> *Partout où le soleil éclaire un monde heureux,*
> *La volupté divine a reçu mes hommages !*

CASTA

> *Partout où l'on gémit, où murmure un adieu,*
> *Partout où l'âme humaine a replié son aile,*
> *J'ai fait germer toujours l'espérance éternelle*
> *Et j'ai guidé la terre au-devant de mon Dieu !*

PULCHRA

> *Moi, je suis la beauté, la forme enchanteresse,*
> *Chère à tout cœur gonflé par de chauds battements ;*
> *Et je n'ai point d'égale, et comme une maîtresse*
> *J'enveloppe le monde entre mes bras charmants !*

CASTA

> *Je suis l'amour sans tache, impérissable flamme,*
> *Aurore du seul jour qui n'ait point de déclin !*

Les yeux ne m'ont point vue, et je veille dans l'âme
En y parlant du ciel à ce monde orphelin !

LE POÈTE

Ô beauté, que le sage et l'artiste ont aimée,
Rayon des jours anciens qui dores l'avenir !
Et toi, sainte pudeur, ô larme parfumée
    Que rien ne peut jamais ternir !

Divin charme des yeux ! — ô chasteté bénie !
Double rayonnement d'un immuable feu !
Sur ce monde échappé de sa main infinie
Vous êtes la lumière et l'empreinte de Dieu !

Pulchra et Casta : « la belle » et « la chaste ».

Commentaire de Jean Ducros (*Le Retour de la poésie française à l'Antiquité grecque au milieu du XIXe siècle*, p. 45) : « L'*Églogue harmonienne* était une conciliation optimiste de l'idéal païen et de l'idéal chrétien. Elle s'intitule dans les *Poèmes antiques* : *Chant alterné*, et la conclusion, d'un amer désenchantement, est que nous ne connaissons plus ni la beauté grecque, ni le renoncement mystique : l'autel de la Vierge galiléenne est déserté comme celui de la déesse antique. »

Pour Pich, c'est une œuvre où se marque la transition, chez Leconte de Lisle, du fouriérisme à la nouvelle manière inspirée par la rencontre de Thalès Bernard et de Louis Ménard (*Leconte de Lisle et sa création poétique*, p. 41-42).

Page 262.   LES OISEAUX DE PROIE

Dans les trois premières éditions, ce poème est disposé en forme de sonnet. Peut-être cette forme a-t-elle été abandonnée parce qu'elle n'a rien d'antique, et nuirait donc plutôt à l'atmosphère recherchée ? Il faut noter qu'à part celui-ci, dissimulé et de surcroît irrégulier, on ne trouve pas un seul sonnet dans les *Poèmes antiques*, alors qu'il y en a beaucoup dans les *Poèmes barbares*.

Robert A. Steele (« The avant-gardism of Leconte de Lisle », *N.C.F.S.*, 1989, p. 318-325) fait remarquer que ce poème n'est pas, en réalité, consacré aux oiseaux : c'est une allégorie, encore moins réaliste que celles que Leconte de Lisle reprochera plus tard à Vigny (voir *Articles — Préfaces — Discours*, p. 180). Conception tout à fait démodée, que le poète dépassera vite.

La source du poème est un passage de l'*Iliade*, dont Edgard Pich nous apprend qu'il avait fait l'objet de beaucoup de spéculations philosophiques. Zeus y parle ainsi : « Suspendez une chaîne d'or au faîte de l'Ouranos, et tous, Dieux et Déesses, attachez-vous à cette chaîne. Vous n'entraînerez jamais, malgré vos efforts, de l'Ouranos sur la terre, Zeus le modérateur suprême. Et moi, certes, si je le voulais, je vous enlèverais tous, et la terre et la mer, et j'attacherais cette chaîne au faîte de l'Olympos, et tout y resterait suspendu, tant je suis au-dessus des Dieux et des hommes ! » (traduction de Leconte de Lisle). Une des interprétations de ce texte énigmatique voit dans la chaîne d'or la poésie « qui rattache tous les peuples aux plus nobles aspirations du ciel » : dans ce cas, dit Pich, *Les Oiseaux de proie* pourraient dénoncer « l'impuissance du poète à produire une œuvre poétique » (*Leconte de Lisle et sa création poétique*, p. 212, n. 19).

Il explique cependant le poème de façon plus littérale, et plus convaincante peut-être, en y voyant « un des complexes sentimentaux de Leconte de Lisle » : la passion le fait tomber du ciel, et de surcroît le force à vivre alors qu'il souhaite mourir (p. 405-406).

Page 263.   HYPATIE ET CYRILLE

D'après Edgard Pich (« Julien chez Leconte de Lisle », dans *L'Empereur Julien, de la légende au mythe*, ouvrage collectif, Paris, Les Belles Lettres, 1981, t. II, p.253-254), *Hypatie et Cyrille* est l'unique témoignage d'une tragédie inachevée de Leconte de Lisle.

Dans leur édition, t. IV, p. 288, Madeleine et Vallée signalent que ce dialogue était destiné à la *Revue contemporaine*, mais fut refusé par la revue, comme en témoigne la lettre suivante, publiée dans *La Vie* du 10 mai 1913 :

> *Paris, 30 juillet 1857.*
>
> Monsieur,
> *Je regrette vivement que le dialogue de* Cyrille *et d'*Hypatie *ne convienne pas à la* Revue contemporaine. *Je m'imaginais avoir témoigné d'une complète impartialité dans ce travail dont tous les détails sont historiquement exacts.*
> *Du reste, j'accepte avec reconnaissance l'offre si obligeante que vous me faites et j'aurai bientôt, je l'espère, le plaisir de vous voir pour vous soumettre un poème que j'achève en ce moment.*
> *Recevez, Monsieur, l'assurance de mes sentiments très-distingués.*
> *Leconte de Lisle*

Où l'on voit que le caractère antichrétien du poème avait effrayé la *Revue contemporaine*, manifestement désireuse pourtant de garder de bons rapports avec Leconte de Lisle — lequel mit de son côté son orgueil dans sa poche pour ne pas se fermer la *Revue*...

Dans *Le Présent* (8 et 16 septembre 1857) et dans les éditions de 1858 et de 1874, le poème porte le sous-titre : *Dialogue*. Dans la table des matières du *Présent*, le sous-titre est : *poëme*.

Jusqu'en 1874 également, les indications de scènes et les listes de personnages par scène sont inexistantes ; manquent aussi les 34 premiers vers (violemment antichrétiens) et les 2 derniers.

Le poème doit sans doute quelque chose aux conversations de Leconte de Lisle avec Louis Ménard, qui s'est intéressé lui aussi à Hypatie, et à Julien l'Apostat (voir Alain Michel, « Traditions antiques et philosophiques de la décadence dans la littérature française autour de 1880 », *Romantisme*, n° 42, 1983, p. 61-63).

Leconte de Lisle s'est quelque peu vanté en certifiant l'exactitude de tous les détails du poème. D'après Pich, rien ne prouve qu'il y eut jamais une confrontation de Cyrille et d'Hypatie ; il existe bien, dans la *Patrologie* de Migne, une lettre d'Hypatie à l'évêque, mais on sait depuis longtemps que c'est un faux (*Leconte de Lisle et sa création poétique*, p. 296-297).

Le poème expose clairement les idées-forces de Leconte de Lisle concernant les religions : la religion est le concentré d'une civilisation, le sentiment religieux va de pair avec le sentiment social et politique, l'histoire consiste en une succession d'actes de violence où le remplacement d'une religion par une autre illustre celui d'une civilisation — et souvent d'une race — par une autre, et le vaincu valait mieux que son vainqueur ; au niveau particulier, le polythéisme grec valait infiniment mieux que le christianisme, et avec la civilisation grecque c'est l'âge d'or qui s'est évanoui.

Pour cet exposé, Leconte de Lisle utilise des schémas qu'on retrouve dans plusieurs de ses grands poèmes : particulièrement la confrontation verbale d'un témoin de la religion agonisante et d'un support du christianisme triomphant, le premier racontant le passé glorieux de sa race, et prédisant au second qu'il périra à son tour. La démonstration a quelque chose d'un peu trop évident, et ce n'est pas sans raison qu'Edgard Pich se montre sévère pour l'auteur d'*Hypatie et Cyrille*, qui lui semble « cumuler deux inconvénients : le didactisme sec et plat et le lieu commun prétentieux et solennel [...], les défauts du philosophe sans idées et ceux du poète sans poésie » (*op. cit.*, p. 507). Il loue par contre l'impartialité de Leconte de Lisle à l'égard de l'évêque Cyrille, souvent considéré, au XIXe siècle, comme le responsable direct de la mort de la philosophe (p. 297).

Dans les éditions de 1852 et de 1858, les trois poèmes se suivent déjà. Mais c'est en 1874 qu'ils sont réunis sous le titre général : *Poésies diverses*. Dans *La Lecture* du 10 juin 1893, on reprendra séparément les 20 premiers vers de *Juin*.

Midi est un des poèmes les plus souvent publiés du vivant de l'auteur : Edgard Pich en recense 10 éditions.

Nox porte le titre : *La Nuit* dans *Le Magasin des familles* de septembre 1861. Edgard Pich (son édition) signale qu'un manuscrit autographe de ce poème est reproduit en fac-similé dans le catalogue n° 61 de la maison Berès (11 juin 1937) ; mais il omet, dans le relevé des variantes, le fait que ce manuscrit, d'une écriture soignée (c'est évidemment une copie, non un manuscrit de travail), ne comporte pas la dernière strophe du poème : le texte s'arrête sur un point d'exclamation à la fin du v. 16.

Rolland Boris signale que les *Poésies diverses* ont toutes trois été mises en musique ; *Midi* avait connu, dès avant 1958, 9 adaptations musicales (« Leconte de Lisle et les musiciens », p. 221).

Pour Guy Demerson (« Trois poètes français traducteurs d'une idylle de Moschos : J. A. de Baïf, A. Chénier, Leconte de Lisle », *Mélanges Lebègue*, Paris, Nizet, 1969, p. 352), le groupement de ces trois poèmes fait de la course du soleil le symbole d'une destinée personnelle : ils « associent les étapes du cœur aux moments du jour » ; ceci est à rattacher à la conception des mythes solaires comme « exprimant la loi de toute chose vivante qui éclôt, s'épanouit, fructifie et disparaît ». Pour Edgard Pich, il s'agit de « trois étapes de la vie humaine : *Juin*, l'enfance, *Midi*, l'âge mûr, *Nox*, « les jours mauvais » (*Leconte de Lisle et sa création poétique*, p. 114).

Pierre Jobit (*Leconte de Lisle et le Mirage de l'Île Natale*, Paris, De Boccard, 1951, p. 78-79) a montré la grande ressemblance de *Midi* avec *L'Heure de midi* de Lacaussade, section du poème intitulé *Le Bengali* (dans le recueil *Poèmes et Paysages*).

> [...]
> *Ensemble abritons-nous des ardeurs de midi.*
>
> *Midi ! l'heure de feu, l'heure à la rouge haleine !*
> *Sur les champs embrasés pèse un air étouffant :*
> *Le soleil darde à pic ses flammes sur la plaine ;*
> *Le ciel brûle implacable et la terre se fend.*
> *La nature n'a plus ni brises, ni murmures ;*
> *Le flot tarit ; dans l'herbe on n'entend rien frémir ;*

Les pics ardents, les bois aux muettes ramures,
D'un morne et lourd sommeil tout semble au loin dormir.

L'immobile palmier des savanes brûlantes,
Abritant les troupeaux de ses rameaux penchés,
Courbe languissamment ses palmes indolentes
Sur les bœufs ruminants dans son ombre couchés.
[...]

Jobit rappelle également *Les Soleils de Juillet* :

Tandis que le soleil, Roi du splendide été
Verse tranquillement sa puissante clarté

Dans le même poème, Lacaussade utilise les rimes *Plaine/Haleine*
(déjà dans *L'Heure de midi*) et *Herbes/Superbes*, qu'on retrouve dans
Midi ; il peint les *grands bœufs ruminants et couchés* et les vents qui

Font des blés mûrissants ondoyer les moissons

alors que *Midi* évoquera *les grands blés mûris* et leur *ondulation*
majestueuse et lente (p. 80).

Lacaussade était de l'île Bourbon ; il avait déjà publié un volume de
vers et traduit Ossian au moment où Leconte de Lisle arriva en France
(Fernand Calmettes, *Un demi-siècle littéraire. Leconte de Lisle et ses*
amis, p. 27) ; les deux jeunes gens se lièrent vite, et leurs expériences
poétiques étaient fort voisines : ainsi, ils entreprirent tous deux des
transpositions de Burns et d'Anacréon (voir *Chansons écossaises* et
Médailles antiques). Plus tard, ils eurent une brouille retentissante,
dont Jobit (*op. cit.*, p. 96-97) situe ici les origines : dans *Midi*, Leconte
de Lisle refait ouvertement — en en supprimant le côté exotique — le
poème de son ami... Pour comble, le *Néant divin* sur lequel s'achève
son propre poème s'oppose très clairement à l'*Absolu Divin* du *Cap*
Bernard de Lacaussade — et c'est à Leconte de Lisle que *Le Cap*
Bernard était dédié à l'origine ! Pas étonnant que la dédicace soit
remplacée, dans la dernière édition des *Poésies* de Lacaussade (Paris,
Lemerre, 1897), par ces mots amers :

A ***
Jetons des fleurs sur nos amitiés mortes.

On pourrait objecter à Pierre Jobit que dans *Le Cap Bernard*
Lacaussade refuse en réalité de croire en un Absolu divin :

Ensemble abreuvons-nous de célestes mensonges ;
Dans l'Absolu Divin confondons nos esprits.

Le dernier vers de *Midi* marque peut-être, non l'opposition, mais
l'accord de Leconte de Lisle avec la pensée de son ami : « Oui,

plongeons-nous dans ce faux Absolu Divin — dans ce Néant divin. »
Reste évidemment la ressemblance entre *Midi* et *L'Heure de midi.*

« *Midi* ! répétait volontiers Leconte de Lisle, mais c'est mon *Vase brisé* ! » — et il s'irritait de n'entendre parler que de ce poème-là (Jean Dornis, *Essai sur Leconte de Lisle*, p. 31). C'est *Midi* que Sainte-Beuve cite *in extenso* dans « De la poésie et des poètes en 1852 » ; c'est *Midi* que cite largement Barbey d'Aurevilly dans l'étude — d'autre part très sévère — qu'il consacre aux *Poèmes antiques* : dans cette pièce, Leconte de Lisle n'est que descriptif, mais on peut louer le relief vigoureux du tableau, comme dans *Hélios (Le Réveil d'Hèlios)* et *Les Éléphants* (*Les Œuvres et les Hommes*, 3ᵉ partie, p. 233).
Sainte-Beuve écrit : « C'est la gravité d'un paysage de Poussin, avec plus de lumière. » Et Marthe Vuille explique de façon suggestive que *Midi* remplace le *mouvement* de la lumière (la course du soleil) par la peinture de l'*état* de chaleur : « L'espace visible à l'infini représente l'immobilisation du mouvement même, la fixation du temps qui ne peut être capté qu'en étant ainsi arrêté et solidifié » (*L'Expression de l'ennui dans les images de Leconte de Lisle*, Genève, Imprimerie de Saint-Gervais, 1939, p. 12-13).

Sainte-Beuve avait eu un certain recul devant la philosophie qui se dégage du poème : dans la dernière partie, « le poète, en traduisant le sentiment suprême du désabusement humain, et en l'associant, en le confondant ainsi avec celui qu'il prête à la nature, a quitté le paysage du midi de l'Europe, et a fait un pas vers l'Inde. Qu'il ne s'y absorbe pas ». Jean-Paul Sartre analyse avec maestria (et animosité) le côté résolument négatif du poème. « [...] écouter les " paroles sublimes " du soleil : c'est donner la lumière pour un révélateur de l'Être. Mais ce que révèle, justement, cette écrasante clarté, c'est le Non-Sens, l'équivalence de tout. Bref, puisque le langage est *pourvu de sens*, le silence. De la même manière le Néant paraît la puissance sans visage, la Force nue qui donne au cœur du poète sa trempe, alors que, pour de vrai, l'abolition des choses par la lumière doit, habilement imitée, servir de modèle à ses techniques poétiques d'abolition. Ce qui donne à beaucoup de ses poèmes une structure toute particulière : il commence par *poser* ce qu'il entend nier. La position est la révélation de l'objet dans sa plénitude [...].
[Mais] la plénitude *sonne creux* : [...] tout *se tait*, la lumière *tombe*, l'air brûle *sans haleine*, la terre est *assoupie*. Ainsi, devant [*lire* : dans ?] le moment même où il s'impose, l'être absolu, dense matière chauffée à blanc, installe en nous le pressentiment de son inexistence. Il ne restera plus, dans les strophes suivantes, qu'à donner cette irréalisation préméditée comme une leçon de la Nature : quand le réel a fait son plein, il nous apprend son irréalité » (*L'Idiot de la famille. Gustave*

Flaubert de 1821 à 1857, Paris, Gallimard, Bibliothèque de philosophie, t. III, 1988, p. 372-374).

C'est après cette analyse qu'il est intéressant de comparer — et d'opposer — au poème de Leconte de Lisle cet extrait de *Ainsi parlait Zarathoustra* que Mary Ann Caws propose à notre attention :

Silence ! Silence ! Le monde à l'instant même n'est-il devenu parfait ? Que m'advient-il donc ?

De même qu'une légère brise, invisible, sur une mer étale danse, légère, d'une légèreté de plume, ainsi — danse sur moi le sommeil.

Il ne me ferme les yeux, laisse mon âme éveillée. Léger, en vérité, léger comme la plume !

Il me persuade, je ne sais comment, à l'intérieur de moi me touche d'une main caressante, il me force. Oui certes, il me force pour que mon âme s'étende ; —

— comme elle s'allonge, mon âme merveilleuse ! D'un 7ᵉ jour le soir est-il venu pour elle à l'heure même de midi ? Chemina-t-elle trop longtemps déjà, bienheureuse, parmi des choses bonnes et mûres ?

Elle s'étend longuement, longuement — plus longuement ! Elle gît en silence, mon âme merveilleuse. À trop de biens elle a déjà goûté, cette tristesse d'or pèse sur elle, elle plisse les lèvres.

... Ô heur ! heur ! Veux-tu chanter, mon âme ? Tu es étendu sur l'herbe. Mais voici l'heure intime et solennelle où sur sa flûte aucun berger ne souffle.

Blottis-toi ! Te blottis ! Sur les campagnes sommeille le brûlant midi. Point ne chante ! Silence ! Le monde est parfait (IVᵉ partie, § : *À l'heure de midi*, traduction de Maurice de Gandillac, dans F. Nietzsche, *Œuvres philosophiques complètes*, Paris, Gallimard, t. VI, 1971, p. 297-298).

La lecture de *Midi* offerte par Mary Ann Caws (« Under-reading at noon : Leconte de Lisle's *Midi* », dans [Christopher Prendergast], *Nineteenth Century French poetry, Introductions to close reading*, Cambridge University Press, 1990, p. 103-116) est résolument moderne. On peut témoigner d'un certain scepticisme devant la virtuosité du critique dans l'art du calembour : « une mer dorée » lu comme « une mère (a)dorée », « divin » étant divisé en « di » (rappelant *Midi*) et « vin » (« liquide approprié »), etc. Reste une interprétation qui ne manque pas d'intérêt : le poème est décrit comme « un texte stoïque, allant de midi dans les champs au retour vers la vie de la cité » après une régénération qui se conjugue avec une régression — puisque le feu régénérateur est ici le feu du néant.

Page 280.   CHANSONS ÉCOSSAISES

Les cinq premiers poèmes sont publiés l'un à la suite de l'autre dans les *Poëmes antiques* de 1852. Le sixième paraît dans les *Poëmes et Poésies* de 1855. Ce n'est qu'en 1874 qu'ils sont tous réunis, sous le titre général de *Chansons écossaises*.

Jusqu'en 1858, Leconte de Lisle accompagne *Jane, Nanny, Nell, Annie* et *La Chanson du rouet* de la mention : « Imité de Burns ». L'ensemble lui a été inspiré en effet par la traduction des poésies de Robert Burns due à Léon de Wailly et parue en 1843 chez Delahays (Vianey, *Les Sources de Leconte de Lisle,* p. 217).

Une lettre à Bénézit du 4 août 1860 fait remonter la composition de ces poèmes à 1850 environ, c'est-à-dire, comme le note Edgard Pich (*Leconte de Lisle et sa création poétique,* p. 95), à l'époque où Lacaussade écrivait également des poèmes inspirés de Burns.

Les *Chansons écossaises* ont tenté nombre de musiciens. Rolland Boris (« Leconte de Lisle et les musiciens », p. 221) compte, en 1958, 48 mises en musique pour cet ensemble, dont 16 pour *La Chanson du rouet* (record parmi toutes les œuvres de Leconte de Lisle) et 14 pour *Jane. Annie* est le poème de Leconte de Lisle qui a connu le plus d'adaptations musicales — 6 — du vivant de l'auteur. Bien avant son célèbre prélude, Debussy avait composé, à vingt ans (donc vers 1882), une mélodie sur *La Fille aux cheveux de lin* (Rémy Stricker, *Claude Debussy. L'œuvre de piano,* Paris, Marchand, s.d., p. 3). *Nell* a été mis en musique par Duparc, et *Nanny* par Chausson (liste dactylographiée de Raphaël Barquissau).

Signalons qu'on trouvera une partition manuscrite, musique et paroles, de *La Fille aux cheveux de lin,* sans indication de compositeur, dans les manuscrits de Leconte de Lisle conservés à la Bibliothèque de l'Arsenal, sous le n° 15096.

La traduction de Burns par Léon de Wailly n'étant guère accessible, nous en donnons, malgré la longueur, le texte pour chaque poème.

JANE

Voir Burns, chanson LVI :

> *La fille aux yeux bleus.*

> *J'ai pris une route malencontreuse,*
> *   Une route dont je me repentirai cruellement, j'ai peur ;*
> *J'ai puisé ma mort dans deux jolis yeux,*
> *   Deux charmants yeux d'un beau bleu.*

Ce n'étaient pas ses brillantes boucles d'or,
    Ses lèvres pareilles à des roses trempées de rosée,
Son sein gonflé et d'un blanc de lis ; —
    C'étaient ses yeux d'un si beau bleu.

Elle parlait, elle souriait, elle séduisit mon cœur,
    Elle charma mon âme, je ne sais comment ;
Et pourtant l'atteinte, la blessure mortelle,
    Vint de ses yeux d'un si beau bleu.
Mais, faute de parler on manque souvent son coup,
    Peut-être écoutera-t-elle mon vœu :
Si elle refuse, j'imputerai ma mort
    À ses deux yeux d'un si beau bleu.

NANNY

Voir Burns, chanson LXXXIII :

Ma Nannie est partie.

Voici que la Nature joyeuse se pare de son vert manteau
Et écoute les agneaux qui bêlent sur les collines,
Tandis que les oiseaux la saluent de leur gazouillement dans chaque bois
                                                        [vert ;
Mais pour moi tout cela est sans charme — ma Nannie est partie.

Le perce-neige et la primevère ornent nos bois,
Et les violettes se baignent dans l'humidité du matin ;
Elles font mal à mon triste cœur, de fleurir si charmantes,
Elles me rappellent Nannie — ma Nannie qui est partie.

Alouette qui t'élances de la rosée de la prairie
Pour avertir le berger des grises lueurs de l'aube,
Et toi, mélodieux mauvis, qui salues le tomber de la nuit,
Cessez par pitié — ma Nannie est partie.

Viens, Automne, si pensive, vêtue de jaune et de gris,
Et calme-moi avec les nouvelles de la nature en décadence,
Le sombre et lugubre hiver, la neige qui fond avec violence
Seuls peuvent me plaire — maintenant que Nannie est partie.

NELL

Voir Burns, chanson C, sans titre (la chanson CI est à la louange
d'une nommée Nell, que le poète aimera toujours) :

Oh ! mon amour est comme la rose rouge, rouge,
  Qui est nouvellement éclose en juin.
Oh ! mon amour est comme la mélodie
  Qui est harmonieusement chantée en parties.

Autant tu es jolie, ma toute belle,
  Autant je suis amoureux ;
Et je continuerai de t'aimer, ma chère,
  Jusqu'à ce que les mers soient à sec.

Jusqu'à ce que les mers soient à sec, ma chère,
  Et que les rochers fondent au soleil ;
Je continuerai de t'aimer, ma chère,
  Tant que coulera le sable de la vie.

Et adieu, mon seul amour !
  Et adieu pour quelque temps !
Et je reviendrai, mon amour,
  Quand je serais à mille lieues.

LA FILLE AUX CHEVEUX DE LIN

C'est la seule des *Chansons écossaises* dont Leconte de Lisle n'ait pas signalé, dans les premières éditions, qu'elle est « imitée de Burns ». En effet, si la chanson LXVI de Burns commence par l'expression « Fille aux cheveux de lin », le texte n'annonce en rien celui de Leconte de Lisle. Les « lèvres de cerise » sont dans plusieurs autres poèmes (d'une manière générale, la thématique et la rhétorique de Burns sont très répétitives : amours paysannes, description de la nature, de la jeune fille aimée, des mœurs de la campagne, protestation d'amour éternel, douleur de la séparation... le tout à l'aide des mêmes expressions, des mêmes images, adroitement combinées à l'infini).

ANNIE

Voir Burns, chanson LXIII (sans titre) :

C'était la nuit du premier d'août,
  Quand les sillons de blé sont beaux,
À la clarté sereine de la lune,
  Que j'allai trouver Annie :
Le temps s'enfuit sans être remarqué,
  Jusqu'à ce qu'entre tard et de bonne heure,
Sans se faire beaucoup prier, elle convint
  De me voir au milieu de l'orge.

Le ciel était bleu, le vent était calme,
 La lune brillait claire ;
Je l'assis de très bonne volonté,
 Dans les sillons d'orge.
Je savais que son cœur était à moi ;
 Je l'aimais bien sincèrement,
Je lui donnai baiser sur baiser
 Dans les sillons d'orge.

Je la serrai dans mes bras passionnés,
 Son cœur battait étrangement ;
Bénie soit cette heureuse place
 Dans les sillons d'orge !
Mais par la lune et les étoiles si brillantes
 Qui brillaient si claires à cette heure,
Elle bénira toujours cette heureuse nuit
 Dans les sillons d'orge !

J'ai été gai avec de chers camarades,
 Je me suis diverti à boire ;
J'ai été joyeux en amassant de l'argent ;
 J'ai été heureux en pensant :
Mais tous les plaisirs que j'ai jamais eus,
 Quand on les triplerait largement,
Cette heureuse nuit les valait tous,
 Dans les sillons d'orge.

Chœur

Oh ! les sillons de blé, et les sillons d'orge,
 Et les sillons de blé sont beaux :
Je n'oublierai jamais cette heureuse nuit
 Dans les sillons avec Annie.

LA CHANSON DU ROUET

Voir Burns, chanson XCII :

   Bess et son rouet.

Oh ! vive mon rouet,
Oh ! vivent ma quenouille et ma bobine ;
De la tête aux pieds il m'habille bravement,
Et m'enveloppe doux et chaud le soir !
Je vais m'asseoir, et chanter, et filer,
Pendant que descend le soleil d'été,

Satisfaite d'avoir la joie du cœur, du lait et de la farine. —
Oh! vive mon rouet.

De chaque côté les ruisseaux trottent,
Et se rencontrent au bas de ma chaumière;
Le bouleau odorant et la blanche aubépine
Unissent leurs bras par-dessus l'étang,
Et pour abriter le nid de l'oiseau,
Et pour que les petits poissons reposent au frais;
Le soleil luit doucement dans l'abri
Où, joyeuse, je tourne mon rouet.

Sur les chênes altiers le ramier gémit,
Et l'écho apprend la plaintive histoire;
Les linots dans les noisetiers de la colline
Se plaisent à imiter les autres chants :
Le râle au milieu de la luzerne,
La perdrix qui part dans le champ,
L'hirondelle aux détours rapides qui vole autour de ma cabane,
M'amusent quand je suis à mon rouet.

Avec peu à vendre et moins à acheter,
Au-dessus du besoin, au-dessous de l'envie,
Oh! qui voudrait quitter cet humble état
Pour tout le faste de tous les grands?
Au milieu de leurs joies pénibles et bruyantes,
Peuvent-ils goûter la paix et le plaisir
De Bessy à son rouet?

Un manuscrit autographe signé de *La Chanson du rouet* est conservé
à la Bibliothèque de l'Arsenal sous la cote : ms 1 5096/141.

Vianey a fait remarquer que Leconte de Lisle exploite dans ce
poème le thème de la mort, auquel Burns n'a pas songé, et laisse de
côté, curieusement, le décor si finement décrit par le poète écossais
(*Les Sources de Leconte de Lisle*, p. 223).

Page 286.   SOUVENIR

Dans *Modes parisiennes* (janvier 1855), le poème est dédicacé : à
Mademoiselle Henriette C...; dans *Poëmes et Poésies* (1855) : à
Mademoiselle H.C. La dédicace disparaît ensuite. Henriette était la
fille de la poétesse Louise Colet; elle était née en 1840.
Pour l'interprétation de ce poème, pour les sentiments qu'il exprime,
voir la notice de *Phidylé*.

Page 289.   LES ÉTOILES MORTELLES

Ce poème paraît d'abord dans la *Revue contemporaine* du 30 juin 1864, dans une version fort différente de celle des *Poèmes antiques*. En voici le texte :

> Un soir d'été dorait les épaisses ramures
> Immobiles dans l'air harmonieux et doux ;
> Deux beaux enfants, les doigts rougis du sang des mûres,
> S'en allaient tout le long des frênes et des houx.
>
> Sous l'arome attiédi qui tombait des feuillées,
> Par les sentiers moussus, furtifs, mystérieux,
> Leurs pieds nus agitaient les bruyères mouillées,
> Et l'écho se troublait de leurs rires joyeux.
>
> Libres, ravis, la joue en fleur, la bouche ouverte,
> Avec des yeux emplis de frais rayonnements,
> Par delà les détours de la forêt déserte
> Ils cherchaient des pays inconnus et charmants.
>
> Ô rêveurs innocents, fiers de vos premiers songes,
> Jeunes esprits, cœurs d'or rendant le même son,
> Ignorant que la vie est pleine de mensonges
> Vous écoutiez en vous la divine chanson !
>
> En un vol insensible et muet la nuit douce
> S'épaississait au loin sous les bois recueillis,
> Et faisait se dresser, dans leur gaîne de mousse,
> Les vieux chênes pensifs au milieu des taillis.
>
> Tout se taisait, le ciel, le vallon, la clairière,
> Le bruit léger du vent, le feuillage, l'oiseau ;
> Hormis cette rumeur confuse et familière,
> Qui circule dans l'herbe et qui monte de l'eau.
>
> Le silence se fit. Les talus hauts et sombres
> Semblaient des deux côtés pencher sur le chemin ;
> Et les pâles enfants, égarés dans ces ombres,
> Pour se sentir moins seuls se prirent par la main.
>
> Mais, non loin d'eux, voici qu'une vive étincelle,
> Entre les lourds rameaux qui s'écartaient parfois,
> Comme une perle claire et qui d'en haut ruisselle
> Glissa soudainement dans l'abîme des bois.
>
> Puis, mille. Un large étang, en sa nappe profonde
> Amoncelait ces pleurs d'argent des nuits d'été

Qui, sur le sable fin, et sans remuer l'onde,
Tombaient du sombre azur et de l'immensité.

D'un souffle inattendu l'ondulation lente
Dans ce calme miroir troublant ces feux épars,
Fit pétiller comme une averse étincelante
Autour des noirs îlots d'herbe et de nénuphars.

Chaque jet épandit des courbes radieuses
Dont les orbes changeants, toujours multipliés,
Allaient se perdre avec les eaux mystérieuses
Au bord des joncs touffus, d'un cercle d'or liés.

Les enfants inclinés sur la pente des rives,
Essuyant pour mieux voir leurs yeux où nage encor
Un reste de tristesse et de larmes naïves,
Contemplaient à l'envi ce splendide trésor.

Tels que des papillons vers la beauté des flammes
Un charme les plongea dans le gouffre mortel,
Et le bois entendit comme un vol de deux âmes
Effleurer le feuillage en retournant au ciel.

Ce curieux poème, au titre énigmatique, paraît d'abord le souvenir autobiographique d'un amour d'adolescents dans le décor de l'île Bourbon, mis sous une forme a-personnelle ; mais la première version se terminait par un suicide, inattendu dans cette interprétation. Pour Edgard Pich (*Leconte de Lisle et sa création poétique*, p. 423-424), le texte est à lire en relation avec *Ultra cœlos* et *Mille ans après* (*Poèmes barbares*). Mais alors que dans les deux autres poèmes Leconte de Lisle explique qu'il a préféré et préfère à la « paix immortelle » qu'offre la nature le « calice amer du désir », ici les deux enfants cèdent au contraire, dans la première version, au « charme » de l'eau qui leur apporte la mort et la paix ; dans la seconde version, c'est bizarrement, comme dans *Bhagavat*, du désir que naît la paix et la divinisation du moi.

Page 291.   DIES IRÆ

En 1852 et 1858, le poème est dédicacé : À A. Lacaussade (voir la notice de *Midi*).

E. Pich signale une série d'emprunts à des poèmes plus anciens. Les v. 69-72 reprennent presque textuellement une strophe des *Ascètes*, version de 1846 (antérieure à celle des *Poèmes barbares*) :

Les heureux et les forts étaient pris de vertige.
Les faibles abattus dormaient d'un lourd sommeil,

Comme des arbrisseaux viciés dans leur tige
Qui n'ont verdi qu'un jour et n'ont vu qu'un soleil!
(v. 179-182)

Les v. 75-76 s'inspirent de *La Recherche de Dieu* (1846) :

Les époques d'orage et les temps pacifiques
Rouleront-ils toujours vainement flot sur flot?
(v. 213-214)

Les v. 115-116 rappellent *Les Sandales d'Empédocle* (1846 également) :

Affranchis-moi du temps, du nombre et de l'espace;
Et rejetant sur moi ton poids amoncelé,
Que je rentre au repos que la vie a troublé! — (v. 48-50)

Rolland Boris, étudiant les emprunts que Leconte de Lisle se fait à lui-même, a pu constater que *Dies iræ* contient cinq échos de poèmes antérieurs et en fournira dix à des textes futurs (« Fréquences et invariants chez Leconte de Lisle », *Revue d'histoire littéraire de la France*, 1952, p. 492). Seul *Quaïn* (*Poèmes barbares*) atteint des chiffres équivalents. *Quaïn* et *Dies iræ* apparaissent donc à Boris comme les deux poèmes où transparaissent le mieux « les prédilections du Poète, par la reprise multipliée de formes (et donc de thèmes) privilégiés » (p. 494). Ceci correspond bien à la présentation de *Dies iræ* en dernière position, comme une postface ou une synthèse du recueil.

Edgard Pich discute longuement (*Leconte de Lisle et sa création poétique*, Iʳᵉ partie, chap. IV) la question de l'éventuelle signification politique de *Dies iræ*, et particulièrement du rapport précis qui pourrait exister entre le poème et l'échec de la révolution de 1848, et conclut plutôt par la négative : le moment du regard en arrière évoqué dans les premiers vers n'est pas nécessairement une date politique ; ce peut être le moment du retour sur soi d'un homme arrivé à un tournant de sa vie. Il fait remarquer que la fin du poème, l'appel à la « divine Mort », n'est pas tout à fait pessimiste : ici comme dans *Midi* ou dans *La Robe du Centaure*, Leconte de Lisle proclame que les hommes peuvent atteindre à l'absolu et devenir des dieux ; et surtout l'invocation à la Mort ne vient que comme un dernier recours, au cas où le renouveau attendu ne se réaliserait pas.

Cette *divine mort* qui rend à l'homme *le repos que la vie a troublé* rappelle évidemment de près la conclusion de *Midi*, le *Néant divin* où le poète, revenu de tout, envisage de trouver *une suprême et morne volupté*. Il n'est pas sans intérêt de constater que *Dies iræ* et *Midi* sont les deux poèmes qu'admire Flaubert dans le recueil de 1852.

INDEX DES TITRES

POÈMES ANTIQUES

Table 395

DOSSIER

DERNIÈRES PARUTIONS

Ce volume,
le deux cent soixante-dix-neuvième de la collection Poésie,
a été achevé d'imprimer sur les presses
de l'Imprimerie Bussière à Saint-Amand (Cher),
le 19 avril 1994.
Dépôt légal : avril 1994.
Numéro d'imprimeur : 494.
ISBN 2-07-032813-9./Imprimé en France.